ERNST BAUER

Die Bestandskraft von Verträgen zwischen Bund und Ländern

Schriften zum Öffentlichen Recht

Band 149

Die Bestandskraft von Verträgen zwischen Bund und Ländern

Von

Dr. Ernst Bauer

DUNCKER & HUMBLOT / BERLIN

Alle Rechte vorbehalten
© 1971 Duncker & Humblot, Berlin 41
Gedruckt 1971 bei Alb. Sayffaerth, Berlin 61
Printed in Germany

ISBN 3 428 02403 6

Vorwort

Die vorliegende Arbeit wurde im Jahre 1970 von der Juristischen Fakultät der Universität Heidelberg als Dissertation angenommen.

Für die Betreuung der Arbeit und für wertvolle Anregungen danke ich meinem verehrten Lehrer, Herrn Professor Dr. Karl Doehring.

Mein Dank gilt auch Herrn Ministerialrat a. D. Dr. Johannes Broermann, der die Veröffentlichung ermöglichte.

Heidelberg, im Dezember 1970 *Ernst Bauer*

Inhaltsverzeichnis

Einleitung 11

1. Das Vertragswesen zwischen Bund und Ländern 11
2. Die Frage nach der Bestandskraft des Vertrages 16

Erster Teil

Bestandsaufnahme 19

I. Die herrschende Lehre 19
   1. Die Entstehung des Problems 19
   2. Die Lehre zur Reichsverfassung 21
   3. Die Lehre zur Weimarer Verfassung 22
   4. Die Lehre zum Bonner Grundgesetz 25
II. Ansätze einer Gegenmeinung 27
   1. Literatur 27
   2. Rechtsprechung 29
III. Würdigung 32
   1. Die These der herrschenden Lehre 32
   2. Die Gegenthese 35

Zweiter Teil

Die Antinomie von Vertrag und Gesetz 38

A. Gesetz und Vertrag 38
I. Das Gesetz 38
II. Der Vertrag 39
   1. Die verfassungsrechtliche Bedeutung des Vertrages 39
   2. Staatsvertrag und Verwaltungsabkommen 41
   3. Die Relevanz des Staatsvertrages 43
III. Der Widerspruch zwischen Vertrag und Gesetz 44

B. Die Geltung des Gesetzes 47
I. Vorrang des Gesetzes? 48

    1. Die Relativierung des Vertrages 48
    2. Die Relativierung der Bindungsnorm 50
    3. Die Beseitigung des Vertrages durch das Gesetz 51
       a) Vertrag, Vertragsgesetz und Vertragsanordnung 52
       b) Konsumtion des Vertrages durch die Vertragsnorm? 55
       c) Aufhebung des Vertrages durch das vertragswidrige Gesetz? .. 56
    4. Folgerungen 58
  II. Die Geltungskraft des Gesetzes 59
    1. Die Geltung des Vertragsgesetzes bzw. der Vertragsanordnung ... 59
    2. Die Geltung des vertragswidrigen Gesetzes 60
    3. Folgerungen 63
  III. Ergebnis 64

C. *Die Geltung des Vertrages* 65

  I. Die Geltungskraft des Vertrages 65
    1. Die Verbindlichkeit des Vertrages 67
    2. Die Vertragsautonomie 70
    3. Die Vertragsgarantie 72
    4. Folgerungen 75
  II. Vorrang des Vertrages? 76
    1. Pacta sunt servanda 77
    2. Folgerungen 79
  III. Ergebnis 79

Dritter Teil

Die Synthese von Vertrag und Gesetz 81

A. *Die funktionale Lösung* 81

  I. Die abstrakte Evidenz 81
  II. Die allgemeine Existenz 84
    1. Zivilrecht 84
    2. Verwaltungsrecht 86
    3. Staatsrecht 87
    4. Völkerrecht 89
  III. Das potentielle Schema 90

B. *Die Bestandskraft des Vertrages* 93

  I. Der Lösungstatbestand 93
    1. Die gesetzliche Lösung 93

2. Die vertragliche Lösung	95
3. Der konkrete Tatbestand	96
4. Ergebnis	101
II. Die Legitimation der Bestandskraft	101
1. Die systematische Logik	102
2. Die Vertragsadäquanz	104
3. Die verfassungsrechtliche Stringenz	107
III. Ergebnis	112

C. Die Bestandskraft des Vertrages und die Geltung des Gesetzes ... 113

- I. Die formelle Bestandskraft des Vertrages ... 114
  1. Die formelle Bindung ... 114
  2. Die Grenzen der Bindung ... 115
  3. Ergebnis ... 117
- II. Die materielle Bestandskraft des Staatsvertrages ... 117
  1. Die Bindungswirkung des Vertrages ... 117
  2. Die Grenzen der vertraglichen Bindung ... 119
     a) Die vertragschließende Gewalt ... 119
     b) Vorbehalt und Vorrang der Verfassung ... 121
  3. Ergebnis ... 122
- III. Die materielle Bestandskraft des Verwaltungsabkommens ... 123
  1. Die Bindungswirkung des Vertrages ... 124
     a) Der Vorrang des Gesetzes ... 124
     b) Die Grenzen der legislativen Gewalt ... 125
     c) Die Funktion der exekutiven Gewalt ... 126
  2. Die Grenzen der vertraglichen Bindung ... 130
     a) Die vertragschließende Gewalt ... 130
     b) Der Vorbehalt des Gesetzes und die Gesetzmäßigkeit der Verwaltung ... 132
     c) Die Erweiterung des Gesetzesvorbehaltes ... 136
  3. Ergebnis ... 139

Schluß   141

1. Zusammenfassung ... 141
2. Würdigung ... 142

Literaturverzeichnis   145

Abkürzungsverzeichnis

AöR (N.F.)	=	Archiv des öffentlichen Rechts (Neue Folge)
BayVerfGH	=	Bayerischer Verfassungsgerichtshof
BGB	=	Bürgerliches Gesetzbuch
BGBl.	=	Bundesgesetzblatt
BGHZ	=	Entscheidungen des Bundesgerichtshofs in Zivilsachen, Amtliche Sammlung
BVerfGE	=	Entscheidungen des Bundesverfassungsgerichts, Amtliche Sammlung
BVerfGG	=	Bundesverfassungsgerichtsgesetz
BVerwGE	=	Entscheidungen des Bundesverwaltungsgerichts, Amtliche Sammlung
Diss.	=	Dissertation (soweit nicht anders angegeben, handelt es sich um juristische Dissertationen)
DJZ	=	Deutsche Juristen-Zeitung
DÖV	=	Die öffentliche Verwaltung
DVBl.	=	Deutsches Verwaltungsblatt
GG	=	Grundgesetz
GMBl.	=	Gemeinsames Ministerialblatt, hrsg. vom Bundesministerium des Innern
HBDStR I, II	=	Handbuch des Deutschen Staatsrechts, hrsg. von Gerhard Anschütz und Richard Thoma, Tübingen, Erster Band 1930, Zweiter Band 1932
HBVöR	=	Handbuch des Völkerrechts, hrsg. von Fritz Stier-Somlo, Stuttgart
JöR	=	Jahrbuch des öffentlichen Rechts
Jus	=	Juristische Schulung
JZ	=	Juristenzeitung
NJW	=	Neue Juristische Wochenschrift
RGBl.	=	Reichsgesetzblatt
RGZ	=	Entscheidungen des Reichsgerichts in Zivilsachen, Amtliche Sammlung
RHO	=	Reichshaushaltsordnung
RV	=	Reichsverfassung
StGH	=	Staatsgerichtshof
VA	=	Verwaltungsarchiv
Verw.Rspr.	=	Verwaltungsrechtsprechung
VGHE	=	Entscheidungen des Verwaltungsgerichtshofs. Amtliche Sammlung des bayerischen bzw. des hessischen und baden-württembergischen Verwaltungsgerichtshofs
VVDStRL	=	Veröffentlichungen der Vereinigung der Deutschen Staatsrechtslehrer
WissR	=	Wissenschaftsrecht, Wissenschaftsverwaltung, Wissenschaftsförderung. Zeitschrift für Recht und Verwaltung der wissenschaftlichen Hochschulen und der wissenschaftspflegenden und -fördernden Organisationen und Stiftungen, Tübingen

Einleitung

„Niemand wird darüber streiten, daß Verträge gehalten werden müssen[1]." Auch bei Verträgen zwischen Bund und Ländern gibt es über diese Frage keinen Streit. Dies allerdings nur deshalb, weil man sich hier darin einig ist, daß solche Verträge nicht gehalten werden müssen, jedenfalls nicht vom Bund.

Diese etwas polemisch formulierte „herrschende Lehre" soll in der vorliegenden Arbeit dargestellt und kritisch untersucht werden. Es wird sich zeigen, daß das Ergebnis dieser Lehre verfassungsrechtlich nicht nur nicht zwingend, sondern darüber hinaus auch widerspruchsvoll und suspekt ist. So drängt sich die Frage auf, ob man das Institut des bundesstaatlichen Vertrages nicht besser und frei von Widersprüchen in die bundesstaatliche Rechtsordnung integrieren kann.

Einleitend ist zunächst das Vertragswesen in seiner praktischen und theoretischen Bedeutung kurz zu kennzeichnen. Diese Darstellung verdeutlicht die Problematik der vertraglichen Bestandskraft. Alsdann läßt sich die zu lösende Aufgabe klar formulieren.

1. Das Vertragswesen zwischen Bund und Ländern

Für die Max-Planck-Gesellschaft zum Beispiel ist die Antwort auf die Frage nach der Bestandskraft des bundesstaatlichen Vertrages von lebenswichtiger Bedeutung. Zuschüsse des Bundes und der Länder bilden die wesentliche Grundlage zur Finanzierung der Gesellschaft. Die Finanzierung ist damit keineswegs gesichert, denn diese Zuwendungen müssen jedes Jahr aufs neue ausgehandelt und bewilligt werden, diese Beträge wachsen von Jahr zu Jahr an und konfrontieren schließlich immer wieder die Beteiligten mit dem Problem der unzureichenden und ungewissen Finanz- und Kulturverfassung des deutschen Bundesstaates, das auch durch die „Große Finanzreform" noch nicht endgültig gelöst werden konnte[2]. Grund genug für alle Beteiligten sich zu über-

---

[1] *Schmitt*, Carl, Verfassungslehre, 3. Aufl., (unveränderter Neudruck) Berlin 1957, S. 70.
[2] Vgl. die drei Gesetze zur Änderung und Ergänzung des Grundgesetzes vom 12. 5. 1969, BGBl. I, S. 357 ff. Im Rahmen dieser Untersuchung sind die neuen Art. 91 a (Gemeinschaftsaufgaben) und 91 b (Vereinbarungen zwischen Bund und Ländern) von besonderer Bedeutung. Vgl. hierzu *Goroncy*, Robert, Der Mitwirkungsbereich des Bundes bei den Gemeinschaftsaufgaben nach

legen, auf welchen Boden das finanzielle Fundament der Gesellschaft gebaut ist. Was könnte geschehen, wenn der Bund ein Gesetz erläßt, wonach nur noch bundeseigene Forschungsanstalten aus Bundesmitteln unterstützt werden oder wenn der Bund im nächsten Haushaltsjahr den Zuschuß an die Max-Planck-Gesellschaft streicht oder kürzt und die Gesellschaft auf die gänzliche oder überwiegende Finanzierung durch die Länder verweist? Diese Problematik aufwerfen, das heißt die Frage stellen nach der Bestandskraft von Verträgen zwischen Bund und Ländern. Denn: die Verpflichtung des Bundes zur finanziellen Unterstützung der Max-Planck-Gesellschaft beruht auf dem zwischen Bund und allen Ländern abgeschlossenen „Verwaltungsabkommen zur Förderung von Wissenschaft und Forschung" vom 8. Februar 1968[3]. Hiernach tragen Bund und Länder für die Dauer des zwischen den Ländern abgeschlossenen sogenannten „Königsteiner Abkommens" vom 19. 2. 1959 den Zuschußbedarf der Max-Planck-Gesellschaft je zur Hälfte. Man kann sich genügend Gründe vorstellen, die den Bund zu der erwähnten „gesetzlichen" Vertragsaufkündigung — sofern sie zulässig sein sollte — bewegen könnten. Im Schlußprotokoll zu dem Bund-Länderabkommen vom gleichen Tage[4] stellen die Vertragspartner fest, das Abkommen werde geschlossen unter dem Vorbehalt der Auffassungen von Bund und Ländern über ihre Kompetenzen und die Finanzverantwortlichkeit nach dem Grundgesetz sowie vorbehaltlich einer Neuregelung der finanziellen Beziehungen von Bund und Ländern. Das Abkommen soll deshalb nur bis zu dieser Neuregelung gelten, es ist frühestens zum 31. Dezember 1970 kündbar[5]. Das Schlußprotokoll

---

Artikel 91 a und 91 b des Grundgesetzes, DÖV 1970, S. 109 ff. sowie *Goroncy*, Robert, Das Zusammenwirken von Bund und Ländern bei den Gemeinschaftsaufgaben nach Artikel 91 b des Grundgesetzes. Zugleich ein Beitrag zu Art. 91 a GG, DVBl. 1970, S. 310 ff. Dazu auch *Tiemann*, Burkhard, Die neuen Gemeinschaftsaufgaben (Art. 91 a, b GG) im System des Grundgesetzes, DÖV 1970, S. 161 ff.

[3] Bulletin des Presse- und Informationsamtes der Bundesregierung 1968, S. 137 f.; anschließend an das gleichnamige Abkommen vom 4. 6. 1964 (GMBl. 1964, S. 315).

[4] Bulletin 1968, S. 138; ebenfalls anschließend an das Schlußprotokoll vom 4. 6. 1964 (GMBl. 1964, S. 315/316).

[5] Durch die Änderung des Grundgesetzes wurde das Abkommen nicht hinfällig, sondern „sanktioniert". Nach Art. 91 b GG i. d. F. des 21. Gesetzes zur Änderung des Grundgesetzes (Finanzreformgesetz) vom 12. 5. 1969, BGBl. I, S. 359 (in Kraft ab 1. 1. 1970) können Bund und Länder aufgrund von Vereinbarungen bei der Förderung von Einrichtungen und Vorhaben der wissenschaftlichen Forschung von überregionaler Bedeutung zusammenwirken.

Bund und Länder haben am 11. 6. 1969 ein neues Verwaltungsabkommen über die Förderung der Sonderforschungsbereiche unterzeichnet. Das Abkommen ist abgedruckt bei *Grellert*, Volkert, Verwaltungsabkommen Bund/Länder über die Förderung der Sonderforschungsbereiche, WissR Bd. 3, Heft 1 (1970), S. 56 ff. In diesem Abkommen modifizieren und ergänzen die Vertragspartner das Abkommen von 1968 und gehen expressis verbis von der Weitergeltung dieses Abkommens aus (vgl. Präambel sowie § 5 und § 9 des Vertrages). Bemerkenswert ist, daß im neuen Abkommen keine Verlänge-

zeigt, auf welch schwankendem verfassungsrechtlichen Boden das Abkommen steht, und wie vorsichtig die Partner paktieren. Was bedeutet dieser Vorbehalt? Legt er nicht den Verdacht nahe, die Parteien hielten die vereinbarte Regelung eventuell für grundgesetzwidrig? Soll er den Parteien die Möglichkeit lassen, sich jederzeit auf ihre Auffassung von der Kompetenz und Finanzverantwortlichkeit zurückzuziehen und das Abkommen platzen zu lassen[6]? Dagegen spricht vielleicht die vorgesehene Kündigung. Aber auch hier ergeben sich neue Fragen: Soll die Kündigung jederzeit zulässig sein oder ist hierzu ein besonderer Kündigungsgrund erforderlich? Das Schlußprotokoll, das verfassungsrechtliche Streitpunkte ausklammern will, wirft neue Probleme auf, die nicht gelöst, sondern — in der Hoffnung beiderseitigen Wohlverhaltens — umgangen werden.

Nicht nur für die Max-Planck-Gesellschaft ist die Antwort auf diese Fragen von lebenswichtiger Bedeutung. Aufgrund des gleichen Abkommens hat sich der Bund auch zur finanziellen Beteiligung am weiteren Ausbau wissenschaftlicher Hochschulen verpflichtet[7]. Außerdem trägt der Bund nach dieser Vereinbarung noch die Hälfte des Zuschußbedarfs zur Deutschen Forschungsgemeinschaft und die Hälfte der zur Studienförderung nach dem Honnefer Modell erforderlichen Mittel[8]. Wie man sieht, immense Summen, die auf diesem Wege verteilt werden! Dürfen sich die so Bedachten dieser Leistungen sicher sein? Die Neuregelung des Grundgesetzes durch die große Finanzreform hat den Vertrag zwischen Bund und Ländern vielleicht auf eine etwas festere verfassungsrechtliche Grundlage gestellt, möglicherweise diese Grundlage auch erst geschaffen[9], sie hat aber die entscheidende Frage

---

rungsklausel vorgesehen ist, sondern daß der Vertrag am 31. 12. 1972 außer Kraft tritt, sofern er nicht verlängert wird. Bedenken gegen diese Regelung bei *Grellert*, a.a.O., S. 59.

[6] Zur nachträglichen „Legitimation" des Abkommens s. Anm. 7 und 8.

[7] Gegen diese Praxis des Bundes bestanden erhebliche verfassungsrechtliche Bedenken, solange der Bund keine Zuständigkeit auf diesem Gebiet hatte. Nunmehr handelt es sich um eine „Gemeinschaftsaufgabe i. S. des Art. 91 a GG". (Ebenfalls i. d. F. des Finanzreformgesetzes. In Kraft ab 1. 1. 1970.)
Insoweit dürfte das Abkommen inzwischen gegenstandslos geworden sein, da aufgrund des Ausführungsgesetzes zu Art. 91 a vom 1. 9. 1969 (Hochschulbauförderungsgesetz, BGBl. I, S. 1566 ff.) diese Gemeinschaftsaufgabe dem gemeinsamen Planungsausschuß übertragen wurde.

[8] Auch die verfassungsrechtlichen Bedenken gegen diese Regelung (vgl. z. B. E.-W. *Böckenförde*, Der Honnef-Fall, Klausurbesprechung, Jus 68, 375 ff., 378) sind nunmehr gegenstandslos, nachdem der Bund durch die Neufassung des Art. 74 Nr. 13 GG eine konkurrierende Zuständigkeit auf dem Gebiet der Ausbildungsförderung erhalten hat (22. Gesetz zur Änderung des Grundgesetzes vom 12. 5. 69, BGBl. I, S. 363).

[9] Vgl. auch *Tiemann*, DÖV 1970, S. 161 ff., 162: Art. 91 b solle die teilweise schon bisher erfolgte Zusammenarbeit von Bund und Ländern auf eine gesicherte verfassungsmäßige Grundlage stellen.

nicht beantwortet, sondern sie im Gegenteil erneut und noch eindringlicher zur Diskussion gestellt: die Frage nämlich, ob der Bund an diesen Vertrag unter allen Umständen gebunden bleibt. Daß der Bund Vereinbarungen treffen und sich an der Finanzierung beteiligen kann, heißt ja nicht, daß er dies tun muß und daß er an die Vereinbarung gebunden ist. Dieses Problem ergibt sich nicht nur bei dem beispielhaft dargestellen „Verwaltungsabkommen zur Förderung von Wissenschaft und Forschung", denn Bund und Länder haben eine umfangreiche Vertragspraxis entwickelt[10]. So steht die Frage zur Beantwortung für alle zwischen Bund und Ländern abgeschlossenen Verträge, und sie bleibt bestehen, solange es solche Verträge geben wird. Schon der flüchtige Blick auf einige Verträge läßt erkennen, welche Bedeutung ihnen zukommt. Nicht nur durch ihre immer größer werdende Zahl erregen sie Aufmerksamkeit, sondern mehr noch durch das Gewicht der Gegenstände, die sie regeln: Materien, die neben den großen finanziellen Aufwendungen, die sie erfordern, vor allem dadurch gekennzeichnet sind, daß sie im Spannungsfeld der verfassungsrechtlichen und verfassungspolitischen Beziehungen zwischen Bund und Ländern liegen. Die Erfüllung bundesstaatlicher Aufgaben und die Lösung föderativer Probleme durch das Mittel des Vertrages hat sich im deutschen Bundesstaat zu einem Rechtsinstitut perfektioniert, das gleichrangig an die Seite der Gesetzgebung und des Gesetzesvollzugs getreten ist. Fast hat es den Anschein, als habe sich dieses Institut bereits Befugnisse der verfassunggebenden Gewalt angemaßt.

Um so erstaunlicher, daß diese Erscheinung bis vor kurzem in der Literatur nicht das Interesse gefunden hat, das ihr eigentlich zukommt. Der Aufsatz von Kölble[11] und die Dissertation von Giese[12] waren lange Zeit die einzigen Arbeiten, die sich direkt mit dem Problem befaßten, wenn man von Fickers Monographie aus dem Jahre 1926 absieht[13, 14].

Keine Bedenken gegen die frühere Praxis hat dagegen *Maunz*, Theodor, Die Abgrenzung des Kulturbereichs zwischen dem Bund und den Ländern, in: Festschrift für Gebhard Müller. Zum 70. Geburtstag des Präsidenten des Bundesverfassungsgerichts. Hrsg. von Theo Ritterspach und Willi Geiger, Tübingen 1970, S. 257 ff., S. 269: Dazu hätte es keiner Grundgesetzänderung bedurft.

[10] Einen wohl erschöpfenden Überblick über die Vertragspraxis vermittelt die Arbeit von *Grawert*, Rolf, Verwaltungsabkommen zwischen Bund und Ländern in der Bundesrepublik Deutschland. Eine kritische Untersuchung der gegenwärtigen Staatspraxis mit einer Zusammenstellung der zwischen Bund und Ländern abgeschlossenen Abkommen (Schriften zum Öffentlichen Recht, Band 57), Berlin 1967, zugleich Heidelberg, Jur. Diss. 1967. Im Anhang (S. 299 ff.) sind 224 Abkommen der verschiedensten Art zusammengestellt.

[11] *Kölble*, Josef, Verwaltungsabkommen zwischen Bund und Ländern, DÖV 1960, S. 650 ff.

[12] *Giese*, Heinz-Ewald, Staatsverträge und Verwaltungsabkommen der deutschen Bundesländer untereinander sowie zwischen Bund und Ländern, Bonn 1961.

[13] *Ficker*, Hans, Vertragliche Beziehungen zwischen Gesamtstaat und

Die „große Finanzreform" gab den Anstoß, das Problem möglicher Kooperationsformen zwischen Bund und Ländern neu zu überdenken und zeitgemäß zu lösen[15]. Das Vertragwesen zwischen Bund und Ländern erfuhr seine grundlegende staatsrechtliche Behandlung in der Grawertschen Arbeit[16, 17, 18]. Mit dieser Aufbereitung des gesamten praktischen und theoretischen Materials ist die Voraussetzung geschaffen für Einzelbetrachtungen bedeutsamer Teilaspekte. Ein solcher Ausschnitt aus dem großen Problemkreis ist derjenige, der oben kurz angeschnitten wurde und unter der Überschrift „Bestandskraft" behandelt werden soll. Dieser Ausschnitt, das darf man wohl ohne Übertreibung sagen, verdient besonderes Interesse. Dies nicht nur deshalb, weil ihm bislang keine größere Aufmerksamkeit geschenkt wurde, sondern insbesondere wegen seiner hervorragenden praktischen und theoretischen Bedeutung. Hat man einmal das Terrain der Zulässigkeit und der Grenzen dieser Verträge genügend arrondiert, so bleiben nur noch untergeordnete Fragen außer der einen: der nach der Bestandskraft. Denn hier kommt es „zum Schwur". Hier zeigt es sich, ob die Partner ernst machen mit ihrem Verpflichtungswillen oder ob sie den Vertrag als ein zwar willkommenes, aber doch nur zweitrangiges Mittel der ihnen verliehenen Befugnisse betrachten. Hier zeigt es sich auch, ob die Verfassung ernst macht mit der Befugnis, die sie den Parteien übertragen bzw. stillschweigend überlassen hat.

Einzelstaat im Deutschen Reich (Abhandlungen aus dem Staats- und Verwaltungsrecht mit Einschluß des Kolonialrechts und des Völkerrechts, 38. Heft), Breslau 1926.

[14] Die Dissertation von *Beer*, Manfred, Staatsverträge und Verwaltungsabkommen im heutigen deutschen Staatsrecht, München 1960, behandelt vor allem die Verträge mit auswärtigen Staaten.

[15] Grundlegend war hier das sog. Troeger-Gutachten: Kommission für die Finanzreform, Gutachten über die Finanzreform in der Bundesrepublik Deutschland, 2. Aufl., Stuttgart—Köln—Berlin—Mainz 1966. Zur umfangreichen „Sekundärliteratur" vgl. *Grawert*, Rolf, Finanzreform und Bundesstaatsreform, Der Staat 1968, S. 63 ff. sowie *Groß*, Rolf, Kooperativer Föderalismus und Grundgesetz, DVBl. 1969, S. 93 ff., S. 125 ff. und *Patzig*, Werner, Soll und Haben der Finanzreform, DVBl. 1969, S. 429 ff.

[16] *Grawert*, Verwaltungsabkommen. Vgl. hierzu die Besprechung von *Knöpfle*, Franz, Verwaltungsabkommen zwischen Bund und Ländern, Der Staat 1969, S. 79 ff.

[17] Mögliche Kooperationsformen zwischen Bund und Ländern behandelt auch *Rudolf*, Walter, Bund und Länder im aktuellen deutschen Verfassungsrecht, Bad Homburg v. d. H.—Berlin—Zürich 1968.
In diesem Zusammenhang sei noch hingewiesen auf die Arbeit von *Heiden*, Gertrud, Öffentlich-rechtliche Verträge zwischen Bund und Ländern in der Bundesrepublik Deutschland, Diss., Köln 1969.

[18] Die Untersuchung von *Kunze*, Renate, Kooperativer Föderalismus in der Bundesrepublik. Zur Staatspraxis der Koordinierung von Bund und Ländern, Stuttgart 1968, zugl. Phil. Diss., Hamburg 1967, behandelt nur die „faktische" Zusammenarbeit zwischen Bund und Ländern in den Ministerien, Vertretungen und Konferenzen.

2. Die Frage nach der Bestandskraft des Vertrages

Bei all diesen Verträgen lautet die entscheidende Frage: Inwiefern ist der Bund an seine vertraglichen Verpflichtungen gebunden? Kann er sich von dieser Bindung lösen, wenn ihm dies erforderlich oder auch nur opportun erscheint? Muß er dies nicht aus Gründen des übergeordneten Gemeinwohls tun können, wie er ja auch eine gesetzliche Verpflichtung durch eine neue gesetzliche Regelung beseitigen kann? Es bietet sich ein einfacher Weg an: Aufgrund seiner umfassenden Kompetenz, ja Kompetenz-Kompetenz, könnte der Bund jeden Vertrag durch einen Gesetzgebungsakt „vom Tisch fegen". Diese Befugnis, eine vertragliche Regelung durch einen nachfolgenden Gesetzgebungsakt zu annullieren, wird dem Bund vom überwiegenden Teil der Autoren zugesprochen. Ob dieser „Befugnis" nicht die Bestandskraft des Vertrages entgegensteht, das zu untersuchen ist die Aufgabe der vorliegenden Arbeit.

Der in der Literatur wenig gebräuchliche und daher in seinen Konturen noch unscharfe Begriff der Bestandskraft bedarf einer näheren Präzisierung. Ganz allgemein und umfassend kann man die Bestandskraft als die Fähigkeit der von den Parteien geschaffenen Normen bezeichnen, sich zwischen diesen Parteien Geltung zu verschaffen und zu behaupten. Diese Geltung der vertraglichen Normen ist das Produkt von zwei verschiedenen Kräften: Der Wille der paktierenden Rechtssubjekte schafft eine Norm (oder macht sie zunichte), sofern das objektive Recht dies zuläßt, diesen Willen sanktioniert. Daher ist die Bestandskraft zum einen (vom Standpunkt des objektiven Rechts aus) die Fähigkeit der subjektiv geschaffenen Vertragsnorm, sich gegenüber den objektiven Normen der allgemeinen Rechtsordnung durchzusetzen, bzw. sich diesen Normen einzufügen und sich mit ihnen zu behaupten. Zum anderen ist die Bestandskraft (vom Standpunkt der vertragschließenden Rechtssubjekte aus) die Fähigkeit der Vertragsnorm, eine objektiv geltende Teilrechtsordnung zwischen den Vertragsparteien zu errichten, d. h. die Fähigkeit, die Partner mit verpflichtender Wirkung an den von ihnen erklärten Willen zu binden.

Wie schon aus der Begriffsbestimmung hervorgeht, muß sich diese Fähigkeit auf zwei verschiedenen Ebenen durchsetzen: Im (aktiven) „stadium nascendi" entscheidet es sich, ob die Parteien überhaupt eine Norm setzen wollen, ob sie dies in der gehörigen Form tun, ob diese Norm fähig ist, ins Leben zu treten oder ob sie nicht durch andere Normen daran gehindert wird. Dies ist die Ebene des gültigen Zustandekommens der vertraglichen Regelung (Vertragserklärungen, Inhalt der Erklärungen, Zulässigkeit und Grenzen des Vertragsinhalts). Diese Fragen sollen nicht Gegenstand der vorliegenden Arbeit sein[19]. Im (passiven) „stadium vivendi" kommt es darauf an, wie und auf welche Weise die Parteien sich von ihrer Bindung lösen können, und ob sich die vertragliche Norm gegenüber anderen, jüngeren Normen noch durchsetzen und behaupten kann. Dies ist die Ebene der Weitergeltung und Abwicklung des Vertrages, bzw. negativ ausgedrückt, seiner Abänderung und Beendigung.

Diese zweite Ebene ist diejenige der Bestandskraft im eigentlichen Sinne, d. h. der Kraft zu Bestehen im Sinne von Weiter-zu-Bestehen. Dabei wird deutlich, daß eigentlich nur diese zweite Komponente den Namen „Bestandskraft" verdient. Hier ist zu prüfen, ob das bereits Bestehende auch weiterhin „Bestand" hat. Wo gar nichts entstanden ist, weil nichts entstehen konnte, ist es nicht nur sinnlos, sondern falsch, über die Bestandskraft dieses „Nullum" zu diskutieren. Die Widersprüchlichkeit und mangelnde Logik der vorherrschenden Auffassung ist zum großen Teil darin begründet, daß sich ihre Vertreter nicht darüber im klaren sind, was sie eigentlich prüfen: Kommt ein wirksamer Vertrag überhaupt zustande oder wird ein (wirksamer) Vertrag wieder aufgehoben[20]? Nur dieser zweite Komplex der eigentlichen Bestandskraft wird im folgenden behandelt. Es wird sich allerdings zeigen, daß hierbei stets die mit der Bestandskraft korrelierenden Wirksamkeitsvoraussetzungen des Vertrages berücksichtigt und in Rechnung gestellt werden müssen. Auf diese Weise wird man eine umfassende und einheitliche Bestandskraftslehre des bundesstaatlichen Vertrages entwickeln können.

Es sollen jedoch nicht alle bestandskraftsrelevanten Faktoren, die auf den Vertrag einwirken, systematisch behandelt werden (Erfüllung, Zweckerledigung, Kündigung, Befristung, Bedingung, Aufhebung, Veränderung der Umstände, Beendigung durch Gesetz)[21]. Hier interessiert nur ein hervorragendes Problem dieser Bestandskraft, das folgendermaßen zu kennzeichnen ist: Oben wurde unterschieden zwischen einer subjektiven und einer objektiven Komponente der Bestandskraft. Zur

---

[19] Darauf liegt das Schwergewicht der Grawertschen Arbeit. Diese Fragen sind von ihm ausführlich dargestellt und überzeugend gelöst worden.
[20] Bezeichnend z. B. *Renck*, Ludwig, Bestandskraft verwaltungsrechtlicher Verträge?, NJW 1970, S. 737 ff. bezüglich des verwaltungsrechtlichen Subordinationsvertrages. Er kritisiert — mit Recht — die herrschende Auffassung, die dem gesetzeswidrigen Vertrag aufgrund des Vertrauensschutzgedankens „Bestandskraft" zuerkennt. Er übersieht jedoch ebenfalls, daß von einer Bestandskraft gar nicht gesprochen werden kann, da ein gültiger Vertrag nicht vorliegt. Der Vertrauensgrundsatz könnte allenfalls eine Art culpa in contrahendo begründen. Daß der wirksame Vertrag gehalten werden muß, dürfte wohl nicht zu bestreiten sein. Hier ist dann zu klären, wie weit die Bestandskraft dieses (gültigen) Vertrages reicht.
[21] So z. B. *Grawert*, a.a.O., § 8: Die Beendigung von Bund-Länderabkommen, S. 122 ff.; ähnlich *Giese*, Staatsverträge, S. 140 ff.

ersteren gehören alle von den Parteien, zur letzteren alle von der Rechtsordnung gesetzten Faktoren. Im allgemeinen Vertragsrecht ist es so, daß sich diese Faktoren unabhängig voneinander zur Bestandskraft integrieren bzw. bringt das Fehlen eines Faktors die Bestandskraft zu Fall. Bei Bund-Länder-Verträgen kommt es zu einer für das Vertragsrecht befremdlichen Erscheinung, daß nämlich der Wille eines Vertragspartners nicht nur die Wirkung zu entfalten vermag, die ihm aufgrund des Vertrages zukommt (sozusagen eine „endogene", „vertragsimmanente" Wirkung), sondern daß dieser Wille auch auf die objektive Rechtsordnung einzuwirken imstande ist, daß er durch eine Änderung der objektiven Bestandsfaktoren auf den Bestand des Vertrages einwirken kann. Diese vertragsfremde „exogene" Wirkung seines Willens kann der Bund aufgrund seiner Kompetenzen und seiner Kompetenz-Kompetenz erzielen. Diese „zwielichtige" Erscheinung soll untersucht werden. Dies unter dem Thema „Bestandskraft" zu tun, ist deshalb gerechtfertigt, weil es sich hier um ein zentrales Problem der Bestandskraft handelt und weil von der Lösung dieses Problems Aufschlüsse über die Bestandskraft allgemein und über das Institut des Vertrages zwischen Bund und Ländern generell erwartet werden darf.

Aus dieser Aufgabenstellung ergibt sich der Gang der Untersuchung: Zunächst ist darzustellen, wie das Problem in der Literatur und Rechtsprechung gelöst wird. Hierbei wird sich die „herrschende Lehre" herauskristallisieren (Erster Teil). Dann ist zu prüfen, ob diese Lehre einer verfassungsrechtlichen Prüfung standhält (Zweiter Teil) und ob die auftauchenden Probleme nicht vielleicht besser gelöst werden können (Dritter Teil).

Erster Teil

Bestandsaufnahme

Die positive Verfassung gibt keine Antwort auf die Frage, ob ein Bundesgesetz einen Vertrag aufheben kann, den dieser Bund mit einem oder mehreren seiner Gliedstaaten geschlossen hat. Das Grundgesetz kannte bislang solche Verträge überhaupt nicht[1], und auch die Weimarer und die Reichsverfassung übergehen diese Frage mit Stillschweigen. So ist es verständlich, daß diese Frage erörtert wird, seit ein deutscher Bundesstaat besteht — fast immer allerdings nebenbei nur, so daß die Antwort durchweg als ein „obiter dictum" im Raume steht und schon wegen ihrer apodiktischen Kürze und kategorischen Begründung nicht überzeugen kann. Die vielfältigen Antworten sollen deshalb hier in ihrem Kontext dargestellt werden.

Es mag zutreffen, daß die Begründungen der älteren deutschen Staatsrechtslehre kaum überzeugende Ansätze bieten[2], das läßt sich jedoch nicht ohne weiteres sagen. Ihre Argumente dürfen schon aus folgendem Grund nicht von vornherein als überholt abgetan werden: Die Zulässigkeit von Verträgen zwischen Bund und Ländern wird unter anderem auch mit dem Hinweis darauf bejaht, daß das Grundgesetz sie nicht ausdrücklich verbiete, sondern davon ausgehe, daß sie — wie in der Reichs- und Weimarer Zeit — einen integrierenden Bestandteil des verfassungs- und verwaltungsrechtlichen Instrumentariums von Bund und Ländern darstellten[3]. Wenn das Grundgesetz dieses „Rechtsinstitut" rezipiert hat, dann doch nur in der Form und Ausgestaltung, die es zu jenem Zeitpunkt erfahren hatte. Die ältere Lehre darf deshalb in dieser Untersuchung nicht gänzlich vernachlässigt werden.

I. Die herrschende Lehre

1. Die Entstehung des Problems

Schon bei der Reichsgründung im Jahre 1871 ergab sich die Frage nach der Bestandskraft von Verträgen zwischen Bund und Ländern,

---

[1] Im Gegensatz zu Verträgen zwischen den Ländern. Vgl. Art. 118, 130, 135 Abs. 5 GG. Nunmehr erwähnt das Grundgesetz wenigstens „Vereinbarungen" zwischen Bund und Ländern: Art. 91 b.
[2] So *Grawert*, Verwaltungsabkommen, S. 127.
[3] So zuletzt *Grawert*, a.a.O., S. 134: „Derartige Verträge gehören zum überkommenen Bilde deutscher Bundesstaatlichkeit."

und zwar im Zusammenhang mit den Reservat- und Sonderrechten einzelner Länder. Sofern diese Sonderrechte in der Verfassung verankert waren, konnten sie gem. Art. 78 Abs. 2 „nur mit der Zustimmung des berechtigten Bundesstaates abgeändert werden". Daneben gab es allerdings noch Sonderrechte, die nicht in der Verfassung selbst verankert, sondern (lediglich) vertraglich begründet worden waren. Diese Gruppe von „vertraglichen" Reservat- oder Sonderrechten hatte ihren Ursprung in den sogenannten Nebenverträgen, die bei der Reichsgründung zwischen den einzelnen Staaten abgeschlossen worden waren. Während die Hauptverträge in der Verfassungsurkunde aufgingen, wurden die Nebenverträge nicht besonders rezipiert. Sie blieben als Verträge bestehen.

Die in ihnen enthaltenen Rechte einzelner Bundesstaaten bezeichnet Haenel als „durch Vertrag begründete, wohl erworbene Individualrechte im Gebiete des deutschen Verfassungsrechts", die „der Herrschaft der Gesetzgebung und selbst der Verfassungsänderung des Reiches durch ihre vertragsmäßige Anerkennung entzogen sind"[4]. Demgegenüber sind Triepel und Laband der Ansicht, all diese angeblich vertragsmäßig noch weiter bestehenden Rechte könnten im Wege der Gesetzgebung aufgehoben werden, eine vertragliche Aufhebung sei gerade ausgeschlossen[5]. Denn: „Der Geltungsgrund jener ‚vertragsmäßigen' Bestimmungen" sei „kein völkerrechtlicher überhaupt und kein Vertrag im Besonderen", sondern allein das Gesetz, das den Vertrag publiziert habe, und zwar „genau in dem Umfange und in dem Sinne, in dem überhaupt der Inhalt eines völkerrechtlichen Vertrags in staatliches Recht verwandelt wird"[6]. Ficker behandelt diese „Verträge mit völkerrechtlichem Geltungsgrund" in seiner Retrospektive aus dem Jahre 1926 noch teilweise nach völkerrechtlichen Grundsätzen[7]. Während die sog. „Ausnahmeverträge" (Verträge vor Gründung des Reiches) der Kompetenz-Kompetenz des Gesamtstaates unterliegen (durch eine gesetzliche

---

[4] *Haenel*, Albert, Die vertragsmäßigen Elemente der Deutschen Reichsverfassung (Studien zum Deutschen Staatsrechte. Erste Studie), Leipzig 1873, S. 249. So auch *Haenel*, Albert, Deutsches Staatsrecht, Erster Band, Die Grundlagen des deutschen Staates und die Reichsgewalt, Leipzig 1892, S. 812, 818 sowie die bei Haenel Zitierten.

[5] *Triepel*, Heinrich, Völkerrecht und Landesrecht, Leipzig 1899, S. 193 (im Rahmen der Prüfung, ob zwischen Bund und Gliedstaat völkerrechtliche Beziehungen bestehen können). *Laband*, Paul, Das Staatsrecht des Deutschen Reiches, 5. Aufl., Erster Band, Tübingen 1911, S. 124. Weitere Nachweise bei *Triepel* und *Laband*, a.a.O. Über Sonderrechte allgemein, insbesondere die verfassungsmäßig verankerten, vgl. *Haenel*, Die vertragsmäßigen Elemente, S. 183 ff. einerseits, *Laband*, Paul, Der Begriff der Sonderrechte nach Deutschem Reichsrecht, Annalen des Deutschen Reichs, 1874, Sp. 1487 ff.; Staatsrecht I, S. 114 ff. andererseits, sowie die bei Haenel und Laband Zitierten.

[6] *Triepel*, Völkerrecht und Landesrecht, S. 190.

[7] Vgl. Vertragliche Beziehungen, S. 37: „Rudiment aus der Zeit der einzelstaatlichen Souveränität."

I. Die herrschende Lehre

Regelung „erlischt der Ausnahmevertrag")[8], soll den sog. „Vorbehaltsverträgen" (in denen den beitretenden Staaten gewisse Vorrechte eingeräumt wurden) eine erhöhte Bestandskraft zukommen. Hier habe sich der Gesamtstaat verpflichtet, seine Kompetenz-Kompetenz nicht auszuüben[9]. Tue er dies doch, so handelt er „zwar staatsrechtlich rechtmäßig, begeht aber eine Völkerrechtsverletzung"[10].

2. Die Lehre zur Reichsverfassung

Für die zweite Gruppe vertraglich begründeter Rechte (also die durch Vertrag des Reichs mit den Einzelstaaten im bestehenden Bundesstaat begründeten) bestand Einigkeit darüber, daß sie jederzeit aufgehoben werden konnten. Dies glaubte man schon damit begründen zu können, daß neue Sonderrechte nicht geschaffen werden dürften[11]. Man müßte hier also genauer von vertraglichen Sonderregelungen sprechen, die durch Gesetz jederzeit aufgehoben werden konnten, um zu verhindern, daß sie zu Sonderrechten einzelner Staaten erstarkten. Diese Auffassung der Staatslehre des alten Reiches wurde zur Grundlage der herrschenden Lehre wie sie sich in der Weimarer Zeit herauskristallisierte, und die schließlich — wenn auch in gewandelter Form — die Auslegung des Grundgesetzes maßgeblich beeinflussen sollte.

Zur Reichsverfassung von 1871 wurde diese Lehre in allgemeiner Form allerdings kaum formuliert. In seiner Abhandlung über völkerrechtliche Verträge stellt Proebst einmal nebenbei fest, es könne keinem Zweifel unterliegen, daß auch Verträge der Einzelstaaten unter sich und mit dem Reich ihre Geltung verlieren, „sobald das Reich die in den Verträgen behandelten Angelegenheiten gesetzlich ordnet"[12]. Er begründet dies mit Art. 2 der Reichsverfassung, wonach die Reichsgesetze den Landesgesetzen vorgehen.

Auch diesen Aspekt hat als einziger Ficker allgemein und abstrakt dargestellt. Seine (in bezug auf das Reich „posthumen") Ausführungen kann man wohl mit Recht als Zusammenfassung der zur Reichsverfassung von 1871 anerkannten Rechtsauffassung bezeichnen. Ficker kommt zu dem Ergebnis[13], daß alle Verträge zwischen dem Reich und einzelnen Ländern durch ein Reichsgesetz aufgehoben werden können, sofern sie auf staatlichem Geltungsgrund beruhen. Das sind alle Verträge, die im

---

[8] a.a.O., S. 38.
[9] a.a.O., S. 44.
[10] a.a.O., S. 45 und S. 126 ff. (130).
[11] So z. B. *Haenel*, Staatsrecht I, S. 811.
[12] *Proebst*, Max, Der Abschluß völkerrechtlicher Verträge durch das Deutsche Reich und dessen Einzelstaaten, Annalen des Deutschen Reichs 1882, S. 241 ff., S. 259.
[13] Vertragliche Beziehungen, S. 57 ff. insbes. S. 60 ff.

bestehenden Bundesstaat abgeschlossen wurden, von Ficker[14] sogenannte „Regelverträge", für die nur noch Staatsrecht maßgebend ist[15]. Daraus schließt er, daß das Gesetz des Gesamtstaates, mit dem dieser den Staatsvertrag verkündet, den Vertrag zwischen Gesamt- und Einzelstaat konsumiert[16]. Damit mache der Gesamtstaat den Inhalt des Vertrages zu objektivem Recht, ergreife also die Vertragsmaterie durch Ausübung seiner Gesetzgebungs-Kompetenz und scheide damit diese Materie aus dem möglichen Vertragsgebiet aus. Trotz dieser „Konsumtion" des Vertrages durch das Vertragsgesetz geht Ficker davon aus, daß erst die vertragswidrige Gesetzgebung den Vertrag „aufhebt". Dazu sei der Gesetzgeber jederzeit berechtigt: Die eigentlichen Staatsverträge[17] können deshalb „durch Gesetz geändert und aufgehoben werden", weil sie ihren Geltungsgrund nur im Gesetz des Gesamtstaates[18] haben. Hierzu sei je nach Materie ein einfaches oder verfassungsänderndes Gesetz erforderlich[19]. Die gleiche Begründung gelte für Verwaltungsverträge[20]. Für sie komme eine außergesetzliche Grundlage gar nicht in Frage. Dies könne allerdings (wegen der Scheidung Gesetzgebung - Verwaltung, Art. 4 [78] der Reichsverfassung) nur durch verfassungsänderndes Gesetz geschehen[21]. Schließlich könnten auch die sogenannten „Ermessensbeschränkungen"[22] den Reichsgesetzgeber nicht binden. Das ergebe sich schon aus dem Inhalt der Abmachungen. Durch einfaches Gesetz könne die Angelegenheit der Verwaltung entzogen und durch den Gesetzgeber geregelt werden[23].

3. Die Lehre zur Weimarer Verfassung

Die besonderen Vorbehalte, die den Äußerungen aus dem monarchischen Bundesstaat gegenüber angebracht sind, gelten nicht im gleichen Maße den Autoren des republikanischen Staates. Hier ist das „tertium

---

[14] a.a.O., S. 20 ff.
[15] a.a.O., S. 22 f.
[16] a.a.O., S. 24.
[17] Das sind Verträge auf dem freien Gebiet des einzelstaatlichen Gesetzgebungsrechtes (a.a.O., S. 57 f.), wobei der Einzelstaat in seiner Eigenschaft als Staat auftritt (vgl. a.a.O., S. 68 oben). Beispiele hierfür, a.a.O., S. 62.
[18] a.a.O., S. 60.
[19] a.a.O., S. 61.
[20] Das sind Verträge über die Vollziehung von Gesetzen, bei der der Einzelstaat nur das Recht der Vollziehung, nicht das der Gesetzgebung besitzt; der Einzelstaat wird hier lediglich als Selbstverwaltungskörper tätig (a.a.O., S. 68). Beispiele, a.a.O., S. 68 ff.
[21] a.a.O., S. 69.
[22] Das sind Verträge über Angelegenheiten der reichseigenen Verwaltung, durch die diese Verwaltung in ihrem Ermessen beschränkt wird (a.a.O., S. 73). Hier handelt der Einzelstaat als „Organ des Gesamtstaates" (a.a.O., S. 72), bzw. als „abstrakter Hoheitsträger" (a.a.O., S. 75). Hauptbeispiel: die Militärkonventionen. Dazu, a.a.O., S. 76 ff.
[23] a.a.O., S. 75.

I. Die herrschende Lehre

comparationis" schon eher gegeben, wenngleich man hier in Rechnung stellen muß, daß viele Argumente eher politischer und nur verbrämt rechtlicher Natur sind, insoweit nämlich, als sie dem Kampf „Unitarismus" gegen „Föderalismus" entspringen. Für das Recht der Weimarer Zeit, wo es zwischen Reich und Einzelstaat sicherlich keine Verträge mehr auf völkerrechtlicher Grundlage gibt, wo die Verfassung nun unbestreitbar nicht mehr auf vertraglicher Grundlage, sondern nur noch auf dem (Verfassungs-)Gesetz beruht, auch für diesen Rechtszustand taucht immer wieder das Argument der (zu bekämpfenden) Sonderrechte auf. Vielleicht der Grund dafür, daß fast alle Autoren eine Bestandskraft des Vertrages gegenüber dem Gesetz ablehnen.

a) Hier ist als erster Walter Jellinek zu erwähnen. Er hat sich dazu allerdings nicht in allgemeiner Form geäußert, sondern speziell zu Vereinbarungen der Landesregierungen mit der Reichsregierung während der Verfassungsberatungen, also zu einem für die staatsrechtliche Betrachtung ähnlich exzeptionellen Zustand, wie er zu Beginn des Bismarckreiches herrschte. Diese Vereinbarungen binden nach Jellinek nicht nur das Reich, sondern auch „die Reichsregierung wohl politisch und moralisch, aber im Gegensatze zu den Versailler Verträgen nicht rechtlich"[24].

b) Losgelöst von speziellen Zeitproblemen versucht Hatschek das Problem zu erfassen. Wie bei Jellinek so spürt man auch bei ihm das Bestreben, nun endgültig das Völkerrecht aus dem Bundesstaat zu verdammen. In der Befugnis, ein „vertragswidriges" Gesetz zu erlassen, sieht Hatschek den wichtigen Unterschied zwischen dem völkerrechtlichen und dem bundesstaatlichen Vertrage. Beim völkerrechtlichen Vertrag begehe der Reichsgesetzgeber einen (Völker-)Rechtsbruch, beim bundesstaatlichen Vertrag dagegen nicht, da der Vertrag durch das Ausführungsgesetz in seiner Rechtswirkung konsumiert werde:

„Ein innerstaatlicher Rechtsbruch kommt bei der Allmacht des Reichsgesetzgebers ... nicht in Frage. ... Die Anerkennung besonderer Vertragsrechte der Länder gegenüber dem Reichsgesetzgeber (also dem normalen Vertreter der Volkssouveränität) würde die Staatsgewalt im Reiche nicht als vom Volke, sondern als von Verträgen ausgehend (Art. 1, II RV.) erscheinen lassen. Deshalb kann es ... im republikanischen Staatsrechte keine Reservatrechte der Länder geben[25]."

Die eigentlich materielle Begründung für dieses Verbot von Reservatrechten bringt Hatschek bei der Behandlung der Sonderrechtsverträge: weil es unzulässig ist, „die prinzipiell verfassungsmäßig verbürgte

---
[24] *Jellinek*, Walter, Revolution und Reichsverfassung. Bericht über die Zeit vom 9. Nov. 1918 bis zum 31. Dezember 1919, JöR IX (1920), S. 1 ff., S. 71.
[25] *Hatschek*, Julius, Deutsches und Preußisches Staatsrecht, I. Band, Berlin 1922, S. 15/16.

Gleichberechtigung der Gliedstaaten durch Verträge zwischen ihnen und der Zentralgewalt zu verändern"[26].

c) Triepel legt vertragsmäßigen oder doch vertragsähnlichen Abmachungen zwischen Reich und Ländern in der Form von Regierungserklärungen nur einen beschränkten Wert bei, da sie — wenn überhaupt — so „doch jedenfalls nur die im Augenblicke am Ruder befindliche, nicht jede künftige Reichsregierung" rechtlich bindend verpflichten könnten[27]. Solche Bindungen seien nicht nur politisch bedenklich, sondern auch verfassungsrechtlich unzulässig[28].

d) Verträge des Weimarer Reichs behandelt Ficker nach den gleichen Grundsätzen wie die des Bismarck-Reiches[29]. Wegen der Einzelheiten kann daher auf die obigen Ausführungen verwiesen werden[30, 31]. Er spricht zwar von der Aufhebung des Vertrages durch ein späteres Gesetz, vertritt daneben aber (im Anschluß an Hatschek) auch hier eine (allerdings modifizierte) „Konsumtionstheorie": Die Staatsverträge seien zwar als Staatsverträge abgeschlossen, als solche aber nie in Wirksamkeit getreten. Sie seien durch die Zustimmung der gesetzgebenden Körperschaften rechtlich bindend und gleichzeitig als „Staatsverträge" hinfällig geworden. Das Reich habe in diesem Augenblick seine Gesetzgebungskompetenz auf dem Vertragsgebiet ausgeübt, und damit das Gesetzgebungsrecht der Länder konsumiert. Der als Rechtsnorm beabsichtigte Inhalt der Verträge sei „als Gesetz und nur als solches" in Kraft getreten. Lediglich vermögensrechtliche Bestimmungen, an die sich der Gesetzesbefehl nicht richte, blieben weiterhin als allerdings jederzeit durch einfaches Gesetz abänderbare Vertragsbestimmungen in Kraft[32]. Jedenfalls bedeute die gebräuchliche Formel „unbeschadet der Eigenschaft als Vertrag"[33] keine Doppelgeltung (so-

---

[26] a.a.O., S. 72/73. Dieser Gedanke findet sich dann auch bei *Leibholz*, Gerhard, Die Gleichheit vor dem Gesetz. Eine Studie auf rechtsvergleichender und rechtsphilosophischer Grundlage (Öffentlich-rechtliche Abhandlungen, 6. Heft), Berlin 1925, S. 155 ff., S. 157.
[27] *Triepel*, Heinrich, Der Föderalismus und die Revision der Weimarer Reichsverfassung, Zeitschrift für Politik 14 (1925), S. 193 ff., S. 213.
[28] a.a.O., S. 214.
[29] Für Staatsverträge: Vertragliche Beziehungen, S. 169 f. (Beispiele: S. 171 ff.). Für Verwaltungsverträge: S. 176 ff. Sie seien jetzt (wegen Art. 14) auch durch einfaches Reichsgesetz abänderbar. Für Ermessensbeschränkungen: S. 181 ff. (Beispiele: S. 183 ff.).
[30] Vgl. oben Ziff. 2.
[31] Für die jederzeitige Aufhebbarkeit durch Reichsgesetz auch *Giese*, Friedrich, Die Vertretung Preußens im Verwaltungsrat der Deutschen Reichsbahn-Gesellschaft, DJZ 1926, Sp. 1452 ff., Sp. 1457, im Anschluß an Ficker. So auch *Kunz*, Josef L., Die Staatenverbindungen, HBVöR 2. Band, 4. Abteilung, Stuttgart 1929, S. 693.
[32] a.a.O., S. 173.
[33] z. B. im Vertrag über die Staatseisenbahnen von 1920 (RGBl., S. 774 ff.) und im Vertrag über die Wasserstraßen von 1921 (RGBl., S. 962 ff.).

wohl Vertrag als auch Gesetz), sie stelle nur fest, „daß die Bestimmungen der Verträge, auf die sich der Befehl des Gesetzgebers nicht erstreckt, bestehen bleiben, was auch ohne sie der Fall gewesen wäre"[34].

e) Ein neues Argument führt Anschütz in die Diskussion ein. Nach seiner Ansicht ist die bindende Kraft derartiger Verträge für beide Teile nicht die gleiche. Das Land sei an den Vertrag unbedingt gebunden, da ihm die Bindung durch Reichsgesetz auferlegt werde. Das ergebe sich aus Art. 4 der Reichsverfassung, denn der Grundsatz der Vertragstreue sei eine allgemein anerkannte Regel des Völkerrechts im Sinne des Art. 4. Da der Satz „pacta sunt servanda" hiernach als bindender Bestandteil des deutschen Reichsrechts gelte, sei die Erfüllung des Vertrages für die Länder ein Gebot des Reichsrechts, ein vertragswidriges Landesgesetz somit „reichsrechtswidrig, also nichtig". Für das Reich gelte dies jedoch nicht:

„Auch das Reich ist zwar an seine Verträge mit den Ländern gebunden, aber doch eben nur mit der Kraft seiner eigenen Gesetze, also widerruflich. Ändert es den Vertrag durch ein Gesetz ab, so kann das betroffene Land sich demgegenüber nicht auf Art. 4 berufen, denn von der dort ausgesprochenen Bindung kann der Reichsgesetzgeber sich befreien[35]."

4. Die Lehre zum Bonner Grundgesetz

Dem Rechtszustand der Weimarer Zeit mußte hier nicht nur aus den oben erwähnten Gründen, sondern vor allem auch deshalb besondere Aufmerksamkeit geschenkt werden, weil eben in dieser Zeit die Problematik erkannt und von namhaften Autoren zu lösen versucht wurde, und zwar anscheinend in so beispielhafter Weise, daß unter der Geltung des Grundgesetzes das Problem als gelöst gilt mit der Folge, daß kaum noch darauf eingegangen, sondern, wenn überhaupt, auf die Weimarer Autoren verwiesen wird.

a) Solche Verweisungen finden sich z. B. bei Reudink[36] und bei v. Mangoldt-Klein, der bezüglich der „ungleichmäßig stark bindenden Kraft" der Verträge auf Anschütz verweist[37], sich also dessen Auffassung[38] zu eigen macht.

---

[34] a.a.O., S. 174.
[35] *Anschütz*, Gerhard, Das System der rechtlichen Beziehungen zwischen Reich und Ländern, HBDStR I, S. 295 ff., S. 299. Ebenso *Anschütz*, Gerhard, Die Verfassung des Deutschen Reiches vom 11. August 1919, 14. Aufl., Berlin 1933, S. 64, 68/70.
[36] *Reudink*, Otto, Das Recht der deutschen Länder zum Abschluß von Staatsverträgen, Diss., Heidelberg 1954, S. 85.
[37] *Mangoldt*, Hermann v. und Friedrich *Klein*, Das Bonner Grundgesetz, Kommentar, 2. Aufl., Berlin—Frankfurt a. M., Band I 1957, Anm. III 3 d zu Art. 20.
[38] Vgl. oben Ziff. 3 e.

b) Auch H.-E. Giese[39] ist der Ansicht, es könne sich der Bund jederzeit durch einen Gesetzgebungsakt von seinen vertraglichen Verpflichtungen lösen, und zwar „nicht nur mit Wirkung nach innen, sondern auch mit Wirkung nach außen", allerdings „nicht willkürlich". Der Grund ist für ihn der, daß der Bund in seiner Gesetzgebungs-Kompetenz niemals durch einen Bund-Länder-Vertrag beeinträchtigt werden darf, denn durch einen bindenden Vertrag würden dem Land verfassungswidrige Reservatrechte eingeräumt. Deshalb stünden Staatsverträge wie auch Verwaltungsabkommen „unter dem selbstverständlichen, stillschweigenden Vorbehalt der fortdauernden Kompetenz der Länder". Die Vertragskompetenz der Länder, die ihrer allgemeinen verfassungsrechtlichen Regelungskompetenz entspreche, entfalle aber in dem Augenblick, in dem der Bund eine solche Materie an sich ziehe: durch verfassungsänderndes Gesetz bei ausschließlichen Landesangelegenheiten, durch einfaches Gesetz bei konkurrierenden Materien. Im letzteren Falle könne der Bund auch „den Inhalt solcher Verträge ... als Gesetz verkünden und damit den Vertrag gegenstandslos machen".

c) Für Verwaltungsabkommen sieht Grawert den Erlaß eines vertragswidrigen Gesetzes als normalen Beendigungsgrund an wie z. B. die Kündigung oder die vertragliche Aufhebung[40]. Er begründet dies mit dem Grundsatz des Gesetzesvorranges (Art. 20 Abs. 3 und 28 Abs. 1 Grundgesetz). Dieser rechtsstaatlich demokratische Grundsatz beherrsche die bundesstaatliche Gesamtrechtsordnung, und nur im Rahmen dieser Ordnung könnten Verwaltungsabkommen gelten. Da jede Art von Verwaltungstätigkeit gesetzesabhängig sei, könnten kompetenzgemäß erlassene Gesetze „auch Gemeinschaftsexekutivakte wie Verwaltungsabkommen aufheben"; kompetenzgemäß, d. h., der Bundesgesetzgeber kann den Vertrag aufheben, soweit er Bundeskompetenzen enthält, der Landesgesetzgeber kann dies für seinen Regelungsbereich tun. In jedem Falle aber, so fährt Grawert fort, können Bund und Land ein vertragswidriges Gesetz erlassen, „ungeachtet des formell weiterbestehenden Vertrages", denn zumindest „innerstaatlich" könne der Gesetzgeber nicht gebunden werden. Dadurch würden die bundesverfassungsrechtlichen Gesetzgebungszuständigkeiten aufgehoben. Deshalb könne der Gesetzgeber innerstaatlich „nur politisch, nicht rechtlich" durch Verwaltungsabkommen beengt sein[41, 42].

---

[39] Staatsverträge, S. 137—139.
[40] Verwaltungsabkommen, S. 125 ff.
[41] a.a.O., S. 128, 129 f.
[42] Der herrschenden Auffassung zur Beendigung des Vertrages durch Gesetz schließt sich auch *Heiden* an: Öffentlich-rechtliche Verträge, S. 130, wiewohl sie auf der anderen Seite dem Vertrag eine allgemeine Bestandskraft zuerkennt (S. 139 f.).

II. Ansätze einer Gegenmeinung

Diese Ansicht hat sich durchgesetzt, so daß man sie mit Recht als die Auffassung der „herrschenden Lehre" bezeichnen kann. Nicht zu übersehen und nicht zu unterschätzen sind jedoch Ansätze einer Gegenmeinung, die in der Literatur recht vorsichtig formuliert wird, während sie der Staatsgerichtshof in einer Entscheidung kompromißlos vertritt. Für die neuere Rechtsprechung allerdings läßt sie sich nicht mehr nachweisen.

1. Literatur

a) Nach Liermann findet das Recht des Gesamtstaates, den Vertrag durch einseitigen Hoheitsakt zu kassieren, seine Grenze an der Willkürschranke. Formell habe das Reich die Macht dazu, materiellrechtlich sei es jedoch gebunden, diese Macht nicht willkürlich auzuüben[43]. Dieses Willkürverbot besagt eigentlich wenig über eine höhere Bestandskraft aus, da die Willkür jeder Rechtsausübung eine Grenze setzt. Liermann meint damit offensichtlich doch noch etwas mehr: Da der Vertrag nicht nur Vertrag, sondern auch Gesetz sei (nämlich als Gesetz beschlossen und verkündet), könne der Vertrag „rein formal gesehen durch den Reichsgesetzgeber einseitig geändert werden". Durch die Vertragsform habe sich der Reichsgesetzgeber jedoch eine „Selbstbeschränkung" auferlegt, „die im Rechtsstaate durchaus möglich und mit der unbestreitbaren Souveränität und Kompetenz-Kompetenz des Reiches vollkommen verträglich ist"[44]. Liermann geht (vielleicht unbewußt) über ein Willkürverbot weit hinaus, wenn er eine Bindungswirkung feststellt, die soweit geht, wie andere vertragliche Bindungen, deren Durchführung nicht erzwingbar ist, wie z. B. die völkerrechtlicher Verträge. Die Rechtsfolge der vertraglichen Vereinbarung ist für ihn, daß beide Teile gebunden sind, daß aber das Reich „wegen veränderter Verhältnisse einseitig ... in der Form der Gesetzgebung jederzeit in der Lage ist, eine Änderung herbeizuführen", ohne daß es dazu einer (an sich vertragsgemäßen) Kündigung bedarf[45]. Wenn Liermann diese Befugnis dem Reich nur „wegen veränderter Verhältnisse" zugestehen will (und das muß man seinen Ausführungen wohl entnehmen), so spricht er damit den Verträgen eine sehr hohe Bestandskraft zu[46]. Damit steht er der herrschen-

---

[43] Liermann, Hans, Begriff und Wesen der Sonderrechte des einzelnen Landes im neuen Reichsstaatsrecht, in: Die Reichsgerichtspraxis im Deutschen Rechtsleben. Festgabe der juristischen Fakultäten zum 50jährigen Bestehen des Reichsgerichts in 6 Bänden, hrsg. von Otto Schreiber, Erster Band: Öffentliches Recht, Berlin und Leipzig 1929, S. 33 ff., S. 43 f.
[44] a.a.O., S. 42.
[45] a.a.O., S. 43.
[46] Die veränderten Umstände sind für Liermann Voraussetzung für eine abändernde Gesetzgebung. Eine Kündigung ist nicht erforderlich. Keines-

den Auffassung allein gegenüber, konsequent von seinem Standpunkt aus, daß Sonderrechte keineswegs grundsätzlich verfassungswidrig sind[47], daß allerdings das Reich schließlich und endlich doch Herr über diese Sonderrechte „sein muß", da es ja sogar Herr über ihre (der Länder) Existenz sei[48].

b) Diese Lösungsmöglichkeit schlägt dann auch Thoma vor, allerdings nur „hilfsweise"[49]. Grundsätzlich ist auch er der Meinung, daß sich die souveräne Reichsgesetzgebung durch einen Reich-Land-Vertrag nicht absolut binden kann. Ihr muß die Entscheidung darüber überlassen werden,

„wann und inwieweit es das Reichsinteresse gebietet und Treu und Glauben es gestatten, eine Vertragsverpflichtung des Reiches, auf welche sich das berechtigte Land versteift, durch einen Akt einfacher oder qualifizierter Gesetzgebung zu brechen".

Auf alle Fälle aber könne sich die Reichsregierung, „der die Fortdauer der Vertragsverpflichtung nicht mehr zumutbar erscheint, auf die clausula rebus sic stantibus berufen". Am Ende wäre es dann (wenn das Land die Begründetheit dieser Berufung bestreitet) der Staatsgerichtshof, „auf den jene ‚Dezision' überwälzt würde". Mit diesem Zusatz schränkt Thoma allerdings die freie Dispositionsbefugnis des Gesamtstaates ein und macht die gesetzliche Vertragsaufkündigung vom Vorliegen eines besonderen Tatbestandes abhängig. Auffallend und bemerkenswert ist das Bemühen Thomas, das Nationalinteresse „ohne Rechtsbruch" gegen das Partikularinteresse zu verteidigen.

c) Rechtlich, nicht nur politisch bindend sind für Krüger Verträge zwischen Gesamt- und Einzelstaat, und zwar auch und gerade für den Gesamtstaat[50]. Die einseitige Lösung vom Vertrage stelle ein widersprüchliches Verhalten dar. Da staatsrechtliche Gründe den Satz „pacta sunt servanda" nicht ausschalten könnten, bleibe nur der Rückgriff auf völkerrechtliche Beendigungsgründe. Ob hier die „clausula rebus sic stantibus" in Betracht kommt, läßt Krüger offen[51].

d) Skeptisch steht auch Geller-Kleinrahm der herrschenden Auffassung gegenüber, zumindest was Verwaltungsabkommen der Länder

---

wegs ist dieser Gesetzeserlaß selbst ein solcher verändernder Umstand, der dann den Vertrag kassiert, wie man der Bemerkung von *Grawert*, Verwaltungsabkommen, S. 127, Fußnote 26, vielleicht entnehmen könnte.

[47] a.a.O., S. 36.
[48] a.a.O., S. 43.
[49] *Thoma*, Richard, Das Reich als Bundesstaat, HBDStR I, S. 169 ff., S. 179.
[50] *Krüger*, Herbert, Völkerrecht im Bundesstaat, in: Um Recht und Gerechtigkeit, Festgabe für Erich Kaufmann, Stuttgart und Köln 1950, S. 239 ff., S. 242.
[51] Für die Einzelstaaten komme sie allerdings nicht in Betracht, da für sie nicht die Selbsterhaltung oberstes Gebot sei, sondern die Erhaltung des Gesamtstaates, a.a.O., S. 243.

anbelangt[52]. Für Verwaltungsabkommen gelte zwar der Vorrang des Gesetzes. Dies habe aber zunächst nur Bedeutung bei Abschluß des Vertrages. Ob die Legislative ein bestehendes Abkommen mit Wirkung nach außen beseitigen könne, sei (nicht nur für internationale, sondern auch für gliedstaatliche Abkommen) fraglich. Denn: „Auch Verwaltungsabkommen binden das Land in seiner Gesamtheit und nicht nur seine Exekutivorgane; auch für sie gelten zudem die Gesichtspunkte der Rechtssicherheit und des Vertrauensschutzes." Wo keine ordentliche Kündigungsmöglichkeit bestehe (eine solche zu vereinbaren und gegebenenfalls von ihr Gebrauch zu machen, sei unter Umständen die Regierung gehalten), „könnte man höchstens im Einzelfall an eine außerordentliche Kündigung in Anwendung des allgemeinen Rechtsgedankens der ‚clausula rebus sic stantibus' denken". Der Vorrang des Gesetzes ist also für Geller-Kleinrahm eine Schranke für den Abschluß von Verwaltungsabkommen[53], keineswegs gibt dieser Grundsatz das Recht zur Aufhebung eines bestehenden Abkommens[54].

2. Rechtsprechung

Die Rechtsprechung ist nur mit einer Entscheidung des Staatsgerichtshofes vertreten. Unter der Geltung des Grundgesetzes hatte sie sich noch nicht mit dem hier interessierenden Problem zu befassen. Überhaupt tauchen in Gerichtsentscheidungen Verträge zwischen Bund und Ländern nur am Rande auf. Aus der Rechtsprechung des Bundesverfassungsgerichts insbesondere läßt sich nicht mehr entnehmen, als daß das Gericht solche Verträge für zulässig hält[55].

a) Grawert meint, die Rechtsprechung nach 1945 sei (ohne eigene Begründung) davon ausgegangen, der Gesetzgeber könne den Vertrag

---

[52] *Geller-Kleinrahm,* Die Verfassung des Landes Nordrhein-Westfalen, Kommentar, fortgeführt von Kurt Kleinrahm und Hans Joachim Fleck, 2. Aufl., Göttingen 1963, S. 432 f.

[53] So ausdrücklich, a.a.O., S. 432.

[54] Sofern *Grawert,* Verwaltungsabkommen, S. 130, Fußnote 47, sich auf Geller-Kleinrahm beruft, tut er dies mit Recht bezüglich der innerstaatlichen Möglichkeit zur „Aufhebung"; davon scharf zu trennen ist die rechtliche Befugnis nach außen, die Grawert bejaht, Geller aber verneint.
Die Ausführungen von Geller-Kleinrahm dürfen allerdings nicht verallgemeinert werden. Man muß beachten, daß er nicht speziell Bund-Länder-verträge, sondern Verwaltungsabkommen der Länder allgemein behandelt. Man wird jedoch annehmen dürfen, daß Geller diese Skepsis erst recht bei der Aufhebung von Staatsverträgen hätte. Ob aber auch dann noch, wenn nicht die Landes- (nur von ihr ist die Rede), sondern die Bundeslegislative den Vertrag „aufhebt", das könnte fraglich sein, denn hier gerät die Problematik in andere Dimensionen. Immerhin läßt sich die Begründung auch auf das Bund-Länder-Verhältnis übertragen.

[55] Vgl. z. B. BVerfGE 1, 299 ff., 307/8.

jederzeit aufheben[56]. Das trifft m. E. nicht zu. In den einschlägigen Entscheidungen wird dieses Problem nicht behandelt. Es ging hierbei um die sogenannte „Postvereinbarung" vom 11. 4. 1948[57] und die sogenannte „Offenbacher Bahnvereinbarung" vom 10. 12. 1948[58]. In diesen Vereinbarungen war eine Regelung getroffen worden, die im Personenbeförderungsgesetz vom 4. 12. 1934[59] nicht vorgesehen war.

Das Bundesverwaltungsgericht ließ es dahingestellt, ob die Postvereinbarung im Jahre 1948 rechtswirksam zustandegekommen ist, sie sei jedenfalls nicht mehr gültig, seitdem das Personenbeförderungsgesetz wieder anzuwenden sei[60]. Daraus könnte man tatsächlich die Auffassung von der Aufhebung des Abkommens durch das Gesetz entnehmen. Aus der Begründung des Urteils ergibt sich jedoch, daß dies falsch wäre. Das Ergebnis der Entscheidung beruht nämlich auf dem Gedanken, daß die Postvereinbarung schon von Anfang an gesetzwidrig war: daß das Gesetz (von 1934!) durch die Vereinbarung nicht geändert oder gar aufgehoben werden konnte, „bedarf keiner weiteren Begründung"[61]. Das Gericht mißt der Vereinbarung (für die Vergangenheit) nur insofern mögliche Rechtsgültigkeit bei, als es geeignet gewesen sein könnte, während einer Übergangszeit eine brauchbare Verwaltungsgrundlage abzugeben. Das läßt es jedoch dahingestellt. „Nach der Beseitigung der der Anwendung des deutschen Rechts entgegenstehenden Hindernisse ..."[62] gilt jedenfalls wieder das Gesetz und nicht (nicht mehr?) die Vereinbarung. Im Grunde geht es hier um die Frage der Zulässigkeit des Abkommens. Sie wurde vom Gericht negativ entschieden.

Könnte man bei der Entscheidung des Bundesverwaltungsgerichts mit seiner unglücklichen Formel „kann dahingestellt bleiben" noch Zweifel haben, ob das Gericht damit nicht doch (unbewußt) die logische Möglichkeit einer solchen Aufhebung grundsätzlich bejaht hat, so läßt sich eine solche Auffassung sicher nicht den Entscheidungen der Verwaltungsgerichte der Länder entnehmen. Der Württemberg-Badische und der Bayrische Verwaltungsgerichtshof betrachten die Vereinbarung nur als Vertrag und sprechen ihr mangels einer „Umsetzung" jede „Drittwirkung" ab: „Abgesehen davon, daß es sich bei dieser Vereinbarung nicht um eine objektive Rechtsnorm handelt, vermögen dadurch Rechte dritter Personen, die sich der Schiedsgerichtsbarkeit nicht

---

[56] Verwaltungsabkommen, S. 127.
[57] In der Fassung vom 24. 9. 1948, Verkehrsblatt 1948, S. 35; 1949, S. 1.
[58] Verkehrsblatt 1949, S. 1.
[59] RGBl. I, S. 1217 i. d. F. vom 6. 12. 1937, RGBl. I, S. 1319.
[60] Urteil vom 4. 12. 1959, BVerwGE 10, 49 ff., S. 52.
[61] a.a.O.
[62] a.a.O., S. 50.

unterworfen haben, nicht beeinträchtigt zu werden, und die Bundesbahn kann aus einer solchen Vereinbarung keinen Rechtsanspruch darauf herleiten, daß die Genehmigungsbehörde über die Rechte dritter Personen in einem bestimmten Sinne entscheide[63]." „Die Vereinbarung hat keine Wirksamkeit für und gegen Personen, die an ihr nicht beteiligt sind[64]." Die Vereinbarung ist keine Rechtsnorm, da ihr Inhalt nicht Inhalt eines Gesetzes oder einer Verordnung geworden ist[65].

Aus keinem Urteil läßt sich die Auffassung entnehmen, ein Bund-Länder-Abkommen könne durch Gesetz aufgehoben werden. Sie alle stellen lediglich fest, daß ein Verwaltungsabkommen keiner bestehenden gesetzlichen Regelung widersprechen darf. Es geht hier also nur um die Zulässigkeit der Vereinbarung[66] und um die Frage, ob die Geltung des Abkommensinhaltes für Nichtvertragspartner einer besonderen Umsetzung bedarf. Somit bleibt es bei der oben getroffenen Feststellung: Seit der Geltung des Grundgesetzes hat die Rechtsprechung zu dem Problem noch keine Stellung genommen, jedenfalls nicht in eindeutiger Form.

b) Also bleibt es auch bei jener Entscheidung des Staatsgerichtshofes für das Deutsche Reich, in der das Gericht eindeutig und kategorisch dem Vertrag Bestand auch dem späteren Reichsgesetz gegenüber zugesprochen hat. In dieser Entscheidung vom 20. November 1926[67] ging es um die Auslegung des Staatsvertrages vom 30. April 1920. Dessen § 43 sah vor, daß die beteiligten Regierungen zur Auslegung und Ergänzung des Vertrages weitere Vereinbarungen treffen können. Der Staatsgerichtshof stellt fest, dieses Recht zur Auslegung und Ergänzung umfasse nicht das Recht zur Abänderung. Sowieso stehe dieses Recht nur allen Vertragschließenden zusammen, nicht aber dem Reich und einem einzelnen Lande zu. Und „ex cathedra" folgt die apodiktische Begründung:

„Der Staatsvertrag ist durch das Gesetz vom 30. April 1920 ‚unbeschadet seiner Eigenschaft als Vertrag ... als Gesetz in kraft' gesetzt worden. Das heißt, er ist Vertrag geblieben und kann als solcher trotz seiner Eigenschaft als Gesetz vom Reiche nicht durch ein neues Gesetz abgeändert werden. Er ist aber auch Gesetz geworden und wirkt als solches nicht nur unter den Vertragschließenden, sondern auch nach außen gegen und für Dritte[68]."

---

[63] Württ.-Bad. VGH, Senat Stuttgart, Urteil vom 31. 8. 1950, Verw.Rspr. 3, Nr. 80, S. 371 ff., S. 375 f.

[64] Württ.-Bad. VGH, Senat Karlsruhe, Urteil vom 6. 6. 1952, Verw.Rspr. 5, Nr. 71, S. 350 ff., S. 352, sowie Urteil vom 15. 2. 1952 (3 K 5/51), nicht veröffentlicht, zitiert in der obigen Entscheidung, S. 352.

[65] So sinngemäß Bayer. VGH, Urteil vom 13. 5. 1955, VGHE 8 I, Nr. 23, S. 113 ff., 123.

[66] Wie *Grawert* an anderer Stelle selbst einräumt, a.a.O., S. 170.

[67] RGZ 115, Anhang S. 1 ff.

[68] a.a.O., S. 6.

III. Würdigung

Der Staatsvertrag ist Vertrag und kann als solcher vom Reich nicht durch ein neues Gesetz abgeändert werden. Diese Auffassung des Staatsgerichtshofes mag angreifbar oder sogar falsch sein. Sie rechtfertigt es jedoch, die Aussage der herrschenden Lehre mit einem Fragezeichen zu versehen und kritisch zu prüfen. Oder sollte das Schweigen der neueren Rechtsprechung ein Anzeichen dafür sein, daß das Problem nun tatsächlich gelöst ist? Vielleicht! Doch weitaus wahrscheinlicher ist die Vermutung, es könnte sich hier um ein Problem handeln, über dessen Lösung sich die Beteiligten arrangieren anstatt zu prozessieren. Eine solche Lösung aber ersparte nicht die klare, verfassungsrechtliche Entscheidung. Ausdrücklich regelt die Verfassung diese Frage nicht. Beachtliche Argumente streiten sowohl für die Geltung des Gesetzes als auch für die Geltung des Vertrages, wie die obige Darstellung gezeigt hat. Die Entscheidung läßt sich daher nur in einer grundsätzlichen Verfassungsinterpretation fällen.

1. Die These der herrschenden Lehre

Ausgangsbasis ist die These der herrschenden Lehre, mit der sich die Untersuchung kritisch auseinandersetzen soll. Diese Lehre läßt sich wie folgt kurz zusammenfassen und charakterisieren:

Es besteht eine „Norm" der ungeschriebenen Verfassung folgenden Inhalts: Der Bund kann jederzeit jeden Vertrag, den er mit einem oder mehreren Ländern geschlossen hat, durch ein Gesetz „beseitigen", „gegenstandslos machen", „aufheben", „annullieren", „außer Kraft setzen", „konsumieren", „ändern", „beendigen" oder wie die Formulierungen auch immer lauten mögen.

a) Die Beiträge zur Diskussion um die damals sehr umstrittenen Sonderrechtsverträge des alten Reiches sind heute als Vergleichsgrundlage wegen des damaligen „Ausnahmezustandes" sicherlich von geringem Wert. Immerhin ist es beachtenswert, daß sich schon in dieser frühen Zeit des deutschen Bundesstaates, in der das „bündische Element" noch sehr stark zum Tragen kam, die Ansicht mehr und mehr durchsetzen konnte, es dürfe sich der Reichsgesetzgeber über eine Regelung hinwegsetzen, die vertraglich zwischen diesem Reich (bzw. seinem Rechtsvorgänger) und den einzelnen Staaten getroffen wurde. Dies ist um so erstaunlicher, wenn man bedenkt, daß es sich hier um „Verfassungsverträge" handelt, denen man eine absolute Bestandskraft zuzusprechen geneigt sein könnte.

Diese alte Streitfrage ist aber aus anderen Gründen noch von Bedeutung. Zum einen findet sich hier die Genese des zu lösenden aktuellen

III. Würdigung

Problems, zum anderen orientiert sich die dann beginnende Auseinandersetzung um die Verträge des bestehenden Bundesstaates an jener Diskussion und den dort gefundenen Ergebnissen. Schließlich kehren die alten Argumente leitmotivisch auch bei neueren Autoren immer wieder.

In der Weimarer Zeit verstärkte sich — sicherlich (auch) politisch bedingt — der Zug zur „unitarischen Lösung". Die vorherrschende Auffassung wurde von namhaften Staatsrechtlern theoretisch fundiert und erstarkte zur „herrschenden Lehre", dergegenüber differenzierende Stimmen sich nicht Gehör verschaffen konnten, der allerdings auch eine gewichtige Äußerung des Staatsgerichtshofes gegenübersteht.

Wichtig und grundlegend wurde diese Lehre dann für das Grundgesetz, für das sie mehr oder weniger unreflektiert übernommen wurde und zur „causa finita" erstarrte, weil man das Problem als gelöst ansah. Bemerkenswert sind immerhin zaghafte Ansätze einer Gegenmeinung, die in der Weimarer Zeit fast noch „reaktionär", in der Bonner Zeit aber beinahe schon „avantgardistisch" anmutet. Diese Gegenmeinung setzte sich allerdings nicht durch. Sie konnte es auch nicht: nicht so sehr deshalb, weil sie quantitativ unterlegen ist, viel eher wegen ihres Verzichts auf eine eigene, qualifizierte Begründung.

b) Die Qualifikation kann nur in der Auseinandersetzung mit den Argumenten der herrschenden Lehre gewonnen werden. Zu diesem Zweck sind sie in ihrer systematischen Bedeutung und in ihrer dogmatischen Gewichtigkeit kurz zu kennzeichnen. Wenn sie auch im Ergebnis weitgehend übereinstimmen, so sind sie doch sehr heterogen.

Systematisch an erster Stelle rangiert das Argument, die Verträge könnten eine rechtliche Bindung gar nicht bewirken. Hiermit wird schon der Vertragscharakter der „Vereinbarungen" zwischen Bund und Ländern in Zweifel gezogen und so die verfassungsrechtliche Grundlage dieses Phänomens der Verfassungswirklichkeit erschüttert. Dieses Argument richtet sich somit nicht gegen eine Bestandskraft des Vertrages, sondern gegen den Vertrag überhaupt.

In die gleiche Richtung, wenn auch nicht soweit, geht die Behauptung, die vertragliche Bindung sei von Anfang an unvollkommen bzw. könne sich der Bund von dieser Bindung jederzeit einseitig lösen, da die „Bindungsnorm" zu seiner Disposition stehe. Obwohl diese These sich ausdrücklich nur gegen die Bestandskraft des Vertrages wendet, ist doch ersichtlich, daß auch sie die vertragliche Basis der hier fraglichen Beziehungen zwischen Bund und Ländern im Grunde leugnet.

Konnten die beiden obigen Gesichtspunkte die „Aufhebung" bzw. Begrenzung des Vertrages durch das Gesetz immerhin schlüssig dartun, so ist dies bei den rein materiellen Verfassungsprinzipien nicht der

Fall. Allein mit dem Hinweis auf die verfassungsrechtliche Geltung des Gesetzes läßt sich das Problem nicht lösen. Auch mit dem Verbot von Sonderrechten für einzelne Länder, d. h. mit dem Gebot der Gleichbehandlung aller Länder, oder mit dem Verbot von Kompetenzbindungen des Gesetzgebers werden verfassungsrechtliche Postulate aufgestellt, deren grundsätzliche Berechtigung nicht bestritten werden kann. Diese Argumente erschöpfen sich jedoch in dem Hinweis auf ein Verfassungsprinzip ohne erklären zu können, wie diesem Gebot Rechnung zu tragen ist, d. h. wie das Gesetz den Vertrag beseitigt. Sie berufen sich auf eine Verfassungsnorm ohne zu prüfen, wieweit deren Geltungsanspruch reicht und ob eine Beschränkung jener Norm gerechtfertigt und zulässig ist. All diese und ähnliche Argumente haben wegen ihres dogmatischen Charakters nur beschränkten Wert. Sie mögen ein Indiz sein für die mögliche Aufhebung des Vertrages, mehr aber nicht.

Daß das Gesetz den Vertrag aufhebt und daß dies die einzig mögliche Lösung ist, und auf welchem formalen, verfassungsverfahrensrechtlichen, „funktionellen" Wege dies vor sich geht, das können allenfalls die „formalen" Argumente dartun. Sie „ersetzen" den Vertrag durch das Vertragsgesetz, lassen den Vertrag im Gesetz „aufgehen", sei es, daß der Vertrag hierdurch erfüllt und so beendigt oder gegenstandslos wird, sei es, daß das Gesetz den Vertrag „konsumiert", oder sei es, daß durch die „Umsetzung", „Transformation", „Vollzugsanordnung" oder wie man dies auch immer nennen will, das Gesetz — neutral ausgedrückt — an die Stelle des Vertrages tritt. Wenn das Gesetz oder die Verwaltungsvorschrift, die den Vertrag umsetzen, diejenigen Rechtsnormen sind, die dem Vertragsinhalt Geltung verschaffen, aus denen nunmehr einzig und allein der Geltungsgrund des Vertrages entnommen werden kann, dann kann man erklären, wie das Gesetz den Vertrag aufhebt. Dann ist es nämlich der Verfassungsgrundsatz vom Vorrang des späteren Gesetzes vor dem früheren bzw. der Satz vom Vorrang des Gesetzes allgemein, der dem Vertrag, das heißt, dem an seine Stelle getretenen Gesetz oder der Verwaltungsvorschrift „derogiert". Dann ist aber die Terminologie nicht ganz ehrlich, denn dann handelt es sich primär um die Aufhebung des Gesetzes bzw. der Verwaltungsvorschrift und nur höchstens mittelbar um eine solche des Vertrages (des Vertragsinhaltes). In ihrem materiellen Gehalt kommt diesen Prinzipien ebenfalls nur indizielle Bedeutung zu, denn auch sie gelten nicht uneingeschränkt, sondern nur im Rahmen der „verfassungsmäßigen Ordnung" bzw. dem von „Gesetz und Recht" (Art. 20 Abs. 3 GG). In ihrer beschriebenen Funktion können diese Prinzipien jedoch das von der herrschenden Lehre vertretene Ergebnis rechtfertigen. Ob sie dies tun, ist damit noch nicht entschieden.

III. Würdigung

2. Die Gegenthese

Es könnte nämlich auch dieses materiell gewichtige und formal funktionierende Argument eine petitio principii sein. Kann man überhaupt von der vermeintlich unbestreitbaren, hier einmal unterstellten Aufhebung des Gesetzes bzw. der Verwaltungsvorschrift auf die Aufhebung des Vertrages schließen? Zwingend ist dieser Schluß nicht. Es wäre wohl genauso gut denkbar, daß zwar die durch die „Umsetzung" geschaffene objektive Rechtsnorm beseitigt wird, der Vertrag als solcher aber bestehen bleibt. Und selbst wenn man die Aufhebung des Vertrages im Sinne der herrschenden Lehre bejaht, so könnte doch diese Aufhebung zwar möglich, aber rechts-, weil vertragswidrig sein. Die entscheidende Frage lautet dann nicht „kann" der Bund, sondern „darf" er den Vertrag aufheben und welches sind die Rechtsfolgen einer unzulässigen Aufhebung? Die Diskussion bewegte sich dann auf einer vollkommen falschen Ebene. Sie versuchte zu beweisen, was vielleicht keines Beweises bedarf (die Aufhebung) und hätte übersehen und sogar vertuscht, was eigentlich zu klären ist (die Rechtsfolgen dieser Aufhebung). Diese Erwägungen rechtfertigen es, die Methode und das Ergebnis der herrschenden Lehre in Frage zu stellen.

Die Kollision zwischen Vertrag und Gesetz wird üblicherweise unter dem Aspekt der Beendigung des Vertrages gesehen und erörtert[69], wiewohl sie ebensogut im Rahmen einer „Vertragsstörungslehre" relevant werden könnte, im Rahmen eines Rechtsinstituts also, welches die Rechtsfolgen für den Fall regelt, daß die vertragliche Leistung nicht oder unvollständig oder mangelhaft erbracht wird, bzw. nicht oder nicht mehr erbracht werden kann. Eine solche Lehre ist für bundesstaatliche Verträge noch nicht entwickelt[70], aber die Rechtsfolge einer solchen Vertragsstörung wäre doch wohl in erster Linie nicht die Beendigung des Vertrages, sondern allenfalls die „Umgestaltung" des Vertragsverhältnisses, wobei höchstens die vertragliche Primärverpflichtung „untergehen" könnte. Damit soll keineswegs gesagt werden, das Problem sei in diesem Rahmen zu lösen. Doch darf jedenfalls bezweifelt werden, daß der Dualismus von Vertrag und Gesetz mit absoluter Sicherheit zugunsten des Gesetzes entschieden werden muß. Ein Vorrang des Gesetzes vor dem Vertrag dürfte ebenso problematisch sein wie ein Vorrang des Vertrages vor dem Gesetz. Die Anhänger einer vertraglichen Lösung argumentieren vom Vertragsbegriff her. Die Betonung des Vertragscharakters gibt allerdings, wie Grawert zutreffend bemerkt, die Kollisionsfrage als Antwort, da der Vertrags-

---

[69] So z. B. bei *Grawert*, a.a.O., S. 125 ff.

[70] Vgl. für den (subordinationsrechtlichen) Verwaltungsvertrag den Versuch von *Simons*, Lothar, Leistungsstörungen verwaltungsrechtlicher Schuldverhältnisse (Schriften zum öffentlichen Recht, Band 45), Berlin 1967 (zugleich Diss., Münster), pass., insbes. S. 129 ff.

vorrang ebenso des Beweises bedarf wie der des Gesetzes[71]. Demgegenüber betonen die Anhänger der gesetzlichen Lösung den Vorrang des Gesetzes[72]. Aber auch sie geben die Kollisionsfrage zur Antwort, mit dem Unterschied freilich, daß sie sich auf eine positive oder zumindest gesicherte Verfassungsnorm (lex posterior derogat legi priori bzw. lex superior derogat legi inferiori) berufen können. Sie anerkennen oder erkennen dabei aber nicht, daß diese Norm möglicherweise fraglich oder gar illusorisch wird durch eine andere Verfassungsentscheidung. Diese „Alternativnorm" könnte den für das Gesetz streitenden Normen in Rang und Wirkung ebenbürtig, wenn nicht überlegen sein. Der systematische Standort einer solchen Norm im Verfassungsgefüge wäre präsumtiv und grob vereinfachend mit dem verfassungsrechtlichen „Fixstern" „Treu und Glauben" zu markieren. Es mag in der Methode suspekt sein, diesen zwar unbestritten fundamentalen, aber doch vagen, ja dubiosen Rechtsgrundsatz zur Lösung eines konkreten Problems gegen eine klare Verfassungsentscheidung ins Feld führen zu wollen. Doch erhält dieser Rechtsgrundsatz schon klarere Konturen und wird als Quelle von Rechtssätzen glaubwürdiger, wenn man zwei besondere Derivate dieses allgemeinen Treueprinzips betrachtet: die spezifisch vertragliche Treue, die „Vertragstreue", und die spezifisch bündische Treue, die „Bundestreue".

Schon vorweg ist eines einzuräumen, um Mißverständnissen vorzubeugen. Als primäre Alternativnorm kommt keines dieser beiden Prinzipien in Frage, denn ihnen kommt keine Bedeutung als konstituierende Rechtsnorm zu. So wenig wie die Bundestreue für Bund und Länder neue Rechte oder Pflichten begründet, so wenig kann dies der Grundsatz von der Vertragstreue. Sicherlich ist der Satz „pacta sunt servanda" keine Norm, die dem Bund eine entsprechende Verpflichtung auferlegt, auch nicht über Art. 25 GG. Er kann „ebensowenig wie der von der Bundestreue Charakter und Geltungsgrund eines Vertrages ändern"[73]. Aber, ist es mit dieser Feststellung getan? Geht es überhaupt darum, Charakter und Geltungsgrund des Vertrages zu ändern? Sicherlich nicht! Es geht darum, den Charakter dieses Vertrages zu erkennen. Dann kann man vielleicht begründen, warum die vertragliche Bindung von Anfang an beschränkt ist oder warum diese Bindung später wieder beseitigt wird. Will man dies mit der Geltung des Gesetzes erklären, so muß man zunächst auch dessen Geltungsgrund eruieren. Nur in dieser Konfrontation läßt sich eine Norm nachweisen, die die Gültigkeit des Vertrages oder des Gesetzes „aufhebt".

---

[71] Verwaltungsabkommen, S. 127.
[72] So zuletzt *Grawert*, a.a.O., insbes. S. 128/129.
[73] *Grawert*, Verwaltungsabkommen, S. 128.

III. Würdigung

Deshalb sind Gesetz und Vertrag zuerst einmal als abstrakt selbständige und voneinander unabhängige Erscheinungsformen staatlicher Tätigkeit zu betrachten. Dies verschafft die nötige Klarheit darüber, in welcher Weise Gesetz und Vertrag in eine besondere Beziehung zueinander treten und inwieweit sie voneinander abhängig sind. Die Antinomie von Vertrag und Gesetz muß in ihrer Funktion erfaßt werden (2. Teil), bevor entschieden werden kann, wie dieser Widerspruch aufzulösen ist (3. Teil).

Zweiter Teil

Die Antinomie von Vertrag und Gesetz

Will man die funktionale Beziehung zwischen Vertrag und Gesetz verstehen, so muß man sich zunächst über die verfassungsrechtliche Ausgangsbasis klarwerden (A). Dann ist zu untersuchen, welche verfassungsrechtliche Bedeutung und Wirkung der Geltung des Gesetzes gegenüber dem Vertrage zukommt (B), und ob sich die Geltung des Vertrages gegenüber dem Geltungsanspruch des Gesetzes behaupten kann (C).

A. Gesetz und Vertrag

I. Das Gesetz

Gegenüber dem Vertrag, als eigentlich und primär von der Exekutive geschaffenem Phänomen staatlichen Handelns, besteht das Gesetz auf seinem „Erstgeburtsrecht". Das Gesetz, d. h. jedes Gesetz: das Gesetz als Wille des Gesetzgebers, als festgestellte, sanktionierte und promulgierte Erscheinungsform staatlicher Macht. Nicht das Gesetz im materiellen Sinne, die allgemein verbindliche und vom Einzelfall losgelöste Rechtsvorschrift, „die generelle und abstrakte Norm", ist hier in erster Linie von Interesse, sondern das formelle, das „förmliche" Gesetz, „d. h. das Gesetz, das in dem förmlichen, so bezeichneten Gesetzgebungsverfahren ... zustande kommt und in Kraft tritt"[1]. Dieses formelle Gesetz ist in den meisten Fällen zugleich auch Gesetz im materiellen Sinne, doch nicht notwendigerweise, wie sich z. B. beim Zustimmungsgesetz zu einem Vertrag zeigt. Dieses Gesetz kann auch ein verfassungsänderndes Gesetz sein. Qualitativ soll und kann hier kein Unterschied gemacht werden, da auch die Verfassungsänderung „Gesetzgebung", nicht etwa Verfassunggebung ist[2].

---

[1] *v. Mangoldt-Klein*, Kommentar, Band II (1964), Art. 70, Vorbemerkung II 3 a.

[2] Vgl. *Maunz* in *Maunz*, Theodor, Günter *Dürig* und Roman *Herzog*, Grundgesetz, Kommentar, Art. 70 Rdnr. 4 und 5 m. w. N. Vgl. auch *v. Mangoldt-Klein*, Kommentar, Band III (1. Lieferung 1969), Anm. VI 1 zu Art. 79: Die Verfassungsänderung ist kein Akt der verfassunggebenden Gewalt, sondern ein Akt der gesetzgebenden Staatsgewalt.

II. Der Vertrag

Auch der allgemeine Vertragsbegriff braucht nicht besonders erläutert zu werden. Er ist weder an eine bestimmte Rechtsordnung, noch an einen Rechtskreis, noch an irgendeine Zeit gebunden: „Pactio duorum pluriumve in idem placitum et consensus[3]."

1. Die verfassungsrechtliche Bedeutung des Vertrages

Es muß jedoch kurz auf die besondere verfassungsrechtliche Struktur der hier fraglichen Verträge eingegangen werden. Zu behandeln sind nur „Bundesstaatsverträge", d. h. Verträge zwischen dem Bund als Gesamt- und den Ländern als Gliedstaaten eines Bundesstaates, Verträge also, die im Namen der Bundesrepublik Deutschland und im Namen des Landes in seiner Eigenschaft als Staat abgeschlossen werden[4], Verträge folglich, die ihre intendierten Rechtswirkungen nur in der Person dieser Rechtssubjekte entfalten, bei denen deshalb alle untergeordneten Staatsorgane nur als „Vertreter", d. h. als Organe des Staates in Erscheinung treten. Damit sind alle sog. „Organverträge" aus der Untersuchung auszuscheiden, so daß es hier dahingestellt bleiben kann, ob es solche Verträge überhaupt gibt[5].

Bundesstaatsverträge, mit diesem Schlagwort wird die relevante Vertragsmaterie gleichzeitig noch näher konkretisiert und gegen zwei Bereiche abgegrenzt: gegen den des Völkerrechts und gegen den des privaten Rechts. Es ergibt sich schon aus der Aufgabenstellung, daß die Beteiligung von Bund und Ländern am Völkerrechtsverkehr nicht angesprochen ist. Nicht nur der Bund, auch die Länder sind zwar Völkerrechtssubjekte[6], sie treten sich in dieser Eigenschaft aber nicht

---

[3] Digesten 2, 14, 1, 1.

[4] Auf die sogenannte „Dreigliedrigkeit" des Bundesstaates kann und braucht hier nicht eingegangen zu werden. Vgl. dazu einerseits: *Maunz* in *Maunz-Dürig*, Komm., Art. 20, Rdnr. 5 und 6. Zweideutig BVerfGE 6, 309 ff. (Konkordatsurteil vom 26. März 1957), insbes. S. 340, 364. Vgl. dazu andererseits: *v. Mangoldt-Klein*, Komm., Art. 20, Anm. III 2 und BVerfGE 13, 54 ff. (Neugliederungsurteil vom 11. 7. 1961), insbes. S. 77 ff. (ausdrücklich ablehnend S. 77, S. 79).
Nach dieser Lehre würden die Verträge mit dem Bund als Zentralstaat abgeschlossen (vgl. *Maunz* in *Maunz-Dürig*, Komm., Art. 59, Rdnr. 3) im Gegensatz zu den völkerrechtlichen Verträgen, die mit der Bundesrepublik als Gesamtstaat abgeschlossen werden. Vgl. auch die Übersicht bei *Grawert*, Verwaltungsabkommen, S. 66—68.

[5] Bei der Behandlung der Verwaltungsabkommen ist diese Frage kurz zu streifen. Vgl. hierzu *Grawert*, a.a.O., S. 68 ff.

[6] Vgl. *v. Mangoldt-Klein*, Komm., Art. 32, Anm. VI 2; *Mosler*, Hermann, Die völkerrechtliche Wirkung bundesstaatlicher Verfassungen. Eine Untersuchung zum Völkerrecht und zum vergleichenden Verfassungsrecht, in Festschrift für Richard Thoma, Tübingen 1950, S. 129 ff., S. 136 ff.: „abgeleitete und beschränkte Völkerrechtssubjekte" (S. 145).

gegenüber[7]. Ebensowenig interessieren hier privatrechtliche Verträge zwischen Bund und Ländern. In diesem Bereich sind Bund und Länder der Privatrechtsordnung unterworfen wie jede natürliche und juristische Person[8].

Somit ist der Gegenstand der Betrachtung auf das öffentliche Recht beschränkt. Sie erfaßt alle öffentlich-rechtlichen Verträge zwischen Bund und Ländern. Ob ein solcher Vertrag vorliegt, entscheidet sich nach den für die Kennzeichnung des öffentlichen Rechts allgemein geltenden Grundsätzen. Da es wegen der idealisierten Ausgangsbasis nicht darauf ankommt, genaue Abgrenzungsmaterien zu entwickeln und zu rechtfertigen, kann man vereinfachend sagen, ein öffentlich-rechtlicher Vertrag zwischen Bund und Land liegt dann vor, wenn er sich auf Gegenstände des öffentlichen Rechts bezieht und seine Rechtswirkungen im öffentlichen Recht liegen[9].

Ungeachtet ihres Gegenstandes haben all diese Verträge ein spezifisch verfassungsrechtliches Gepräge. Eine banale Verwaltungsangelegenheit wird verfassungsrechtlich relevant, wenn Bund und Länder darüber einen Vertrag schließen. Insofern ist es berechtigt, sie als verfassungsrechtliche Verträge zu bezeichnen[10]. Dementsprechend ordnet sie Friauf in ein System verfassungsrechtlicher Verträge ein[11]. Dies kann aber, wie Grawert[12] nachweist, kein inhaltliches Abgrenzungskriterium zum allgemeinen verwaltungsrechtlichen Vertrag sein (an dem möglicherweise auch der Bund oder ein Land, in der Regel aber andere Hoheitsträger beteiligt sind)[13], da der Gegenstand der hier interessierenden

---

[7] Vgl. *v.Mangoldt-Klein*, Komm., Art. 32, Anm. III 1 (a. E.): Von den Beziehungen zu auswärtigen Staaten sind die zu den „inwärtigen", d. h. inländischen Staaten zu unterscheiden. Das aber sind die Beziehungen zwischen Bund und Ländern. Vgl. für Länderverträge auch *Schneider*, Hans, Verträge zwischen Gliedstaaten im Bundesstaat, VVDStRL 19 (1961), S. 1 ff., S. 13 . So auch *Krüger*, Völkerrecht, S. 240 ff., S. 244 f.
[8] Vgl. dazu *Kölble*, DÖV 1960, S. 651 f. unter 2 und *Grawert*, a.a.O., S. 82 ff.
[9] So *Grawert*, Verwaltungsabkommen, S. 83 m. w. N.; vgl. zu den einzelnen Theorien auch die Übersicht bei *Simons*, Leistungsstörungen, § 6 (S. 20 ff.).
[10] Weshalb z. B. Forsthoff auch Verwaltungsabkommen aus der Darstellung des Verwaltungsrechts ausklammert. *Forsthoff*, Ernst, Lehrbuch des Verwaltungsrechts. Erster Band, Allgemeiner Teil, 9. Aufl., München und Berlin 1966, S. 263 f.
[11] *Friauf*, Karl Heinrich, Zur Problematik des verfassungsrechtlichen Vertrages, AöR N. F. 49 (1963), S. 257 ff., S. 291 ff.
[12] Verwaltungsabkommen, S. 84 ff., S. 87.
[13] Zum verwaltungsrechtlichen Vertrag vgl. *Stern*, Klaus, Zur Grundlegung einer Lehre des öffentlich-rechtlichen Vertrages, VA 49 (1958), S. 106 ff.; *Imboden*, Max, Der verwaltungsrechtliche Vertrag (Basler Studien zur Rechtswissenschaft, Heft 48), Basel 1958; *Salzwedel*, Jürgen, Die Grenzen der Zulässigkeit des öffentlich-rechtlichen Vertrages (Neue Kölner Rechtswissenschaftliche Abhandlungen, Heft 11), Berlin 1958; *Bullinger*, Martin, Vertrag und Verwaltungsakt. Zu den Handlungsformen und Handlungsprinzipien der öffentlichen Verwaltung nach deutschem und englischem Recht (respublica Band 9), Stuttgart 1962.

"verfassungsrechtlichen Verträge" sowohl im Verfassungs- als auch im Verwaltungsrecht gelegen sein kann. Der Begriff „verfassungsrechtlicher Vertrag" mag die Problematik dieser Verträge illustrieren. Zur Typologie und Einordnung sollte man den Begriff „Staatsvertrag" beibehalten, der besagt, daß es sich um einen Vertrag zwischen Staaten handelt[14]. Die Staatsqualität der Vertragspartner (und nur sie) scheidet den verfassungsrechtlichen „Staatsvertrag" vom verwaltungsrechtlichen Subordinationsvertrag. Der Begriff des Staatsvertrages erfaßt hier somit alle öffentlich-rechtlichen Verträge zwischen Bund und Ländern (Staatsvertrag im weiteren Sinne).

2. Staatsvertrag und Verwaltungsabkommen

Da der Gegenstand des Vertrages sowohl staats- und verfassungs- als auch verwaltungsrechtlicher Natur sein und entsprechende Rechtswirkungen entfalten kann, unterscheidet man herkömmlicherweise zwischen den eigentlichen Staatsverträgen (im engeren Sinne) und Verwaltungsabkommen. Dieser weiteren Qualifizierung liegt zwar die Unterscheidung nach dem Gegenstand des Vertrages der Idee nach zugrunde, die Qualifizierung wird jedoch nur nach formellen Gesichtspunkten bestimmt, nämlich danach, ob der Vertrag der Zustimmung des Gesetzgebers bedarf oder nicht. Daher kann man ebensogut all diese Verträge als Staatsverträge im weiteren Sinne bezeichnen[15] und in zustimmungsbedürftige und zustimmungsfreie Verträge scheiden[16]. So wird deutlich, daß Bund und Länder in beiden Fällen als Staaten paktieren, und wie der konkrete Vertrag staatsrechtlich zu behandeln ist. Gleichgültig jedoch, wie man die Verträge bezeichnen will, die sachliche Unterscheidung zwischen Staatsvertrag und Verwaltungsabkommen ist auch für Bund-Länder-Verträge sinnvoll und erforderlich. Sie ergibt sich allerdings nicht aus dem positiven Verfassungsrecht. Diese Unterscheidung wird in der Praxis, in der Literatur und in der Rechtsprechung[17] in Anlehnung an die Vorschriften über die „Außenvertretung" (Art. 59 Abs. 2 GG bzw. Landesverfassungsrecht) durchgeführt[18]. Hierbei ist zu

---

[14] Insbesondere deshalb, weil eine gewisse Tendenz dahin zu gehen scheint, „dieses ‚neue Institut' mit zwischenparteilichen Bündnissen in Zusammenhang zu bringen". So *Maiwald*, Joachim W., Zum Wesen des „verfassungsrechtlichen Vertrages", dargestellt am Beispiel der zwischenparteilichen Koalitionsvereinbarung, Diss., München 1963, S. 2. Vgl. dazu auch BGHZ 29, 187 ff. und die Anmerkungen hierzu von *Wertenbruch*, DÖV 1959, S. 506 f. und *Ule*, JZ 1959, S. 501, sowie *Sasse*, Christoph, Koaltionsvereinbarung und Grundgesetz, JZ 1961, S. 719 ff.
[15] Vgl. *Grawert*, a.a.O., S. 31 f. Gegen den Begriff des Staatsvertrages *Kölble*, DÖV 1960, S. 660 f. unter IX.
[16] So auch *Kölble*, a.a.O., S. 661.
[17] Vgl. im einzelnen *Grawert*, Verwaltungsabkommen, S. 31 ff.
[18] *Grawert*, a.a.O., S. 35 für das Landesrecht m. w. N. (Fußn. 27); a.a.O., S. 41 ff., S. 43 f. für das Bundesrecht, ausdrücklich allerdings nur für Verwaltungsabkommen.

beachten, daß eine bundeseinheitlich exakte Begriffsbestimmung sehr schwierig ist, da nicht nur Bundes- und Landesrecht verschieden ausgestaltet, sondern auch die einzelnen Landesrechte sehr heterogen, ja teils widersprüchlich sind[19]. Ob deshalb eine einheitliche Begriffsbestimmung unmöglich und jeweils nach dem Verfassungsrecht der einzelnen Partner zu differenzieren ist[20], so daß der gleiche Vertrag für den einen Partner ein Staatsvertrag, für den anderen ein Verwaltungsabkommen sein kann, dies kann hier dahingestellt bleiben. Denn von unwesentlichen Unterscheidungen abgesehen zeitigen die verschiedenen Differenzierungen cum grano salis das gleiche Ergebnis, das im wesentlichen dem entspricht, was Art. 59 Abs. 2 GG für völkerrechtliche Verträge vorsieht[21]. Diese Ausgangsbasis ist hic et nunc um so eher berechtigt, als hier ein spezifisch bundesrechtliches Problem zu lösen ist, das nur aus der Sicht des Bundes angegangen werden kann.

Danach wäre ein öffentlich-rechtlicher Vertrag zwischen Bund und Ländern dann ein Staatsvertrag im engeren, gebräuchlichen Sinne des Wortes, wenn er deren politische Beziehungen regelt oder sich auf Gegenstände der Gesetzgebung bezieht. Dann bedarf der Vertrag der Zustimmung oder Mitwirkung der jeweils für die Gesetzgebung zuständigen Körperschaft in der Form eines Gesetzes, d. h. entweder der Zustimmung des Bundes- oder der des Landesgesetzgebers, möglicherweise auch der Mitwirkung beider Körperschaften[22]. Aus dieser Begriffsbestimmung ergibt sich negativ, daß Verwaltungsabkommen solche öffentlich-rechtliche Verträge zwischen Bund und Ländern sind, denen keine Staatsvertragseigenschaft zukommt, weil sie sich weder auf Gegenstände der Gesetzgebung beziehen noch die politischen Beziehungen zwischen Bund und Ländern regeln. Sie bedürfen keiner parlamentarischen Zustimmung. Mit dieser Begriffsbestimmung ist die Problematik nicht gelöst, sondern nur angedeutet. Auf die Abgrenzung im einzelnen kann und braucht hier jedoch nicht eingegangen zu werden. Soweit erforderlich, wird dies noch weiter unten geschehen[23].

---

[19] Vgl. die eingehende Darstellung bei *Grawert*, a.a.O., S. 32 bis 41.
[20] So *Grawert*, a.a.O., S. 44, unter Ziff. 5.
[21] Vgl. *Grawert*, a.a.O., S. 35 und 43 f., so daß schließlich auch er (S. 50 ff.) von einem „umfassenden, allgemeinen Begriff des Verwaltungsabkommens" ausgeht (S. 50).
[22] Ob es zwischen Bund und Ländern "politische" Staatsverträge geben kann, ist fraglich. Ablehnend *Grawert*, a.a.O., S. 43, S. 46. Darauf wird noch einzugehen sein.
[23] Allgemein zu Art. 59 GG vgl. *v. Mangoldt-Klein*, Komm., Art. 59, Anm. IV (zustimmungs-mitwirkungsbedürftige Verträge) und Anm. V (Verwaltungsabkommen); *Maunz* in *Maunz-Dürig*, Art. 59, Rdnr. 13 ff., 16 und 17 sowie 37 ff. Grundlegend: *Bernhardt*, Rudolf, Der Abschluß völkerrechtlicher Verträge im Bundesstaat. Eine Untersuchung zum deutschen und ausländischen Bundesstaatsrecht (Beiträge zum ausländischen öffentlichen Recht und Völkerrecht, Heft 32), Köln—Berlin 1957. Vgl. auch *Boehmer*, Gerhard, Der

3. Die Relevanz des Staatsvertrages

Betrachtet man nicht so sehr den Begriff des Staatsvertrages, sondern mehr dessen möglichen Inhalt, so liegt die Frage nahe, ob das Institut des Staatsvertrages im engeren Sinne für die Untersuchung überhaupt relevant wird. Nach der Praxis zu urteilen sind die große Masse der Verträge Verwaltungsabkommen oder solche Staatsverträge, die nur der Zustimmung des Landesgesetzgebers unterliegen[24], eine empirische Feststellung, die Grawert veranlaßte, seine umfassende Monographie ganz dem Verwaltungsabkommen zu widmen[25]. Man könnte versucht sein, diejenigen Verträge als quantité négligeable zu vernachlässigen, die auf seiten des Bundes „Staatsverträge" sind, wenn es sie überhaupt gibt[26]. Gleichwohl wird sich die folgende Prüfung am (Bundes-)Staatsvertrag im engeren Sinne und an seinem besonderen Verhältnis zum Gesetz orientieren, und zwar aus folgenden Gründen:

Daß solche Fälle denkbar und möglich sind, dürfte eigentlich kaum bestritten werden können. Sie kommen nicht nur in den Fällen in Betracht, in denen eine sich überschneidende Gesetzgebungskompetenz des Bundes und des Landes Vertragsgegenstand ist (Organisations-, Beamten-, Polizeirecht, Übertragung von Hoheitsrechten des Bundes auf Gemeinschaftseinrichtungen[27]), sondern insbesondere auch bei der Regelung eines größeren Sachzusammenhangs, für den sowohl die ausschließliche oder konkurrierende Zuständigkeit des Bundes als auch die ausschließliche Zuständigkeit des Landes besteht[28]. Ganz abgesehen von dem Fall, daß eine zweifelhafte und schwierige Kompetenzfrage durch eine vertragliche Regelung gelöst werden soll[29], ist es auch denkbar, daß

---

völkerrechtliche Vertrag im deutschen Recht (Beiträge zum ausländischen öffentlichen Recht und Völkerrecht, Heft 43), Köln—Berlin 1965 (zugleich Diss., Heidelberg 1965).

Für spezifisch bundesstaatliche Verträge behandeln diese Probleme neben *Grawert*, a.a.O., vor allem *Schneider*, Hans, Staatsverträge und Verwaltungsabkommen zwischen deutschen Bundesländern, DÖV 1957, S. 644 ff., S. 645 f. und VVDStRL 19, S. 8 ff., 141 (für Länderverträge) und *Kölble*, DÖV 1960, S. 650 ff., sowie *Maunz* in *Maunz-Dürig*, Komm., Art. 83, Rdnr. 49 ff. (beide für Bund-Länder-Verträge). Vgl. auch *Geller-Kleinrahm*, Komm. S. 407 ff. und S. 429 ff. sowie *Schweiger* in *Nawiasky-Leusser-Schweiger-Zacher*, Die Verfassung des Freistaates Bayern, Komm., 2. Aufl., (1. und 2. Grundlieferung), München 1967; Art. 72, Rdnr. 4, 5, 6. Speziell zu bundesstaatlichen Verträgen Rdnr. 6 am Ende (S. 6/7).

[24] Vgl. die Zusammenstellung der Verträge bei *Grawert*, a.a.O., Anhang, S. 299 ff.; vgl. auch *Grawert*, S. 36 ff.

[25] Vgl. a.a.O., S. 30.

[26] Was z. B. *Giese* gänzlich leugnet: Staatsverträge, S. 82 ff.

[27] So *Grawert*, S. 43.

[28] So *Schweiger* in *Nawiasky*, Komm., Art. 72, Rdnr. 6 (S. 7).

[29] Vgl. z. B. das Lindauer Abkommen, abgedruckt bei *Maunz-Dürig*, Komm., Art. 32, Rdnr. 45. Vgl. auch das in der Einleitung erwähnte Abkommen zur Förderung von Wissenschaft und Forschung.

Verträge über zweifelsfrei nur in der Kompetenz eines Partners liegende Gegenstände geschlossen werden, wenn nicht quoad substantiam dieser Kompetenz, so doch quoad usum (Voraussetzung, Art und Weise der Ausübung; Ausnutzen eines etwa bestehenden Ermessensspielraumes)[30].

Auch die Praxis kennt immerhin einige wenige Fälle, in denen das Bundesparlament einem Vertrag förmlich zugestimmt hat und der dann „als Gesetz" in Kraft trat[31].

Darüber hinaus besteht der Verdacht, daß viele Verträge als Verwaltungsabkommen firmieren, die in Wirklichkeit der Zustimmung des Parlaments unterliegen. Das wird noch zu klären sein[32].

Schließlich wird sich erweisen, daß die zum Staatsvertrag angestellten Erörterungen im Ergebnis auch beispielhaft und von großer Bedeutung für das Verwaltungsabkommen sind. Das liegt daran, daß der „Staatsvertrag" immer schon und nicht nur im völkerrechtlichen Bereich als Modell diente für die wissenschaftliche Durchdringung des staatsrechtlichen Vertrages überhaupt. Der Staatsvertrag ist ein besonders reines Abbild des Vertrages und selbst wiederum Urbild aller „Staats-Verträge" im weiteren Sinne, deren Verhältnis zum Staats-Gesetz es nun zu klären gilt.

III. Der Widerspruch zwischen Vertrag und Gesetz

Ergeht ein Gesetz — sei es vom Bund, sei es vom Land — das einer zwischen beiden getroffenen vertraglichen Regelung widerspricht, so kann entweder nur die vertragliche oder nur die gesetzliche Regelung gültig sein. Dieser scheinbar logischen Notwendigkeit wird auf zweierlei Weise Rechnung getragen: Entweder läßt man den Vertrag unwirksam werden oder man spricht dem Gesetz von vornherein die Wirksamkeit ab. Nur in diesen Alternativen wird die Lösung des Problems gesucht, und so kommt es, daß alle Autoren entweder dem Gesetz oder dem Vertrag einen Vorrang einräumen. Vielleicht aber bedarf es gar nicht dieser abstrakten Entscheidung zwischen Gesetz und Vertrag. Dann nämlich, wenn eine echte Kollision überhaupt nicht vorliegt. Bevor

---

[30] *Schweiger*, a.a.O.
[31] Staatsvertrag über den Übergang der „Alten Süderelbe" auf die Freie und Hansestadt Hamburg vom 12./22. 2. 1963; Bundesgesetz vom 23. 6. 1964, BGBl. II, S. 721; (*Grawert*, Anhang, S. 332, Nr. 163) dazu *Grawert*, S. 42. Vgl. auch den Vertrag zwischen Bund und Niedersachsen über die Regelung der Rechtsverhältnisse bei der Volkswagen G.m.b.H. und über die Errichtung einer „Stiftung Volkswagenwerk" vom 11./12. 11. 1959. Zustimmungsgesetz des Bundes vom 9. 5. 1960 (BGBl. I, S. 301). Nach *Kölble*, DÖV 1960, S. 652 war hier kein Gesetz erforderlich, da es sich nur um eine „Mitwirkung" nach § 47, Abs. 3 RHO handelte.
[32] Zur „befremdlichen" Zurückhaltung der Praxis bei Staatsverträgen auf Bundesseite vgl. *Grawert*, a.a.O., S. 41 ff., 43.

III. Der Widerspruch zwischen Vertrag und Gesetz

man das Verhältnis von Vertrag und Gesetz in dieser sich gegenseitig ausschließenden Konfrontation zu lösen versucht, wäre zu prüfen, ob der Konflikt nicht anders zu bereinigen ist. Es ist deshalb zu erwägen, ob nicht beide Regelungen bestandsfähig sein können. Die dritte Möglichkeit lautet demnach: Der Vertrag bleibt wirksam, das Gesetz wird wirksam. Es könnte nämlich sein, daß sich die beiden Regelungen abstrakt widersprechen, daß dieser Widerspruch im konkreten Fall aber aufgelöst wird. Dies ist in zweifacher Hinsicht denkbar: Erstens können Vertrag und Gesetz sachlich, objektiv miteinander konkurrieren. Zweitens stehen Gesetz und Vertrag immer in einer subjektiven, persönlichen Konkurrenz zueinander.

1. Daß die sachliche Konkurrenz den Widerspruch auflöst, ist hinlänglich bekannt und dürfte kaum auf Ablehnung stoßen. Immerhin erscheint es zweckmäßig und geboten, dies hier auch für den bundesstaatlichen Vertrag darzustellen und nutzbar zu machen. Die sachliche Konkurrenz kann dazu führen, daß entweder nur die vertragliche oder nur die gesetzliche Regelung angewendet wird, ohne daß die andere Regelung unwirksam würde. Gemeinhin wird dies unter dem Stichwort „lex specialis derogat legi generali" bzw. „lex posterior generalis non derogat legi priori speciali" behandelt. Mit dieser Rechtsregel, um den Ausdruck Rechtsnorm zu vermeiden, wird die Frage der Konkurrenz jedoch nur unvollkommen gelöst. Besser als mit der vagen „Rechtsanwendungsregel" der lex specialis läßt sich das Problem in einer besonderen und umfassenden „Rechtsanwendungslehre" lösen[33]. Rechtsanwendungsnormen sind im Rahmen der Lehre von der Gesetzeskonkurrenz zu suchen. Diese Konkurrenz tritt nicht nur im Straf- oder Zivilrecht auf, sondern überall dort, wo „mehrere Gesetzesbestimmungen, die verschiedene Rechtsfolgen aussprechen, nach ihrem Wortlaut auf einen und denselben Sachverhalt angewendet werden können"[34]. Dies gilt auch im Verhältnis von Vertrag und Gesetz[35], da der Vertrag nicht als Rechtsgeschäft, sondern als innerstaatliches Recht mit anderen innerstaatlichen Gesetzesbestimmungen in Widerstreit tritt, folglich „konkurriert"[36]. Richtiger, nicht nur systematisch und terminologisch genauer wäre es wohl, von einer Konkurrenz des Gesetzes mit dem Vertragsgesetz bzw. beim Verwaltungsabkommen von einer Konkurrenz des Gesetzes mit der das Abkommen durchführenden Verwaltungsvorschrift zu sprechen. Dann brauchte man nicht die vielleicht doch inkommensurablen Größen Rechtsgeschäft (Vertrag) und objektive

---

[33] So *Schröcker*, Das vertragswidrige Gesetz, DVBl. 1958, S. 369 ff., S. 410 ff. (S. 376 ff.).
[34] *Schröcker*, a.a.O., S. 377.
[35] a.a.O., a. A. *Triepel*, Völkerrecht und Landesrecht, S. 23, S. 254 für völkerrechtliche Verträge.
[36] *Schröcker*, a.a.O.

Norm (Gesetz) vergleichen, sondern bliebe innerhalb des gleichartigen Normbereiches Gesetz-Gesetz bzw. Gesetz-Verwaltungsnorm. So verließe man nicht den klassischen Bereich der Gesetzeskonkurrenz und eine derartige Rechtsanwendungslehre wäre keinerlei entsprechenden Anfechtungen ausgesetzt[37]. Diese Bedenken will wohl auch Schröcker ausräumen, wenn er[38] sagt: Vertrag, d. h. „der zu innerstaatlichem Recht gewordene Vertrag", der Vertrag als Gesetz oder doch als „Quelle innerstaatlichen Rechts wie das Gesetz".

Eine solche Rechtsanwendungslehre führte im hier fraglichen Bereich zu folgenden Ergebnissen: Wo kein vertraglicher Gesetzesvorbehalt und auch kein gesetzlicher Vertragsvorbehalt besteht[39], ist zunächst der im Einzelfall maßgebliche Wille, d. h. die anwendbare Norm, „mit den üblichen Mitteln der Vertrags- und Gesetzesauslegung zu ermitteln", bevor über die Gültigkeitsnorm, d. h. über die Geltung der einen vor der anderen Norm, entschieden wird[40]. Es ist also zu ermitteln, ob im Verhältnis von Vertrag und Gesetz die widerstreitenden Bestimmungen nebeneinander anwendbar sind, d. h. ob eine Häufung der Rechtsfolgen vorgesehen ist (Kumulation), oder ob die verschiedenen Rechtsfolgen wahlweise eintreten sollen, so daß der Berechtigte unter diesen Rechtsfolgen wählen kann (Wahlregelung, Alternativität), oder ob schließlich — was wohl am häufigsten vorkommen wird — eine Regelung die andere verdrängen soll, d. h. daß im Einzelfall nur eine von ihnen angewendet werden darf (Konsumtion), sei es daß die eine Norm als Hilfsregelung für den Fall gelten soll, in dem keine andere Regelung eingreift (Subsidiarität), sei es daß eine Norm als Sonderregelung Geltung vor der Allgemeinregelung beansprucht (Spezialität).

Wendet man diese allgemeinen Grundsätze an, so erübrigt sich die Zuflucht zu einem zweifelhaften Grundsatz von der vertragsfreundlichen Auslegung des Gesetzes, der für die völkerrechtlichen Verträge entwickelt[41] und allgemein anerkannt wurde. Es erübrigt sich auch der Rückzug auf einen ebenso zweifelhaften Grundsatz von der verfassungs- bzw. gesetzeskonformen Auslegung des Vertrages[42]. Zweifelhaft sind diese Grundsätze deshalb, weil die Vertragsauslegung anderen Maßstäben folgen muß als denen der Gesetzesauslegung (dort Subjektivität, mutmaßlicher Wille, Treu und Glauben; hier Objektivität, objektivierter

---

[37] Es ist dies nur eine terminologische Frage. Am Ergebnis ändert sich nichts: Widerspricht das vertragswidrige Gesetz (nicht) dem Vertragsgesetz, dann widerspricht es auch (nicht) dem Vertrage.
[38] a.a.O., S. 372, Sp. rechts.
[39] Dazu a.a.O., S. 372 ff.
[40] a.a.O., S. 377. Die folgende Skizzierung folgt der Darstellung *Schröckers*, a.a.O.
[41] Vgl. schon *Triepel*, Völkerrecht und Landesrecht, S. 397 ff.
[42] Vgl. BVerfGE 4, 157 ff., S. 168 (Saarurteil vom 4. 5. 1955).

Wille, Rechtssicherheit und Rechtsklarheit), und weil die vertrags- bzw. gesetzesfreundliche Auslegung leicht in Gefahr gerät, den Vertrags- oder Gesetzeswillen nicht auszulegen, sondern umzudeuten[43].

2. Hat man die objektive, sachliche Konkurrenz richtig erkannt, so läßt sich der „Widerspruch" zwischen Vertrag und Gesetz in den meisten Fällen auflösen. Wo ein Fall der sachlichen Konkurrenz vorliegt, da handelt es sich nur um einen scheinbaren Widerspruch zwischen Vertrag und Gesetz, um einen „Widerstreit" gültiger Normen. Es liegt hier ebensowenig eine echte Kollision vor wie in den Fällen, in denen die „Kollision" ausdrücklich durch einen gesetzlichen Vertrags- oder durch einen vertraglichen Gesetzesvorbehalt geregelt ist. Die Grenze der Auslegung ist allerdings dort erreicht, wo der Widerstreit zum Widerspruch wird, d. h. wo er mit den allgemeinen Grundsätzen der oben skizzierten Rechtsanwendungslehre nicht zu lösen ist. Hier scheint ein echter Widerspruch vorzuliegen, der nur mit der Unwirksamkeit der einen oder der anderen Norm entschieden werden kann, und den die herrschende Lehre mit gewichtigen Argumenten zugunsten des Gesetzes entschieden hat. Durch bloße Subsumtion läßt sich der Widerspruch jedoch nicht auflösen, da die Verfassung zwar keine mehrdeutige, aber auch keine a limine eindeutige Entscheidung getroffen hat. So wäre es auch hier denkbar, daß sich die widerstreitenden Prinzipien zwar nicht abstrakt, wohl aber im konkreten Fall vertragen. Der Ansatzpunkt könnte darin zu finden sein, daß Gesetz und Vertrag nicht nur in einer sachlichen Konkurrenz stehen können, sondern in jedem Falle „persönlich", subjektiv miteinander konkurrieren. Der Terminus „persönliche Konkurrenz" ist vielleicht wenig plastisch, möglicherweise sogar mißverständlich, er mag hier jedoch in Ermangelung eines besseren Ausdrucks für jene charakteristische Eigenheit des Vertragswesens stehen, die dadurch gekennzeichnet ist, daß der Normadressat des Vertrages nicht identisch ist mit dem Normadressaten des Gesetzes. Ob diese Hypothese zutrifft, wird sich zeigen, wenn man die Geltung und den Geltungsanspruch von Gesetz und Vertrag näher analysiert.

B. Die Geltung des Gesetzes

Die These der herrschenden Lehre vom Vorrang des Gesetzes beruht auf der Vorstellung, daß zwischen Gesetz und Vertrag eine Rangrelation besteht oder zumindest eine gegenseitige Abhängigkeit, die dem Gesetz

---

[43] *Schröcker*, a.a.O., S. 370 ff.: „Die Auslegung ist Voraussetzung für das Urteil über die Vertragswidrigkeit des Gesetzes; die Vermeidung der Vertragswidrigkeit kann deshalb nicht ihr Ziel sein" (S. 371/372).

„automatisch" einen Vorrang vor dem Vertrag einräumt. Ob sich eine solche „Vorrangautomatik" aus der Verfassung ergibt, ist im folgenden zu prüfen.

I. Vorrang des Gesetzes?

Der Vorrang des Gesetzes läßt sich anscheinend zwanglos aus der verfassungsrechtlichen Stellung und Bedeutung des Gesetzes ableiten. Die Darstellung des ersten Teils hat gezeigt, daß fast alle Autoren dies für den entscheidenden Gesichtspunkt halten. Zweifel an dieser Auffassung wurden bereits oben angedeutet. Hier nun ist festzustellen, daß der Grundsatz vom Vorrang des Gesetzes allein kein durchschlagendes Argument sein kann, da es ja darum geht, zu klären, ob dieser Grundsatz auch im vorliegenden Falle Geltung beanspruchen kann. Denn immerhin ist es denkbar, daß sich der in das Verfassungsgefüge integrierte Vertrag auch dem Gesetz gegenüber zu behaupten vermag. Daß diese Möglichkeit in der Verfassung selbst angelegt ist, wurde bislang offenbar übersehen, obwohl doch eigentlich nicht übersehen werden kann, daß Art. 20 Abs. 3 GG nicht nur den Vorrang des Gesetzes deklariert, sondern auch und gerade und sogar an erster Stelle die Bindung der Gesetzgebung an die verfassungsmäßige Ordnung. Im Rahmen dieser Ordnung gilt aber auch der Vertrag.

1. Die Relativierung des Vertrages

a) Der Gesetzesvorrang brauchte dann nicht besonders begründet zu werden, wenn den Verträgen überhaupt keine rechtliche Bindungswirkung zukäme. Das rechtlich bindende Gesetz ginge ohne weiteres dem Vertrag vor, die Aufhebung des Vertrages könnte keine Rechtsverletzung sein. Wenn diese These richtig wäre, dann existierte das Problem überhaupt nicht. Es gäbe keine Verträge zwischen Bund und Ländern, bzw. dürfte es solche nicht geben[44]. Die Staatspraxis führte eine solche These ad absurdum, und es wäre nicht nur müßig, sondern auch sinnlos, über diese Praxis das Verdikt verhängen zu wollen. Das Argument vom Fehlen der rechtlichen Bindung hat seinen systematischen Standort an anderer Stelle. Richtig verstanden leugnet es nicht die Möglichkeit einer rechtlich bindenden Vertragsverpflichtung. Es enthält auch keine Entscheidung über die Befugnis zur Aufhebung des

---

[44] Dies wird in so allgemeiner Form heute nicht mehr vertreten. So nur in früherer Zeit *Sarwey*, O. v., Das Staatsrecht des Königreichs Württemberg, Zweiter Band, Tübingen 1883, S. 86 ff., 90, Anm. 8: Staatsverträge zwischen dem Reich und den Einzelstaaten gibt es nicht. Vgl. auch noch *Giese*, Friedrich, DJZ 1926, S. 1453 und ders., Die Rundfunkkompetenz in der Bundesrepublik, DÖV 1953, S. 587 ff., S. 592. Ansonsten taucht dieses Argument nur für bestimmte Abkommenstypen oder für bestimmte Bindungswirkungen auf. Dazu vgl. die Darstellung des 1. Teils.

Vertrages, sondern setzt vielmehr eine Entscheidung voraus, darüber nämlich, ob ein Vertrag vorliegt und ob dieser Vertrag rechtliche Wirkung entfalten kann. Dies „Argument" ist also das Ergebnis einer Prüfung. In zweierlei Hinsicht kann es relevant werden: Einmal bei der Auslegung des Vertrages: Ist ein Vertrag überhaupt gewollt und welchen Inhalt hat dieser Vertrag? Zum anderen bei der Prüfung der Zulässigkeit des Vertrages: Bestehen verfassungsrechtliche Bedenken gegen den Vertragsinhalt? Daraus ergibt sich, daß die Frage der rechtlichen Bindung zwar ein Moment der Bestandskraft ist (und sogar das wesentliche Moment), aber der Bestandskraft im weiteren Sinne, d. h. der „Kraft zu Entstehen", die wir aus der Untersuchung ausgeklammert haben. Ob ein rechtlich bindender Vertrag vorliegt, ist für die vorliegende Untersuchung nur eine Vorfrage, die entscheidende zwar, aber eine durch die Aufgabenstellung bereits entschiedene Vorfrage: Es wird davon ausgegangen, daß ein zulässiger Vertragsinhalt und ein rechtsgültiger Vertragsschluß und somit eine bindende Vertragsverpflichtung vorliegen. Fraglich sind die Grenzen der Befugnis, sich vertraglich zu binden[45]. Die vorliegende Untersuchung beruht jedoch auf der idealisierten Grundlage eines Vertrages, der sich in diesen Grenzen hält. Das Grundgesetz regelt diesen Vertrag zwar nicht, aber es wird allgemein anerkannt, daß die Verfassungsrechtsordnung diesen Vertrag kennt und anerkennt. Dies ist die Ausgangsbasis der dargestellten Problematik. Daß diese Basis richtig ist, wird durch das positive Verfassungsrecht[46], die Verfassungswirklichkeit[47], die Rechtsprechung[48] und die Staatslehre[49] belegt.

b) Aus dem gleichen Grunde, eben deshalb, weil die Möglichkeit einer rechtlich bindenden Verpflichtung außer Zweifel steht, läßt sich die „Aufhebung" des Vertrages auch nicht mit materiellen Verfassungsprinzipien begründen, etwa mit dem Verbot von Sonderrechten und dem damit korrespondierenden Gebot der Gleichbehandlung oder mit dem Verbot von Kompetenzbindungen. Mit solchen Argumenten läßt sich die Aufhebung des Vertrages nicht beweisen, sondern allenfalls behaupten, denn diese Begründungen nehmen das Ergebnis vorweg. Die Bindung an den Vertrag könnte tatsächlich ein „Sonderrecht", eine ungleiche Behandlung, eine Kompetenzbindung bewirken. Aber ist die

---

[45] Dazu *Grawert*, Verwaltungsabkommen, pass., insbes. 3. Abschnitt, S. 131 ff., S. 147 ff.
[46] Immerhin erwähnt das GG nunmehr Vereinbarungen zwischen Bund und Ländern: Art. 91 b. Auch Art. 25 Abs. 2 Satz 1 der schleswig-holsteinischen Verfassung kennt „Verträge mit der Bundesrepublik".
[47] Vgl. die im Anhang bei *Grawert*, Verwaltungsabkommen, S. 299 ff., aufgeführten 224 Verträge der verschiedensten Art.
[48] StGH, RGZ 115, Anhang S. 1 ff.; StGH, RGZ 120, Anhang S. 1 ff., 12; BVerfGE 1, 299 ff., 307/8.
[49] Vgl. die im 1. Teil zitierten Autoren. Weitere Nachweise bei *Grawert*, a.a.O., S. 135, Anm. 20.

Aufhebung des Vertrages die einzige Möglichkeit, diese Konsequenz zu vermeiden? Könnte nicht diese Konsequenz schon im Vorfeld dadurch ausgeräumt werden, daß der Vertrag erst gar nicht zugelassen wird, so daß auf der anderen Seite der zugelassene Vertrag seine Verbindlichkeit behalten kann? Warum es gerade die „Aufhebung" des Vertrages sein muß, das können diese Verfassungsprinzipien nicht erklären. Sie haben auch — zumindest in dieser allgemeinen Form — mehr den Charakter einer verfassungspolitischen Forderung. Differenzierungen, die von einer gleichgeschalteten Einheitsnorm abweichen, sind nicht die Ausnahme, sondern die Regel; dies ist für das Individualgrundrecht des Gleichheitssatzes aus Art. 3 GG längst erkannt und anerkannt, da „eine gewisse formal ungleiche Behandlung ... dem Begriff der Gleichheit sachlich immanent" ist[50]. Gerade in „Sonderrechten" kommt dieser Tatbestand zum Ausdruck. Sollten sie nicht auch vertraglich begründet werden und erstarken können zu „wohlerworbenen Rechten", die die Verfassung durchaus kennt und anerkennt[51]? All diese Argumente können somit die rechtliche Bindungsmöglichkeit beschränken, sie können dagegen nicht die einmal rechtswirksam eingegangene Bindung wieder beseitigen.

2. Die Relativierung der Bindungsnorm

Der vertraglichen Bindung scheint diejenige Theorie Rechnung zu tragen, die die rechtliche Bindung anerkennt, aber in der Weise relativiert, daß sie den Verträgen eine ungleichmäßig stark bindende Kraft beimißt und dem Gesamtstaat die Befugnis zuspricht, sich aufgrund der zu seiner Disposition stehenden Bindungsnorm jederzeit von der Bindung zu lösen[52]. Diese Auffassung hängt zwar sehr eng zusammen mit der vom Fehlen der rechtlichen Bindung, ihr können allerdings die oben angemeldeten Bedenken nicht entgegengehalten werden, da sie eine wenigstens virtuelle Bindung und damit den Vertragscharakter einräumt und eine Verfassungsnorm aufweist, die diese Bindung wieder beseitigt bzw. den Bund von ihrem Gebot dispensiert.

Aus zwei Gründen jedoch kann dieser These nicht gefolgt werden. Sie geht aus von der positiven Bindungsnorm „pacta sunt servanda",

---

[50] v. Mangoldt-Klein, Komm., Art. 3, Anm. VI 2; vgl. auch Anm. III 1.
[51] Zur grundsätzlichen Gleichberechtigung der Länder vgl. Urteil des Bundesverfassungsgerichtes vom 21. 5. 1952 (Verteilung der Wohnungsbaumittel) BVerfGE 1, 299 ff.: die Länder besitzen den gleichen Status „soweit positive verfassungsrechtliche Bestimmungen nicht entgegenstehen" (S. 315). Daraus kann man sicherlich nicht das Verbot sachlicher Differenzierungen entnehmen. Vgl. auch Maunz in Maunz-Dürig, Komm., Art. 20, Rdnr. 12 und 15.
[52] So Anschütz (vgl. oben 1. Teil, Fußn. 35) und ihm folgend v. Mangoldt-Klein (vgl. oben 1. Teil, Fußn. 37).

I. Vorrang des Gesetzes?

die in Art. 4 WRV bzw. Art. 25 GG enthalten sei. Schon dies trifft nicht zu, wie noch nachzuweisen sein wird. Aber selbst wenn man davon einmal ausgehen wollte, so ergäbe sich aus jener angeblichen Bindungsnorm doch keine nur relative Bindung. Der Reichsgesetzgeber könnte sich zwar von jener Bindungsnorm „befreien"[53], aber doch nur durch Beseitigung jener Bindungsnorm, d. h. durch Änderung der Verfassung, nicht aber durch bloßen Erlaß eines vertragswidrigen Gesetzes[54], denn im letzteren Falle bliebe die Bindungsnorm doch bestehen, und zwar nicht nur für das Land, sondern auch für das Reich. Daß das Reich an die Reichsverfassung (solange sie besteht) nicht gebunden sei, hat mit Recht noch niemand behauptet. Das hingegen implizierte diese These notwendigerweise. Befreite man sie von diesem logischen Kurzschluß und behielte man ihre Ausgangsbasis (die verfassungsrechtliche Bindungsnorm) bei, so müßte man konsequenterweise zum genau entgegengesetzten Ergebnis gelangen: das vertragswidrige Gesetz wäre verfassungswidrig. Es ist somit daran festzuhalten, daß sich das Reich (der Bund) von der Bindungswirkung des Vertrages nicht einseitig befreien kann.

3. Die Beseitigung des Vertrages durch das Gesetz

Geht man davon aus, daß der Vertrag eine rechtliche Bindung bewirkt, daß diese Bindung weder unvollkommen noch nur relativ ist, und daß ein vertragswidriges Gesetz die verfassungsrechtliche Bindungsnorm nicht beseitigt, so bleibt nur die Möglichkeit, daß die Bindung selbst, bzw. der Vertrag in toto, nachträglich wieder beseitigt wird. Das könnten diejenigen Theorien erklären, die den Vertrag mit dem Vertragsgesetz gleichsetzen, bzw. den Vertrag durch die Vertragsnorm ersetzen (Umsetzung, Transformation, Vollzugsanordnung, Erfüllung, Zweckerreichung, Konsumtion). Dann könnte das vertragswidrige Gesetz nicht nur das Vertragsgesetz, sondern auch den Vertrag bzw. den Vertragsinhalt „aufheben". Diese Lösung erscheint zwar plausibel, es ist jedoch fraglich, ob sich an dem Dualismus von Vertrag und Gesetz dadurch etwas ändert, daß der Inhalt des Vertrages objektives Recht wird. Vertrag und Gesetz treten dort in eine besondere Beziehung, wo es um die „Transformation" oder um den „Vollzug" des Vertragsinhaltes geht. Da dies die einzig direkte Verbindung ist, nimmt es nicht wunder, wenn in dieser Beziehung allgemein eine Gleichschaltung gesucht und gefunden wird. Eine solche Deutung läuft jedoch Gefahr, die zwischen Vertrag und Gesetz bestehende Beziehung mißzuverstehen. Es handelt sich hier nämlich nicht um eine Rangrelation, sondern um eine erfüllungsbezogene Abhängigkeit des Vertrages vom Gesetz, die

---

[53] So *Anschütz*, a.a.O.
[54] So aber a.a.O.

über das sonstige Verhältnis zwischen beiden nichts aussagt. Das wird im folgenden näher zu begründen sein.

a) Vertrag, Vertragsgesetz und Vertragsanordnung

Wie dargestellt, erklärt man die Aufhebung des Vertrages durch das vertragswidrige Gesetz mit dem materiellen Verfassungsprinzip vom Vorrang des (späteren) Gesetzes und mit der formalen Beseitigung der diesen Vertrag umsetzenden Rechtsnorm. Dies ergibt sich anscheinend zwanglos aus der besonderen Struktur der fraglichen Verträge.

1. Besonders anschaulich ist dies bei der „Aufhebung" des Staatsvertrages, wo sich diese Lösung geradezu aufdrängt. Der Staatsvertrag ist in besonderer Weise gesetzlich strukturiert, und zwar insofern, als nicht nur seine originäre Bestandskraft gesetzesabhängig, sondern auch seine Erfüllung in den meisten Fällen gesetzesbezogen ist. Aus der Gleichstellung des Vertrages mit dem Gesetz[55] ergibt sich für die herrschende Lehre die derogierende Kraft des späteren vertragswidrigen Gesetzes gegenüber dem Vertrag, und auch die Aufhebung des Verwaltungsabkommens wird aus ganz ähnlichen Erwägungen gefolgert: aus dem nur mit Mitteln der Verwaltung bewirkten und zu erfüllenden Vertrag ergibt sich die Abhängigkeit des Vertrages vom Gesetz und seine Aufhebung durch das Gesetz. Eine unanfechtbare Deduktion, wie es scheint. Eine nicht nur anfechtbare, sondern schon unschlüssige Deduktion, wie sich jedoch zeigen wird. Ist denn der Vertrag identisch mit dem Gesetz bzw. identisch mit der Verwaltungsanordnung? Diese Identität müßte doch zunächst einmal nachgewiesen werden. Vertragspartner sind nur der Bund (die Bundesrepublik Deutschland) als Gesamtstaat und das Land (die Länder) als Gliedstaaten dieses Bundes. Vertragsverhandlungen und Vertragsschluß liegen naturgemäß vollkommen in der Hand der Regierung. Dies nicht nur für Verwaltungsabkommen, sondern auch für Staatsverträge, und zwar sowohl auf seiten des Landes[56] als auch auf der Seite des Bundes[57]. Auf die Einzelheiten des Vertragsschlusses braucht hier nicht eingegangen zu werden. Dies ist, wie auch das Problem der Zulässigkeit, nur eine (bereits entschiedene) Vorfrage. Ist der Vertrag

---

[55] Besonders deutlich bei *Schröcker*, Das vertragswidrige Gesetz, DVBl. 1958, S. 369 ff. und S. 410 ff. Er behandelt diese Fragen in allgemeiner Form, im wesentlichen jedoch im Hinblick auf völkerrechtliche Verträge. Vgl. S. 413, rechte Spalte unter Ziff. 2: Der gesetzesgleiche Rang des Vertrages bewirkt seine Einordnung in die Rangfolge der Rechtsquellen: Verfassung — Gesetz — Verordnung. Bezeichnend auch *Schweiger* in *Nawiasky*, Komm., Art. 72, Rdnr. 4: „Entsprechend ihrer" (erg. der Staatsverträge) „Doppelnatur als Vertrag und Gesetz..."

[56] Dazu *Grawert*, a.a.O., S. 105 ff. für Verwaltungsabkommen.

[57] Dazu *Grawert*, a.a.O., S. 91 ff.

I. Vorrang des Gesetzes?

gültig abgeschlossen, so entsteht damit das eigentliche Vertragsverhältnis. Die vertragliche Regelung gilt — dem Wesen des Vertrages entsprechend — nur zwischen den Vertragspartnern, nur für sie begründet der Vertrag Rechte und Pflichten, wobei es keinen Unterschied macht, ob der Vertragsinhalt rein rechtsgeschäftlicher oder aber rechtssetzender Natur ist.

2. Soll die vertragliche Regelung Rechte und Pflichten für Dritte — Staatsbürger, Staatsorgane und Behörden — begründen, so bedarf es dazu auch für den bundesstaatlichen Vertrag einer besonderen Umsetzung, eines normsetzenden Aktes[58], und zwar bei Staatsverträgen eines Aktes der Gesetzgebung, der begrifflich von der Zustimmung des Gesetzgebers zum Vertragsabschluß zu unterscheiden ist: „das Zustimmungsgesetz wird regelmäßig die Normadressaten nicht verändern, so daß die vertraglichen Rechte und Pflichten der Staaten auf diese Weise noch nicht zu solchen der Individuen werden[59]." Rechte des einzelnen müssen durch ein besonderes Durchführungsgesetz begründet werden[60]. Diese gesetzliche Durchführung schließt nicht aus, daß bei „nichtanwendungsfähigen" Verträgen noch weitere besondere Maßnahmen des Gesetzgebers oder der Regierung erforderlich sind, um den Vertrag anwendbar zu machen. Auf der anderen Seite ist aber auch dann ein Umsetzungsakt erforderlich, wenn der Vertrag an sich schon unmittelbar anwendungsfähige Normen enthält. Der Begriff „self executing" darf nicht zu der Annahme verleiten, als gelte diese anwendungsfähige Norm schon eo ipso. Sie ist zwar anwendungs-„fähig", aber noch nicht anwend„bar"[61]. Das Erfordernis einer besonderen Umsetzung ergibt sich nicht so sehr aus der Impermeabilität der beiderseitigen Rechtsordnungen wie im Völkerrecht; sie ist im Bundesstaat ja gerade nicht vorhanden. Die Notwendigkeit hierzu ergibt sich aus der Tatsache, daß der Vertrag selbst nur rechtsgeschäftlicher Natur ist, auch wenn sein Inhalt normative Regelungen enthält. Selbst wenn der Vertrag ausschließlich normative Regelungen zum Gegenstand hat, so

---

[58] Vgl. die o. a. Entscheidungen des Bayerischen und Württ.-Badischen Verwaltungsgerichtshofes (1. Teil, Fußn. 63, 64, 65). Vgl. auch Bundesverwaltungsgericht, Beschluß vom 26. 10. 1962, DÖV 1963, S. 474 f. (Versetzungsrichtlinien der Länder).

[59] So für den völkerrechtlichen Vertrag *Doehring*, Karl, Die allgemeinen Regeln des völkerrechtlichen Fremdenrechts und das deutsche Verfassungsrecht (Beiträge zum ausländischen öffentlichen Recht und Völkerrecht, Heft 39), Köln und Berlin 1963, S. 131. Vgl. auch *Bernhardt*, Abschluß, S. 138 und *Boehmer*, Vertrag, S. 77 m. w. N. sowie *Mosler*, Hermann, Das Völkerrecht in der Praxis der deutschen Gerichte (Juristische Studiengesellschaft Karlsruhe, Schriftenreihe Heft 32/33), Karlsruhe 1957, S. 19 ff.

[60] *Doehring*, a.a.O., S. 150.

[61] Vgl. *Doehring, Bernhardt, Boehmer* jeweils, a.a.O.; für Bund-Länder Verwaltungsabkommen *Grawert*, a.a.O., S. 117: Die Anwendungsfähigkeit ersetzt nicht den Anwendungsbefehl, sondern erübrigt besondere Durchführungsbestimmungen.

begründet er wohl die Verpflichtung zur Normsetzung und ein entsprechendes Recht der anderen Seite, aber nicht die Norm selbst. Auch die Zustimmung der gesetzgebenden Körperschaft vermöchte daran nichts zu ändern (sofern sie nur Zustimmung bleibt), denn sie ist bloße Willenserklärung des Parlaments, „Ratifikationsermächtigung", keine Normsetzung. Die Zustimmung brauchte deshalb auch nicht in Form eines Gesetzes zu erfolgen, es genügte ein einfacher Beschluß, wenn Art. 59 Abs. 2 GG dies für völkerrechtliche Verträge nicht ausdrücklich anordnete.

Der Grund für die strikte Forderung nach der Zustimmung des Gesetzgebers und seiner Mitwirkung bei dem exekutivischen Akt der Vertragschaffung[62] ist die uneingeschränkte Wahrung der parlamentarischen Kompetenzen: Die Legislative soll nicht gegen ihren Willen durch exekutive Maßnahmen gebunden oder beschränkt werden. Dieser Gedanke gilt auch für bundesstaatliche Verträge. Deshalb und nur aus diesem Grunde gibt es einen Satz des gemeindeutschen Verfassungsrechts dergestalt, daß die Regierung zum Abschluß von Verträgen, die sich auf Gegenstände der Gesetzgebung beziehen, der Zustimmung des Parlaments bedarf[63].

Dagegen dient die Schutzwirkung der zwingenden Gesetzesform nicht dem Schutze des Parlaments und der Wahrung seiner Kompetenzen gegenüber der Exekutive, sondern dem Schutze des „Gewaltunterworfenen" gegen einen „un"gesetzlichen, gesetz„losen" Eingriff in seine Freiheitssphäre. Dieser Gedanke gilt uneingeschränkt auch für bundestaatliche Verträge. Der eigentliche Grund für die Gesetzesform ist die Garantie für einen ordnungsgemäßen Normsetzungsakt: die sog. „Transformation" bzw. die „Vollzugsanordnung", die den Vertragsinhalt zur allgemein verbindlichen Norm macht. Grundsätzlich tauchen insoweit beim Staatsvertrag im Bundesstaat die gleichen Probleme auf wie beim völkerrechtlichen Vertrag. Die sachgerechte Lösung dort ist auch hier die adäquate, denn in beiden Fällen handelt es sich allein um staatsrechtliche, nicht etwa um völkerrechtliche Probleme. Der Grund für dieses Transformationserfordernis ist letzten Endes das Prinzip der Repräsentativ-Demokratie, die demokratisch-parlamentarische Staatsverfassung (Art. 20 GG): „nur das Gesetz des jedermann repräsentierenden Legislativorgans begründet die Gehorsamspflicht des Bürgers, die eben dadurch zu demokratischem Selbstgehorsam wird[64]."

---

[62] Die es rechtfertigt, von einer „kombinierten Gewalt", einer vertragschließenden Gewalt (treaty-making-power), zu sprechen. Vgl. *Menzel*, Eberhard, Die auswärtige Gewalt der Bundesrepublik in der Deutung des Bundesverfassungsgerichts, AÖR, N. F. 40. Bd. (1953/54), S. 326 ff.

[63] BVerfGE 4, 250 ff. (276 f.); vgl. auch *Bernhardt*, Abschluß, S. 133 f.

[64] *Quaritsch*, Helmut, Kirchenvertrag und Staatsgesetz — Zum Problem

So läßt sich zusammenfassend sagen: Es ist das Gesetz in seiner Eigenschaft als Zustimmungsgesetz, welches die Geltung des Vertrages und seine Verbindlichkeit für die Vertragspartner perfektioniert und garantiert, und es ist das Gesetz in seiner Eigenschaft als Transformations- oder Vollzugsgesetz, welches die allgemeine Verbindlichkeit des Vertragsinhaltes begründet und garantiert. Diese Unterscheidung wird für die weitere Untersuchung von Bedeutung sein.

3. Die gleichen Erwägungen gelten auch für das Verwaltungsabkommen, wenngleich die Problematik hier nicht so vielschichtig ist, weil keine besondere Zustimmung verlangt wird, die den Vertragstatbestand erst perfektioniert und den Vertrag dadurch rechtswirksam macht. Eine besondere Vollzugsanordnung ist aber auch hier erforderlich, weil auch hier der bloße Vertragsschluß[65] Nichtkontrahenten keinerlei Rechte begründen und erst recht keine Pflichten auferlegen kann. „Für den Regelungsadressaten wie auch für Dritte ist der Abkommensinhalt nicht als solcher", sondern nur insoweit „maßgebend und rechts- bzw. pflichtbegründend, als er für ihn bekannt und verbindlich gemacht worden ist[66]." Der Grund für die besondere Geltungsanordnung, die „Allgemeinverbindlichkeitserklärung" des Vertragsinhaltes, ist also auch hier letztlich die Garantie für eine ordnungsgemäße, demokratisch-rechtsstaatliche Normsetzung. Deshalb ist auch beim Verwaltungsabkommen die Geltung des Vertrages für die Vertragspartner (Bund und Länder)[67] zu scheiden von der Geltung für staatliche Verwaltungsstellen und für Dritte[68]. Das heißt, es ist der Vertrag zu scheiden von der Verwaltungsvorschrift, die die allgemeine Geltung des Vertragsinhaltes anordnet. Sie soll hier in Ermangelung eines besseren Ausdrucks und in Parallele zum „Vertragsgesetz" „Vertragsanordnung" (genauer „Vertragsverwaltungsanordnung") genannt werden.

b) *Konsumtion des Vertrages durch die Vertragsnorm?*

Ist somit zu unterscheiden zwischen dem Vertrag, der Rechte und Pflichten für die Vertragspartner begründet, und der Vertragsnorm

---

der Einwirkung nachträglicher Verfassungs- und Gesetzesänderungen auf die von Staat und evangelischen Kirchen geschlossenen Verträge, in: Hamburger Festschrift für Friedrich Schack zu seinem 80. Geburtstag, hrsg. von Hans Peter Ipsen, Berlin und Frankfurt a. M. 1966, S. 125 ff., S. 132.

[65] Der auch formlos erfolgen kann und oft genug überhaupt nicht publik gemacht wird. Vgl. zur Praxis *Grawert*, a.a.O., S. 118 f.

[66] *Grawert*, a.a.O., S. 121. Vgl. Württ.-Bad. VGHE 8, S. 185 ff., 185, 188. Die Information über den Inhalt allein genügt nicht. Zumindest konkludent muß hinzukommen der Anwendungs- und Befolgungsbefehl. Vgl. *Grawert*, a.a.O., S. 118 m. w. N.

[67] Dazu *Grawert*, a.a.O., S. 114.

[68] Dazu a.a.O., S. 115 ff. Dies geschieht z. B. durch die Verfügung des Ministers („Hiermit setze ich die Richtlinien mit Wirkung vom ... für alle Behörden in Kraft"; vgl. a.a.O., S. 115/116).

(Vertragsgesetz bzw. Vertragsanordnung), die den Vertragsinhalt allgemein verbindlich macht, so erhellt, daß allein diese Erklärung der allgemeinen Verbindlichkeit durch Rechtsnorm den Vertrag selbst nicht „konsumiert" und so aufhebt. Eine derartige „Konsumtion" findet nicht statt. Zwar macht der Bund von seinem Gesetzgebungsrecht Gebrauch, wenn er das Vertragsgesetz erläßt, aber doch nicht um die Materie aus dem möglichen Vertragsgebiet auszuscheiden, sondern gerade mit Rücksicht auf und zur Erfüllung des gültigen Vertrages. Außerdem enthält der Vertrag in der Regel neben vollzugsbedürftigen auch vollzugsunabhängige Normen, so daß man zu einer Spaltung des Vertrages in einen konsumierten und in einen bestehenbleibenden Teil gelangen müßte. Diese Konstruktion ist abzulehnen, weil sie die Funktion der Vertragsnorm mißversteht. Deren Funktion besteht allein darin, den Regelungsadressaten zu ändern, um so der vertraglichen Verpflichtung nachzukommen. Dies gilt nicht nur beim eigentlichen Staatsvertrag, sondern auch beim Verwaltungsabkommen, weil auch dort eine besondere Vollzugsanordnung erforderlich ist.

c) *Aufhebung des Vertrages durch das vertragswidrige Gesetz?*

Aus den obigen Erwägungen ergibt sich zugleich, daß auch das vertragswidrige Gesetz den Vertrag nicht aufheben kann. Zwar kann das vertragswidrige Gesetz möglicherweise auf die Vertragsnorm (das Vertragsgesetz bzw. die Vertragsanordnung) einwirken, nicht aber auf den Vertrag selbst. Das könnte nur dann so sein, wenn zwischen Vertrag und Vertragsgesetz eine besondere Beziehung bestünde, die beide voneinander abhängig machte. Das ist jedoch nicht der Fall. Hierbei kommt es nicht darauf an, ob man das Vertragsgesetz als Transformations- oder als Vollzugsgesetz qualifiziert (daß der Charakter des Gesetzes als Zustimmungsgesetz hier nicht angesprochen ist, liegt auf der Hand).

Wenn man der Transformationstheorie folgt, wie sie noch für den völkerrechtlichen Vertrag vertreten wird, so werden durch das Vertragsgesetz innerstaatliche Normen geschaffen, die inhaltlich den Vertragsbestimmungen entsprechen, rechtlich aber selbständig und unabhängig von den Vertragsbestimmungen existieren. In ihrer strengen Form besteht nach dieser Theorie keinerlei Verbindung zwischen dem Gesetz und dem Vertrag[69]. Der Vertrag selbst wird nicht Gesetz, d. h., die Einwirkungen, denen das Vertragsgesetz ausgesetzt ist (z. B. die Aufhebung durch ein späteres Gesetz), ergreifen nicht eo ipso auch den Vertrag. Somit kann auch die vertragliche Verpflichtung durch das Gesetz nicht beeinflußt werden. An diesem Ergebnis ändert sich auch dann nichts, wenn man die Transformationsthese in einer modifizierten

---

[69] Dazu *Boehmer*, Vertrag, S. 15 ff., S. 32/33 m. w. N.

I. Vorrang des Gesetzes?

Form vertritt und eine gewisse gegenseitige Abhängigkeit von Vertrag und Gesetz annimmt. Denn allenfalls kann man eine Abhängigkeit des Gesetzes vom Vertrag konstruieren etwa in der Weise, daß das Vertragsgesetz durch die Geltung des Vertrages auflösend bedingt oder bis zur Aufhebung des Vertrages befristet ist[70]. Keineswegs bewirkt der Wegfall des Vertragsgesetzes die Aufhebung des Vertrages. Das wird für die völkerrechtlichen Verträge mit Recht nirgendwo vertreten: Die Aufhebung des Gesetzes beeinträchtigt die Geltung des Vertrages nicht[71]. Entweder stellt sie sich dar als Vertragsverletzung oder sie erstreckt die Wirkung einer schon vorher eingetretenen Vertragsaufhebung auch auf das innerstaatliche Recht.

Nun könnte man die Auffassung vertreten, hier sei ein Punkt erreicht, wo die besondere „Sachrationalität" eine andere Lösung erfordere: im Völkerrecht sei dies wegen der Impermeabilität der beiden Rechtsordnungen nicht möglich, im Bundesstaat dagegen, in dieser einheitlichen, monistischen Rechtsordnung, sei es durchaus angebracht, dem Gesetz den Vorzug vor dem Vertrag zu geben. Dazu ist zu sagen, daß eine solche Lösung durchaus möglich wäre. Evident ist sie aber nicht, wie oben nachgewiesen wurde. Ein automatischer Vorrang zugunsten des Gesetzes läßt sich so allenfalls behaupten. Denn ebensogut könnte gerade umgekehrt die Geltung des Gesetzes durch die Geltung des Vertrages bedingt sein. Hinter einer solchen Lösung stünden doch unausgesprochen die gleichen materiellen, um nicht zu sagen politischen Argumente, von denen festgestellt wurde, daß sie gegenüber der Verbindlichkeit des Vertrages über ein „Patt" nicht hinauskommen. Wenn man mit der monistischen bundesstaatlichen Rechtsordnung argumentieren will, so kann man damit ebenso den Vorrang des Vertrages begründen. Weder das eine noch das andere läßt sich auf eine positive Norm zurückführen.

Nach der sog. Vollzugslehre ist eine besondere Transformation nicht erforderlich[72]. Die Vertragsbestimmungen werden nicht in objektives Recht „umgewandelt". Zwar muß der Gesetzgeber den Vertragsinhalt für seinen Machtbereich und für die seiner Gewalt unterworfenen Individuen besonders in Kraft setzen, soweit dieser Inhalt allgemeine und abstrakte Regelungen enthält, und auch die Verwaltung muß mit ihrem Abkommen entsprechend verfahren, doch bleibt der Vertrag als solcher unverändert bestehen. Das Vertragsgesetz bzw. die Verwaltungsanordnung erteilen lediglich den Befehl, die Vertragsbestimmungen nunmehr anzuwenden, den Vertrag zu vollziehen. Angewendet wird

---

[70] Vgl. die Nachweise bei *Boehmer*, a.a.O., S. 97 (329), S. 99.
[71] Nachweise bei *Boehmer*, S. 76.
[72] Vgl. dazu *Mosler*, Völkerrecht, S. 13 ff., sowie *Boehmer*, a.a.O., S. 36 ff. m. w. N.

die vertragliche Norm und nur sie. Sie bindet durch Vermittlung des „Rechtsanwendungsbefehls" auch die Nichtkontrahenten. So werden die Vertragsbestimmungen allgemein verbindlich. Geht man von dieser Lehre aus, so liegt es auf der Hand, daß das vertragswidrige Gesetz den Vertrag selbst nicht beeinflussen kann, wenn man nicht wieder Zuflucht nehmen will zu befristeten oder auflösend bedingten Konstruktionen. Das vertragswidrige Gesetz beseitigt das Vertragsgesetz, d. h. den Anwendungsbefehl. Die Vertragsnormen sind nicht mehr allgemeinverbindlich. Der Vertrag als solcher, insbesondere die spezielle subjektive Vertragsverpflichtung, bleibt dagegen bestehen. Auch nach dieser Lehre besteht somit kein automatischer Vorrang des Gesetzes vor dem Vertrag[73].

4. Folgerungen

Es ist somit zusammenfassend Folgendes festzuhalten: Die vertragliche Bindung ist keine nur „relative". Von dieser Bindung kann sich der Gesetzgeber nicht durch Beseitigung einer angeblichen Bindungsnorm dispensieren. Diese Bindung kann der Gesetzgeber auch nicht auf andere Weise nachträglich beseitigen. Es ist nämlich der Vertrag nicht identisch mit dem Vertragsgesetz und auch nicht identisch mit der „Vertragsverwaltungsvorschrift". Vielmehr ist zu unterscheiden zwischen dem Rechtsgeschäft Vertrag, das Rechte und Pflichten nur für die Vertragspartner begründet, und der Transformation oder Vollzugsanordnung, wodurch der Vertragsinhalt zur allgemein verbindlichen Norm wird. Die Geltung der Vertragsnorm (das ist entweder das Vertragsgesetz oder die Vertragsanordnung), d. h., die Geltung des Vertragsinhaltes für Staatsbürger und -behörden ist bedingt durch die Geltung dieser Norm, deren Geltungsanspruch soweit reicht, wie der Geltungsanspruch eines jeden Gesetzes und jeder Verwaltungsnorm. Die Geltung des Vertragsinhaltes für die Vertragspartner dagegen ist bedingt durch die bloße Tatsache des Vertragsschlusses und begrenzt durch die fortdauernde Wirksamkeit dieser Tatsache. Daraus ist zu folgern: Es liegt die Vermutung nahe, daß diesem wesensmäßig verschiedenen Geltungsgrund auch durch einen differenzierten Aufhebungstatbestand Rechnung zu tragen ist. Wenn man der Argumentation der herrschenden Lehre einmal folgen will, so scheint nur eines möglich zu sein: daß das Gesetz diejenige Norm beseitigen kann, die dem Vertrag allgemeine Geltung verliehen hat. Fraglich dagegen ist — auch bei dieser Ausgangsbasis —, ob das Gesetz der Wirksamkeit des Vertrages

---

[73] Es braucht daher hier nicht untersucht zu werden, ob der Transformations- oder der Vollzugslehre der Vorzug zu geben ist. Vgl. dazu für den völkerrechtlichen Vertrag *Boehmer*, a.a.O., pass. mit gewichtigen Argumenten für die Vollzugslehre.

selbst „derogieren" kann, d. h., ob es die in der rechtsgeschäftlichen (!) Zustimmung des Parlaments liegende Perfektion des Vertragstatbestandes, bzw. die durch den Vertragsschluß wirksame Bindung des Verwaltungsabkommens wieder beseitigen kann. Hat man Vertrag und Vertragsnorm in ihrer verschiedenen Funktion erkannt, so wird deutlich, daß die ursprüngliche Fragestellung falsch, zumindest aber unvollständig ist. Hier liegt der Fehler der herrschenden Lehre. Sie bejaht mit dem Hinweis auf den lex-posterior- bzw. superior-Satz die Aufhebung des Vertrages ohne zu prüfen, wieweit die Derogationswirkung jener lex gehen kann. Sie übersieht dabei, daß zwei Fragen scharf voneinander zu trennen sind:

1. Kann und darf der Gesetzgeber die Vertragsnorm, d. h. das Vertragsgesetz bzw. die Vertragsanordnung, beseitigen?
2. Wenn er dies kann und darf, wirkt dies auch auf den Vertrag selbst?

Die herrschende Lehre übergeht die erste Frage („weil nicht sein kann, was nicht sein darf") und kommt deshalb bei der zweiten Frage zwangsläufig zu einer Vorrangautomatik zugunsten des Gesetzes. Hier wurde jedoch versucht, die zweite Frage systematisch klar und folgerichtig zu beantworten. Auf diesem Wege kommt man zwangsläufig zur eigentlichen Problematik: zur Frage nämlich, ob der Gesetzgeber die Vertragsnorm überhaupt beseitigen kann, bzw. ob — wenn er dies kann — er dies auch darf.

II. Die Geltungskraft des Gesetzes

Es erscheint vermessen, die Frage zu stellen, ob der Gesetzgeber die Vertragsnorm beseitigen kann und darf, rührt man damit doch an das „Tabu" der gesetzgeberischen Allmacht. Es wurde jedoch bereits angedeutet, daß der Geltungsanspruch des Gesetzes seine Rechtfertigung nicht aus sich selbst heraus finden kann, denn auch das Gesetz muß sich legitimieren und vor der Verfassung verantworten. Es ist deshalb an dieser Stelle festzustellen, worin diese Legitimation begründet ist. So wird sich zeigen, welche Grenzen der Geltungskraft des Gesetzes gesetzt sind.

1. Die Geltung des Vertragsgesetzes bzw. der Vertragsanordnung

a) Die Geltung des Vertragsgesetzes und die allgemeinverbindliche Geltung des „Vertrages" ist in nichts anderem begründet als in der Geltung des Gesetzes schlechthin. Diese allgemeine Geltung des Gesetzes läßt sich nach Quaritsch auf zwei Quellen zurückführen: Auf seine Eigenschaft als Erscheinungsform der Staatsgewalt und auf seine

Eigenschaft als „Volksentscheidung"[74]. Das Gesetz als einerseits „rational steuernder Daseins-Regulator"[75] und das Gesetz als andererseits „Grundlage und Schranke staatlicher Einwirkungen auf das Verhältnis zwischen Bürger und Staat"[76], dieses Gesetz ist das Hauptcharakteristikum des modernen Staates, die Gesetzgebung primäre Funktion der Staatsgewalt, der moderne Staat in diesem Sinne „Gesetzgebungsstaat"[77]. Als Erscheinungsform der Staatsgewalt, deren Existenz und Anerkennung auf der Verfassung (Art. 20 GG) beruht, erhält das Gesetz jene, „die Staatsgewalt allein auszeichnende Fähigkeit, den Addressaten einseitig zu binden und zu verpflichten"[78]. Die Bindung und Verpflichtung beruht aber nicht nur auf dem verkörperten Zwang der Staatsgewalt, sondern auch auf der (zweiten Quelle der) eigenen Willensentscheidung des Volkes, da der Gesetzesbeschluß der Volksvertretung vorbehalten ist und ihre Willensentscheidung dem Gesetzesunterworfenen als eigener Wille zugerechnet wird: „Der Wille der Repräsentanten ist der Wille der Repräsentierten, der Gesetzesgehorsam ist Selbstgehorsam, Anerkennung und Vollzug der eigenen Willensentscheidung". Nur diese unmittelbare Zurechnung trägt und verbürgt den Gehorsamsanspruch des Gesetzes[79].

b) Keinen anderen Geltungsgrund hat die Vertragsanordnung, also die Verwaltungsvorschrift, die den Inhalt des Verwaltungsabkommens allgemein verbindlich macht. Auch sie ist sowohl einseitig befehlende Erscheinungsform der Staatsgewalt als auch ideeller Vollzug der eigenen Willensentscheidung, allerdings nur mittelbar, nämlich durch Vermittlung des Gesetzes. Unmittelbar beruht ihre Geltung auf der Verwaltungshoheit und Organisationsgewalt der Exekutive, die aber immer auf das Gesetz zurückzuführen ist und im demokratischen Staat nicht anders als durch das Gesetz und mit dem Gesetz leben kann.

2. Die Geltung des vertragswidrigen Gesetzes

a) Die Bestandskraft des vertragswidrigen Gesetzes und seine Derogationswirkung gegenüber dem Vertragsgesetz läßt sich mit den oben

---

[74] *Quaritsch*, Helmut, Das parlamentslose Parlamentsgesetz, Rang und Geltung der Rechtssätze im demokratischen Staat, untersucht am hamburgischen Planungsrecht (Hamburger öffentlich-rechtliche Nebenstunden, Band 5) 2. Aufl. 1961, S. 29 ff.; den Begriff „Volksentscheidung" verwendet Quaritsch allerdings nicht.
[75] Soziologische Komponente, a.a.O., S. 30.
[76] Rechtsstaatliche Komponente, a.a.O.
[77] a.a.O., dort in Anführungszeichen.
[78] a.a.O., S. 29/30.
[79] a.a.O., S. 31; zur bekannten Dogmengeschichte dieses demokratischen Prinzips vgl. die Übersicht bei *Quaritsch*, a.a.O., S. 31 ff. Zur Kritik an diesem Prinzip („ideologisches Gerümpel") vgl. a.a.O., S. 35 ff.

II. Die Geltungskraft des Gesetzes

angestellten Erwägungen allein nicht begründen. Denn beiden Gesetzen kommt „Rang und Prädikat einer demokratischen Mehrheitsentscheidung" zu, „wie sie sonst keinem anderen Staatsakt zukommt"[80]. Das „Bestandsrecht"[81] des einen ist nicht weniger legitim als das des anderen Gesetzes. Die obige Begründung für die Geltung des Gesetzes muß hier versagen. Mit dem Rechtsgrundsatz lex posterior derogat legi priori ist wenig gewonnen, da geklärt werden soll, warum dies so ist und ob dies immer so ist. Hier ist die Frage zu beantworten, ob dieser Grundsatz im konkreten Falle eine Einschränkung hinnehmen muß, sei es aufgrund einer übergeordneten allgemeinen Norm, sei es aufgrund einer konkreten staatlichen oder parlamentarischen Selbstbindung[82]. Aus diesem Grunde ist an dieser Stelle jener Satz von der derogierenden Kraft des späteren Gesetzes nicht nur zu zitieren, sondern in seiner Geltung zu erklären und zu begründen, denn „als eingeschliffene Gewohnheitsregel" ist dieser Satz „längst in Gefahr geraten, auch dort angewendet zu werden, wo die Vernunft seines rechtsdogmatischen Fundaments zum Unsinn mechanischen Subsumtionsdenkens wird"[83].

Daß dieser Satz sich nicht als „normlogisches Prinzip", als logische Konsequenz aus der Natur der Norm selbst ergibt[84], sondern nur einer positiven Entscheidung der Rechtsordnung zu entnehmen ist[85], das beweist schon die wechselnde Geschichte jenes Rechtssatzes. Man denke nur an die Tatsache, daß dem „guten alten Recht" im deutschen Mittelalter der Vorrang vor dem neuen Recht eingeräumt wurde[86]. Daher muß ein über dem einfachen Gesetz stehender Rechtssatz die derogierende Wirkung des späteren Gesetzes anordnen[87]. Mit der Feststellung, der Gesetzgeber sei zwar an seine Gesetze gebunden, könne sie aber jederzeit wieder abändern[88], wird zwar das richtige Ergebnis ausgedrückt, aber nur ausgedrückt, umschrieben, nicht begründet. Diese Norm ist begründet in der Verfassung, die dem Parlament die Primärfunktion

---

[80] *Maunz-Dürig* in *Maunz-Dürig*, Komm., Art. 20, Rdnr. 62.
[81] *Maunz-Dürig*, a.a.O.
[82] Beide Möglichkeiten behandelt *Quaritsch*, Kirchenvertrag, pass., insbes. S. 128 ff. unter dem gemeinsamen Nenner „Verlust der Gesetzgebungskompetenz" (S. 129).
[83] *Quaritsch*, Parlamentsgesetz, S. 18.
[84] So noch *Kelsen*, Hans, Reichsgesetz und Landesgesetz nach österreichischer Verfassung, AöR Bd. 32 (1914), S. 202 ff., S. 206 ff., S. 208.
[85] So nunmehr *Kelsen*, Hans, Reine Rechtslehre, Einleitung in die rechtswissenschaftliche Problematik, 2. Aufl., Leipzig—Wien 1960, S. 210, 280 ff.
[86] Zur Geschichte vgl. *Quaritsch*, Parlamentsgesetz, S. 18 ff. m. w. N. Vgl. auch *Quaritsch*, Kirchenvertrag, Fußn. 51 (S. 134/135). Zur Lex-posterior-Regel allgemein vgl. *Nawiasky*, Hans, Allgemeine Rechtslehre als System der rechtlichen Grundbegriffe, 2. Aufl., Einsiedeln—Zürich—Köln 1948, S. 91; *Hensel*, Albert, Die Rangordnung der Rechtsquellen insbesondere das Verhältnis von Reichs- und Landesgesetzgebung, HBDStR II, S. 313 ff.; *Maschke*, Hermann, Die Rangordnung der Rechtsquellen, Berlin 1932.
[87] *Quaritsch*, Kirchenvertrag, S. 134.
[88] Vgl. z. B. *Maunz* in *Maunz-Dürig*, Komm., Art. 20, Rdnr. 139.

der Staatsgewalt überantwortet hat. Sie ergibt sich also letztlich auch aus der Verfassungsentscheidung zugunsten der parlamentarischen Demokratie: Das Wesen des modernen Staates ist es, „frei gestaltend der ‚Gesellschaft' das ordnende Recht zu setzen"[89]. Diese Gestaltungsbefugnis liegt in der Hand des Parlaments, und nur sie rechtfertigt die angeblich „schrankenlose Allmacht" des Gesetzgebers[90]. Seine Aufgabe ist die „rationale Bewältigung überindividueller Daseinsaufgaben" in wechselnden Situationen und mit wechselnden Mitteln, „bemüht um ständig bessere Sachverhaltslösungen". Sein Auftrag ist es, „ad hoc die perfekte Norm zu liefern"[91]. Da der moderne Gesetzgeber keine unverbrüchliche Ordnung, sondern eine ad hoc perfekte Norm zu liefern hat, ist die gesamte im Staate geltende Rechtsordnung von Rechts wegen zu seiner Disposition gestellt[92]. Die Gesetzgebungskompetenz des modernen Parlaments ist nur sinnvoll mit der darin enthaltenen Komplementärkompetenz, älteres, entgegenstehendes Recht aufzuheben. Der Rechtssatz von der derogierenden Kraft des späteren Gesetzes ist „in der Dauerkompetenz des Parlaments zur Gesetzgebung beschlossen"[93] und nimmt, so muß man ergänzen, am Range dieser Kompetenz teil. Dieser Satz ergibt sich also aus der Natur der Sache, aber nicht aus der Natur der Norm, sondern aus der Natur der parlamentarischen Demokratie.

Die Ableitung der Aufhebungsbefugnis aus der Kompetenz des Gesetzgebers und seiner damit korrespondierenden Gestaltungsfreiheit und Gestaltungspflicht und die Eigenschaft dieser Befugnis als Komplementärkompetenz, diese abstrakte Erkenntnis zeigt, daß die Geltung des Gesetzes und die aufhebende Wirkung des späteren Gesetzes nicht in der Allmacht des Gesetzgebers begründet ist, und daß allein der Hinweis auf diese Allmacht ein konkretes Problem nicht zu lösen in der Lage ist. Vielmehr ist es genau umgekehrt: Die Allmacht des Gesetzgebers ist nicht der Grund, sondern die Konsequenz der ihm verliehenen Befugnisse. Diese Allmacht ist daher nicht grenzenlos, sondern begrenzt durch die Intention der ihr zugrundeliegenden Verleihung; die aber liegt in der rationalen Ordnung und Gestaltung des Gemeinwesens im Rahmen der Staatsverfassung. Wie wäre es auch sonst anders denkbar, daß ein staatliches Organ die Tätigkeit des Gesetzgebers daraufhin überprüft, ob sie diesen Intentionen gerecht wird? Der praktische Wert der Deduktion liegt darin, daß die Geltung des Gesetzes aus der mythischen und tabuisierten Sphäre der gesetzgeberischen Allmacht, in der sie die meisten der zitierten Autoren ansiedeln,

---

[89] *Thoma*, Richard, Die Funktionen der Staatsgewalt, Grundbegriffe und Grundsätze, HBDStR II, S. 108 ff., S. 140.

[90] Vgl. *Thoma*, a.a.O., S. 138.

[91] Alle Zitate *Quaritsch*, Parlamentsgesetz, S. 20.

[92] *Thoma*, a.a.O., S. 140.

[93] *Quaritsch*, Kirchenvertrag, S. 134; vgl. auch Parlamentsgesetz, S. 20 ff.

herabgeholt wird auf den Boden der rationalen Daseinsgestaltung, wo sich das Gesetz bewähren und verantworten muß. In diesem Bereich hat es sich mit dem Vertrag zu messen. Damit wird „Rang und Prädikat des Gesetzes" nicht herabgewürdigt, sondern bestätigt.

b) Da die Geltung der Vertragsanordnung beim Verwaltungsabkommen der gleichen Quelle entspringt, gelten für ihren Bestand und für ihre Aufhebung ebenfalls die soeben angestellten Erwägungen. Sie gelten allerdings nur mittelbar, da das Gesetz die Vermittlerrolle zu übernehmen hat. Das heißt, daß zunächst (aber nicht ausschließlich) das Gesetz die maßgebliche Entscheidung über die Verwaltungsnorm treffen kann. Da jede Verwaltungstätigkeit der demokratischen Legitimation bedarf, besteht sie nur aufgrund und in den Grenzen des Gesetzes als dieser Legitimation. Das heißt: Die Bestandskraft der Vertragsanordnung ist nicht nur in ihrem Entstehen vom Gesetz abhängig, sie ist auch in ihrem Bestehen durch das Gesetz bedingt. Gesetzmäßigkeit der Verwaltung und Vorrang des Gesetzes (Art. 20 Abs. 3 GG), darin liegt die Grenze der Verwaltungsanordnung. Das besagt der Satz lex superior derogat legi inferiori. Es handelt sich hier eigentlich nicht um eine Kollisionsentscheidung, weil die Rangordnung der Rechtsquellen eine Kollision von vornherein ausschaltet[94]. Insofern ist es denkbar, daß das Gesetz die Vertragsanordnung aufhebt. Ob aber das Gesetz den Verwaltungsvertrag aufheben kann und darf, ist damit noch nicht entschieden. Auch das Prinzip vom Vorrang des Gesetzes vor dem Verwaltungshandeln gilt wie der Verfassungsrechtssatz vom Vorrang des späteren vor dem früheren Gesetz nicht absolut, sondern nur präsumtiv, und auch hier ist mit dem bloßen Hinweis auf das Gesetz die Sache nicht entschieden. Ebensogut könnte man die Verwaltung selbst den Vertrag aufheben lassen, denn auch sie hat von Verfassungs wegen die Disposition über ihre Anordnungen! Diese Konsequenz aber hat noch niemand gezogen.

3. Folgerungen

Die Qualifizierung des Vertragsgesetzes als eines „normalen" Gesetzes und die Qualifizierung der Vertragsanordnung als einer „normalen" Verwaltungsnorm und die Tatsache, daß auch das vertragswidrige Gesetz „normales" Gesetz ist, diese Erkenntnis zeigt, daß all diese Normen ihre Wirkung nur dort und nur in der Intensität entfalten können, in der ihre „normale" Wirkungsbreite und ihr „normaler" Wirkungsgrad determiniert ist. Es liegt nahe, die vertragsaufhebende Wirkung des vertragswidrigen Gesetzes mit dem lex posterior- und dem lex superior-Satz begründen zu wollen. Diese Argumentation geht

---

[94] Vgl. dazu *Hensel*, Albert, HBDStR II, S. 314.

jedoch fehl. Die Geltung des späteren Gesetzes und der Vorrang des Gesetzes sind von der Verfassung anerkannt und garantiert, sind Verfassungsrechtssätze. In dieser Tatsache liegt die Stärke der von der herrschenden Lehre vorgetragenen Argumentation. Ihre Grenzen ergeben sich aus der Wirkung jenes Verfassungsrechtssatzes. Aus ihm allein, d. h. allein aus dem Geltungsanspruch des Gesetzes läßt sich die vertragsaufhebende Wirkung mit der notwendigen Stringenz nicht entnehmen, denn es ist ja immerhin möglich und eine durchaus geläufige Erscheinung, daß das Gesetz eine derogierende Wirkung deshalb nicht entfalten kann, weil ihm selbst keine Wirksamkeit zukommt. Die Geltung des Gesetzes wird zwar von der Verfassung garantiert, aber nur innerhalb der Verfassung. Das ist eine Selbstverständlichkeit, an die aber jene Autoren offensichtlich gar nicht denken, die sich mit dem Hinweis auf die Geltung des Gesetzes begnügen, die sich bescheiden mit „Rang und Prädikat" des Gesetzes. Die herrschende Lehre geht von einem gültigen Gesetz aus. Ob es das ist, das könnte schon fraglich sein. Es geht ja hier nicht um die Geltung des lex-posterior- bzw. superior-Satzes und auch nicht um die Geltung des Gesetzes schlechthin, sondern es geht um die Frage, ob dieses spezielle Gesetz Geltung beanspruchen darf, oder ob es verfassungswidrig und deshalb ungültig oder zumindest vertragswidrig und deshalb im äußersten Falle wieder zu beseitigen ist.

So ist es durchaus denkbar, daß die oben aufgeworfene Frage zu verneinen ist: die Frage nämlich, ob der Gesetzgeber den Vertrag aufheben kann und darf. Dies ist ihm dann verwehrt, wenn sich aus der nun zu untersuchenden Geltungskraft des Vertrages ergibt, daß das Gesetz dem Vertrag weichen oder ihn zumindest achten muß.

III. Ergebnis

Zusammenfassend läßt sich somit sagen, daß die Geltung des Gesetzes und seine aufhebende Wirkung gegenüber dem früheren Gesetz, sowie gegenüber jeder Verwaltungsnorm, verfassungsrechtlich garantiert ist. Dies ist die Ausgangsbasis für die These der herrschenden Lehre. Diese Basis ist richtig. Der Schlußfolgerung, die diese Lehre daraus zieht, daß nämlich das Gesetz den Vertrag aufhebt, diesem Schluß kann nicht zugestimmt werden, zumindest hier noch nicht. Diese Folgerung ergibt sich jedenfalls nicht aus der Geltung des Gesetzes allein. Denn einmal ist diese Geltung sowieso nicht absolut sicher, zum anderen beruht die angebliche Aufhebung auf einer Identifikation des Vertrages mit dem Gesetz bzw. der Verwaltungsnorm, auf einer Vermischung dieser inkommensurablen Größen, die, wenn nicht unzulässig, so doch sicher keineswegs zwingend ist. Das müßte sich aus einem anderen Rechtssatz ergeben, der dies ausspricht. Ist somit der Hinweis auf die derogierende Wirkung des Gesetzes eben nur Hinweis und kein schlüssiger Beweis für die Aufhebung des Vertrages, so ist es gerechtfertigt, der Geltung des Gesetzes die mögliche Alternative entgegenzustellen: die Geltung des Vertrages.

C. Die Geltung des Vertrages

Es ist nicht nur gerechtfertigt, sondern auch erforderlich, der Geltung des Gesetzes die Geltung des Vertrages als Alternative gegenüberzustellen. Denn die Geltung des Gesetzes und seine aufhebende Wirkung und die damit angeblich verbundene Aufhebung des Vertrages sind zwar, wie die obige Darstellung gezeigt hat, verfassungsrechtlich garantierter Ausfluß des parlamentarisch-demokratischen Prinzips, es gilt jedoch nicht nur die aus diesem Prinzip gewonnene Aussage über das Schicksal des Vertrages, sondern das Prinzip selbst nur und allein im Rahmen der verfassungsmäßigen Ordnung. Im Rahmen dieser Ordnung gilt aber auch der Vertrag. Soll das Gesetz den Vertrag aufheben, so muß die Geltung des Vertrages in dieser Ordnung durch das Gesetz beschränkt sein. Ist aber auch die Geltung des Vertrages verfassungsrechtlich garantiert, so kann sich diese Beschränkung aus dem Wesen des Gesetzes allein jedenfalls nicht ergeben. Zwar gibt es Verfassungsrechtssätze mit absolutem Vorrang, doch der müßte erst nachgewiesen werden. Art. 20 Abs. 3 GG konnte nicht als Argument für den Vorrang des Gesetzes usurpiert werden, auch nicht in Verbindung mit Art. 79 Abs. 3 letzte Alternative GG, denn es hat sich gezeigt, daß Art. 20 Abs. 3 selbst dem Gesetz immanente Schranken zuweist.

I. Die Geltungskraft des Vertrages

Eine solche Schranke könnte sich aus der verfassungsrechtlichen Geltungskraft des Vertrages ergeben. Der Vertrag zwischen Bund und Ländern — das wurde oben deutlich — ist ungeachtet seines Gegenstandes ein verfassungsrechtliches Phänomen. Die Verfassung muß dieses Phänomen „Vertrag" regeln. Sie tut es nicht positiv. Sie tut es auf der anderen Seite aber auch nicht negativ. In der Zulassung des Vertrages[95] liegt seine verfassungsrechtliche Anerkennung. Damit ist über seine Geltung und die Grenzen dieser Geltung allgemein und die Beschränkung des Vertrages durch das Gesetz insbesondere noch nichts ausgesagt. Damit ist aber immerhin die Möglichkeit angedeutet, daß

---

[95] s. oben Fußn. 46 bis 49.

auch die Geltung des Vertrages verfassungsrechtlich garantiert sein und zumindest gleichberechtigt an die Seite des Gesetzes treten könnte. Dann läge eine echte Kollision vor, eine Kollision gleichberechtigter Rechtssätze, die durch Kollisionsentscheidung, nicht aber dadurch gelöst wird, daß man nur auf die eine Kollisionsnorm hinweist. Alle einzelnen Argumente sind in ihrer allgemeinen Gültigkeit unbestritten. All diese „Verfassungsprinzipien" können aber nicht nur verfassungswidrig sein (was sie sicherlich nicht sind), sie können auch niemals absolute Geltung beanspruchen. Denn es ist eine bekannte Erscheinung, daß solche Verfassungsprinzipien miteinander in Konflikt geraten, ja in Widerspruch zueinander treten können. Man denke nur an den ambivalenten, ja antithetischen Begriff des „sozialen" „Rechts"staates oder an die Prinzipien „Rechtssicherheit" und „Gerechtigkeit"[96]. Eine solche Kollision ist abstrakt überhaupt nicht aufzulösen, weil kein Prinzip dem anderen vorgeht, keines dem anderen gegenüber unwirksam ist. Nur im konkreten Fall ist über Rang und Gewicht zu entscheiden. Nicht im Rahmen einer Rangordnung, sondern nur im Rahmen einer Güterabwägung, im „Zusammenspiel aller verfassunggestaltenden Grundentscheidungen"[97] läßt sich der Konflikt lösen[98].

Aus diesem Grunde muß der Standort des Vertrages im Verfassungsgefüge bestimmt werden, um festzustellen, ob eine „Alternativnorm" für den Bestand des Vertrages streitet. Die Frage nach der Alternativnorm ist die Frage nach der Geltung des Vertrages und den Grenzen seiner Verbindlichkeit. Diese Frage mag im äußersten Grenzbereich ebenso sicher zu beantworten sein wie die Verbindlichkeit des Vertrages im Grundsatz bejaht werden kann. Diese Grenze ist dort überschritten, wo das Festhalten des Partners am Vertrag willkürlich wäre, wo seine Leistung ihm unmöglich oder unzumutbar wird. Diese Grenzwertberechnung — so wertvoll sie als allgemeine Erkenntnis sein mag — führt im konkreten Falle und auch in allen „normalen" Fällen nicht weiter, weil hier keine Grenzlage gegeben ist. So kann man nicht umhin, den verfassungsrechtlichen Geltungsgrund des Vertrages zu eruieren, um die immanenten Schranken der vertraglichen Verbindlichkeit festzustellen. Erst dann läßt sich sagen, ob das Gesetz eine solche Schranke bildet.

---

[96] Vgl. hierzu *Maunz* in *Maunz-Dürig*, Komm., Art. 20, Rdnr. 26. *Achterberg*, Antinomien verfassunggestaltender Grundentscheidungen, Der Staat 1969, S. 159 ff.

[97] So *Achterberg*, a.a.O., S. 175/180.

[98] Vgl. z. B. BVerfGE 2, 1 ff., S. 72. Hier ging es um die Antinomie von Art. 21 und 38 GG. Das Gericht mißt keiner Norm ein in abstracto höheres Gewicht zu, sondern prüft, welche Norm im konkreten Fall das „höhere Gewicht" hat. Diese Methode wendet auch das Bundesverwaltungsgericht an. Vgl. die Rechtsprechung zur Rücknahme fehlerhaft begünstigender Verwaltungsakte (z. B. JZ 61, 234), wo der Gesetzmäßigkeitsgrundsatz gegen das Gebot der Rechtssicherheit und des Rechtsfriedens abgewogen wird.

1. Die Verbindlichkeit des Vertrages

a) Es wurde schon immer versucht, die Geltung und Verbindlichkeit des Vertrages auf einen positiven Rechtssatz (so insbesondere im Verwaltungsrecht) oder auf einen allgemeinen Rechtsgrundsatz (so insbesondere im Völkerrecht) zurückzuführen. Da er einen solchen Rechtssatz im öffentlichen Recht nicht fand, lehnte Otto Mayer die Geltung des Vertrages im öffentlichen Recht grundsätzlich ab, weil der Wille der Parteien nur durch die Anerkennung der Rechtsordnung gültig und bindend werden könne, und da der Vertrag ohne tragende positive Norm nicht denkbar sei[99]. Dieser Einwand gründete auf dem Boden des Positivismus und ist mit diesem auch entfallen[100]. Nicht nur einen Rechtsgrundsatz, sondern einen konstitutiven Rechtssatz fand und findet man noch heute in der Formel „pacta sunt servanda". Verdross sah in ihr die „Grundnorm des Völkerrechts"[101], und die herrschende Völkerrechtslehre erblickt darin den gewohnheitsrechtlichen Geltungsgrund der völkerrechtlichen Verträge[102]. Diesen naturrechtlich begründeten Satz bezeichnet man nicht nur als „Grundnorm des Verfassungsrechts" im deutschen Mittelalter[103], man versucht auch im öffentlichen Recht der Gegenwart, diesen Satz zu einer die Verbindlichkeit des Vertrages konstituierenden Rechtsnorm zu machen. Dieser Satz verpflichte die Parteien, die von ihnen übernommenen Pflichten grundsätzlich zu erfüllen[104].

Als konstituierende Geltungsnorm kommt dieser Satz sicherlich nicht in Frage. Verträge, sofern sie wirksam sind, müssen gehalten werden. Der Satz pacta sunt servanda ist so gesehen tatsächlich eine Tautologie[105]. Über die Geltungskraft des Vertrages und über die Grenzen der vertraglichen Bindung, darüber vermag dieser Satz nichts auszusagen, denn er „kann vernünftigerweise nur besagen, daß Verträge gehalten werden müssen, solange sie gehalten werden müssen; er sagt aber

---

[99] *Mayer*, Otto, Zur Lehre vom öffentlich-rechtlichen Vertrage, AöR 3, (1888), S. 3 ff., S. 40, S. 42, S. 49.

[100] So *Forsthoff*, Verwaltungsrecht, S. 266.

[101] *Verdross*, Alfred, Die Verfassung der Völkerrechtsgemeinschaft, Wien—Berlin 1926, S. 21 ff., S. 32 f. Vgl. aber nunmehr Völkerrecht, 5. Aufl., Wien 1964, S. 17 ff., S. 24 f.

[102] Vgl. *Dahm*, Georg, Völkerrecht, Band I, Stuttgart 1958, S. 20.

[103] *Friauf*, AöR 49 (1963), S. 257 ff., S. 274.

[104] So z. B. *Apelt*, Willibalt, Der verwaltungsrechtliche Vertrag, Leipzig 1920 (Neudruck Aalen, 1964), S. 50.

[105] Vgl. *Heller*, Hermann, Die Souveränität. Ein Beitrag zur Theorie des Staats- und Völkerrechts (Beiträge zum ausländischen öffentlichen Recht und Völkerrecht, Heft 4) Berlin—Leipzig 1927, S. 132, 133; *Schmitt*, Carl, Verfassungslehre, S. 69—70, 363—364; Speziell zu bundesstaatlichen Verträgen, *Schneider*, Hans, VVDStRL 19, S. 16 f. und *Grawert*, a.a.O., S. 128.

gerade über diesen entscheidenden Punkt, wielange sie gehalten werden müssen, garnichts aus"[106].

Gerade umgekehrt setzt Schröcker bei den Ausnahmetatbeständen an und schließt von hier aus auf die Regelnorm[107]. Nach ihm ist die Pflicht zur Vertragstreue nicht nur eine ungeschriebene Regel des Völkerrechts, sondern auch eine Norm des innerstaatlichen Rechts. Sie sei zwar dort nicht positiv ausgesprochen, aber als „Regelnorm", als Rechtssatz vorhanden „wie in jeder Rechtsordnung, die den Anspruch erheben darf, eine solche zu sein". Die Regelnorm erschließe sich von den Ausnahmetatbeständen her. Das sind die Bestimmungen über die Anfechtung, die Kündigung, sowie über die Auflösung oder Änderung der Verträge bei Wegfall der Geschäftsgrundlage und bei Unzumutbarkeit. Die Vertragsgrundsätze des bürgerlichen Rechts seien „im gesamten Bereich der deutschen Rechtsordnung anwendbar", weil das Vertragsrecht nirgends mehr in so umfassender Weise geregelt sei. Dieser Schluß auf die Regelnorm ist zweifellos richtig, jedoch für das hier zu lösende Problem kein großer Fortschritt, weil er im Grunde ebenfalls nicht mehr besagt, als daß Verträge zu halten sind. So ist auch auf diesem Wege wohl ein Hinweis auf die (unbestrittene) Verbindlichkeit, nicht aber das Wesen dieser Verbindlichkeit und ihre Grenzen festzustellen.

Immerhin erscheinen hier in den Ausnahmetatbeständen Ansatzpunkte für mögliche Grenzen. Doch wäre es in der Methode verfehlt, wollte man das Wesen des Vertrages, seine Verbindlichkeit und deren Grenzen aus einem Teilrechtsbereich in den Rechtsbereich des Bund-Länderverhältnisses hineinprojizieren, und sei es auch aus dem Bereich des Zivilrechts, in dem das Institut des Vertrages seinen klassischen Standort und in dem es seine Vollendung erfahren hat. Es mögen von hier aus zutreffende Ergebnisse erzielt werden, doch besteht die Gefahr, daß die sublime und differenzierte Perfektion des Zivilrechts dies eher erschwert als erleichtert. Damit soll nicht geleugnet werden, daß zivilrechtliche Normen zur Auslegung und Lückenfüllung auch auf öffentlichrechtliche Verträge anwendbar sein können. Dies kann jedoch nicht induktiv erfahren, sondern nur deduktiv erkannt werden[108].

b) Es muß daher schon viel früher angesetzt werden. Nicht in der Anwendung konkreter, passender Rechtsfolgen auf konkrete, ähnliche Tatbestände, sondern nur in der Abstraktion kann das allgemein

---

[106] *Berber*, Friedrich, Lehrbuch des Völkerrechts, Erster Band: Allgemeines Friedensrecht, München—Berlin 1960, S. 449.
[107] DVBl. 1958, S. 412.
[108] Vgl. *Forsthoff*, Verwaltungsrecht, S. 269, der allgemeine Rechtsgrundsätze, die im bürgerlichen Recht enthalten sind, auch für das öffentliche Recht gelten läßt.

Gültige erkannt werden. Insofern muß man auf dem Boden einer juristischen Voraussetzungslehre, einer „apriorischen Rechtslehre" vom apriorischen Begriff des Vertrages ausgehen, vom Vertrag als einer der Rechtserfahrung vorausgehenden Kategorie[109]. Diese Apriorität des Vertrages wird auch von Forsthoff bejaht und für den verwaltungsrechtlichen Vertrag nutzbar gemacht[110]. Mit Recht, denn der Vertrag wird durch das positive Recht nicht geschaffen, weder für die Individuen, noch für die Gemeinschaften, er gehört zu den „bedingenden Ordnungsprinzipien von unbedingt allgemeiner Bedeutung"[111]. Aus dieser Erkenntnis ergibt sich, daß der Vertrag und mit ihm die Vertragsverpflichtung nicht durch eine Rechtsnorm hervorgebracht wird. „Die Verbindlichkeit des Vertrages ist dem zustandegekommenen Vertrag als ein ihm wesensgemäß zukommendes Element inhärent, erwächst aus ihm selbst[112]." Nicht die Rechtsordnung bindet die Parteien an den Vertrag, sondern der Vertrag schafft Normen und bindet die Parteien an diese Normen. Oder: „Der vertraglich gesetzte Wille steht als Norm über den Vertragsgenossen, deren Verhalten, soweit es den normierten Sachverhalt berührt, nach seinem Maßstabe als normgemäß oder normwidrig beurteilt werden kann[113]." Das heißt, „der Vertrag trägt seine Verbindlichkeit" und die Kraft, die Parteien zu verpflichten, „in sich. Er ist Entelechie, da seine wirkende Ursache in ihm selbst liegt"[114]. Durch den Vertragsschluß setzen die Vertragspartner die lex contractus in Geltung. Indem sie dem Vertrag zustimmen, bekunden sie, „daß der Inhalt des Vertrages Rechtens sein soll, und die Rechtsordnung läßt die vertragliche Regelung als Rechtens gelten, soweit sie die vertragliche Gestaltung von Rechtsverhältnissen gestattet"[115].

Diese Begründung der Verbindlichkeit des Vertrages aus dem Vertrag selbst, aus seiner vorrechtlichen, apriorischen Natur, hat nicht nur reinen Erkenntniswert. Sicher entscheidet letztlich die Rechtsordnung über die Verbindlichkeit des Vertrages, da ein Vertrag in ihrem Geltungsbereich nicht verbindlich ist, wenn ihn die Rechtsordnung nicht zugelassen hat[116]. Dadurch wird aber die abstrakte Verbindlichkeit des Vertrages nicht bedeutungslos[117]. Die Apriorität des Vertrages soll

---

[109] So *Stern*, VA 49 (1958), S. 106 ff., 122 ff.
[110] Verwaltungsrecht, S. 269. So auch *Dahm*, Georg, Deutsches Recht, 2. Aufl., Stuttgart 1963, S. 459.
[111] *Stammler*, Rudolf, Theorie der Rechtswissenschaft, Halle 1911, S. 184.
[112] *Stern*, a.a.O., S. 129.
[113] *Husserl*, Gerhart, Rechtskraft und Rechtsgeltung, Eine rechtsdogmatische Untersuchung. Erster Band: Genesis und Grenzen der Rechtsgeltung, Berlin 1925, S. 28.
[114] *Stern*, a.a.O., S. 130.
[115] *Flume*, Werner, Allgemeiner Teil des bürgerlichen Rechts, 2. Band, Das Rechtsgeschäft, Berlin—Heidelberg—New York 1965, S. 602.
[116] So *Friauf*, AöR 49, S. 278/279 m. w. N.
[117] So aber *Friauf*, a.a.O.

hier nicht seine Zulässigkeit im fraglichen Verfassungsrechtsraum begründen. Gegen eine solche Methode wäre gewiß einiges einzuwenden[118]. Die Zulässigkeit des Vertrages ist für uns unproblematisch, weil vorgegeben. Deshalb ist es angängig, die Apriorität bei der Behandlung des zugelassenen Vertrages in Rechnung zu stellen, einfach „mit ihr zu rechnen", ohne aus ihr per saldo ein verfassungsrechtliches „Guthaben" ausweisen zu wollen. Ob die Rechtsordnung einen Vertrag zulassen will, entscheidet sie souverän, ohne die abstrakte Verbindlichkeit irgendwie berücksichtigen zu müssen. Das kann unbedenklich eingeräumt werden. Das betrifft aber auch nur die „objektive" Geltung des Vertrages, eben die Frage seiner Zulassung durch die Rechtsordnung. Von dieser schon immer im Vordergrund der Diskussion stehenden Fragestellung her ist es verständlich, daß die meisten Autoren den „Geltungsgrund" in der objektiven Rechtsordnung suchen und finden. Hier geht es jedoch nicht um die objektive Geltung des Vertrages, seine Anerkennung durch die Rechtsordnung, sondern um seine subjektive Verbindlichkeit und deren Grenzen. Diese Verbindlichkeit ergibt sich nicht aus der Rechtsnorm, die den Vertrag zuläßt, „sie folgt vielmehr aus der Qualifizierung einer Abmachung als Vertrag"[119]. Die Zulassung eines Vertrages durch die staatliche Rechtsordnung kann diese Verbindlichkeit nicht erzeugen, sondern nur anerkennen und ihre Geltung effektuieren. Somit entspringt die Verbindlichkeit keiner staatlichen Sollensnorm, sie ist nicht Rechtsfolge, sondern Tatbestandselement, Element der Seinsnorm, die den Vertrag anerkennt.

2. Die Vertragsautonomie

Die Geltung des Vertrages — das unterliegt keinem Zweifel — diese Geltung ist natürlich abhängig von der Zulassung des Vertrages durch die Rechtsordnung (diese Zulassung braucht nicht ausdrücklich zu erfolgen), insofern beruht die Geltung des Vertrages auf dieser Rechtsordnung, hat also der Vertrag seinen „Geltungsgrund" in dieser Rechtsordnung, bezieht der Vertrag seine Geltungskraft aus dieser Rechtsordnung[120]. Dieser „Freigabeakt"[121] erfolgt durch die Verfassungsrechtsordnung. Insofern ist das Vertrags„recht" nicht originären, sondern derivativen Ursprungs, weil es seinen Geltungsgrund, seine „objektive" Geltung aus der Verfassung ableitet. Das ändert nichts daran, daß die subjektive „Geltung", die Verbindlichkeit des Vertrages nicht derivativer, sondern originärer Rechtsgestaltung entspringt. Diese Zulassung des Vertrages,

---

[118] Vgl. *Krüger*, Herbert, Allgemeine Staatslehre, Stuttgart 1964, S. 908 ff. (910, 910 ff.).
[119] *Stern*, a.a.O., S. 130.
[120] *Stern*, a.a.O., S. 131 spricht von der tragenden Rechtsgrundlage.
[121] *Stern*, a.a.O., S. 136; ihm folgend auch *Friauf*, S. 280.

I. Die Geltungskraft des Vertrages

die seine Geltung anerkennt, oder, wenn man will konstituiert, wird überwiegend aus den dispositiven Rechtssätzen abgeleitet, und zwar nicht nur im Zivilrecht, sondern auch im öffentlichen Recht für den verwaltungs- und verfassungsrechtlichen Vertrag: Ermessensspielraum bzw. Gestaltungsfreiheit mögen hier die Stichworte sein für solche dispositiven, „verzichtsbetroffenen"[122], freigegebenen Sachbereiche[123].

Ob und inwieweit bei Bund-Länder-Verträgen der Vertragswille durch den objektivierten übergeordneten Willen besonders ermächtigt wird bzw. dieser Ermächtigung bedarf[124], kann und braucht hier nicht weiter verfolgt zu werden. Denn erstens könnte es schon fraglich sein, ob hier ein „Konstitutivakt" des höheren Rechtsverbandes, der die Rechtsgestaltung duldet und gewährt, überhaupt erforderlich oder möglich ist. Hier geht es ja nicht darum, daß dem Individuum oder einer anderen rechts- oder teilrechtsfähigen Persönlichkeit eine Rechtsgestaltungsmacht belassen wird, die an sich dem eigentlich rechtsgestaltenden Organ zukommt, auf die die höhere Rechtsautorität nur verzichtet hat und verzichten konnte. Denn hier handelt und gestaltet die Rechtsautorität in Person, der Staat selbst: nicht das Parlament und nicht die Regierung, auch keine treaty-making-power, sondern der Staat als Rechtspersönlichkeit durch seine Organe. So scheint es nur noch eine untergeordnete begriffsjuristische Frage zu sein, ob man diese Gestaltung als originäre bezeichnen, oder ob man sie von der verfassunggebenden Gewalt oder aus einer Grundnorm (Urnorm, Ursprungsnorm, Urrechtsnorm, Staatsfundamentalnorm)[125] ableiten will. Zweitens reichen die knappen Andeutungen über die objektive Geltung des Vertrages für folgende wesentliche Feststellung: Die Verfassungswirklichkeit kennt eine umfangreiche und bedeutende Vertragspraxis zwischen Bund und Ländern. Die Verfassung anerkennt diese Praxis und sanktioniert sie. Diese Feststellung muß bejaht werden, wenn man nicht anders das Institut des Vertrages aus dem Verfassungsrecht verbannen will. Daraus ergibt sich der zwingende Schluß, daß die objektive Geltung der subjektiv geschaffenen Norm verfassungsrechtlich anerkannt ist, denn nur die Verfassungsrechtsordnung kann diese Verträge zulassen. Mit dieser Zulassung anerkennt oder konstituiert die Verfassung die Geltung des Vertrages (selbstverständlich nur im

---

[122] Ausdruck von *Stern*, a.a.O., S. 134.
[123] Vgl. hierzu *Stern*, a.a.O., S. 131 ff., S. 139, der für verwaltungsrechtliche Subordinationsverträge eine normative Ermächtigung verlangt (S. 143 ff., S. 146) und sich bei Koordinationsverträgen mit einer bloß dispositiven „Ermächtigung" begnügt (S. 145). Vgl. auch die Nachweise, a.a.O., S. 134, Fußn. 134. Weitere Nachweise bei *Friauf*, a.a.O., S. 280, Fußn. 126 und 127, und S. 282, Fußn. 136 und 137. Für Verträge zwischen Bund und Ländern vgl. insbes. *Maunz* in *Maunz-Dürig*, Komm., Art. 20, Rdnr. 18.
[124] Vgl. hierzu *Buddeberg*, Theodor, Rechtssoziologie des öffentlich-rechtlichen Vertrages, AöR N. F., 8. Bd., S. 85 ff., S. 107 ff., (100, 102).
[125] Vgl. *Stern*, a.a.O., S. 133.

Rahmen der Verfassungsrechtsordnung) und verleiht oder beläßt somit den Partnern eine Vertragsautonomie, die in der geschriebenen Verfassung zwar nicht ausgesprochen, in der „positiven" Verfassung jedoch ebenso und nicht weniger legitim und genau so effektiv vorhanden ist wie z. B. die dem Individuum gewährte Privatautonomie[126] oder die kommunale Selbstverwaltung[127] oder die Freiheit von Presse und Rundfunk[128] oder die Souveränität bzw. Autonomie der Länder gegenüber dem Bund[129]. Diese Autonomie ist sicherlich durch die Verfassung beschränkt, das hindert aber nicht daran, sie als Autonomie zu qualifizieren, denn eine Beschränkung ist dem Wesen der Autonomie nicht fremd. Es soll hier keine neue institutionelle oder Institutionsgarantie entwickelt werden, doch kann man folgenden Satz des ungeschriebenen Verfassungsrechts[130] wohl bejahen:

Die Vertragsautonomie von Bund und Ländern wird gewährleistet. Das heißt, Bund und Länder dürfen Verträge schließen, soweit die Verfassung dem nicht entgegensteht. Ein solchermaßen zugelassener Vertrag wird in seiner Eigenschaft als Vertrag von der Verfassung anerkannt und in seiner Geltung als Vertrag respektiert bzw. sanktioniert.

Mit diesem „Satz des ungeschriebenen Verfassungsrechts" wird kein Neuland betreten. Er spricht nur aus, was längst anerkannt und gewohnheitsrechtlich verbürgt ist.

3. Die Vertragsgarantie

a) Wenn nun von dieser anerkannten Geltung des Vertrages die abstrakte Verbindlichkeit des Vertrages begrifflich abgesondert wird, wie dies oben geschah, so liegt der praktische Erkenntniswert dieser Unterscheidung darin, daß es wohl zur Erklärung der Geltung (der Anerkennung durch die Rechtsordnung), nicht aber zur Erklärung der Verbindlichkeit des Vertrages einer staatlichen Norm bedarf, die dies ausspricht. Es bedarf auch nicht der hypothetischen Urnorm[131] „pacta sunt servanda", denn die bindende Kraft eines Vertrages ist nicht

---

[126] Art. 2 Abs. 1 GG. Vgl. BVwGE 1, 323; 4, 31 f.
[127] Art. 28 Abs. 2 GG.
[128] Art. 5 Abs. 1 GG. Vgl. BVerfGE 12, 205 ff., 260 f.
[129] Art. 20 Abs. 1, Art. 30, Art. 70, Abs. 1, Art. 83 GG.
[130] Es besteht kein Zweifel darüber, daß es ungeschriebenes Verfassungsrecht geben kann und gibt. Vgl. *Smend*, Rudolf, Ungeschriebenes Verfassungsrecht im monarchischen Bundesstaat, in: Festgabe für Otto Mayer, Tübingen 1916, S. 245 ff., S. 261 (Bundestreue). Vgl. auch die Rechtsprechung des Bundesverfassungsgerichts zur Bundestreue (BVerfGE 1, 131, 315 f.; 6, 309 ff., 361 f.; 8, 138 f.; 12, 239, 249 f., 254 f.) und zur Zuständigkeit des Bundes aus der Natur der Sache BVerfGE 3, 421 f.; 11, 96 f.; 12, 241, 251, sowie JZ 67, S. 568. Zum letzteren s. schon *Triepel*, Heinrich, Die Kompetenzen des Bundesstaats und die geschriebene Verfassung, in: Staatsrechtliche Abhandlungen, Festgabe für Paul Laband, Band II, Tübingen 1908, S. 247 ff.
[131] Vgl. *Husserl*, Rechtskraft und Rechtsgeltung, S. 39 f.

I. Die Geltungskraft des Vertrages

derivativ aus einer Rechtsnorm abgeleitet, sondern originär aus dem Vertrag selbst[132]. Keine Rechtsordnung legt den Parteien vertragliche Verpflichtungen auf, das tun die Partner selbst, allerdings im Rahmen und unter der Garantie der Rechtsordnung[133]. Aus dieser apriorischen Verbindlichkeit ergibt sich: Die Rechtsordnung kann den Vertrag nur als „Vertrag" und deshalb nur zusammen mit seiner (apriorischen) Verbindlichkeit zulassen. Eine Zulassung unter Ausschluß der Verbindlichkeit ist ein Widerspruch in sich. „Dem Begriff des Vertrages wohnt die die Parteien verpflichtende Kraft inne, Rechtsnormen vermögen allenfalls Ausnahmen von diesem Grundsatz zu statuieren[134]." Insofern ist die Verbindlichkeit des Vertrages mit der Zulassung untrennbar verbunden. Sie ist jedoch begrifflich scharf von ihr zu trennen, denn die Grenzen der Verbindlichkeit ergeben sich nicht aus der Zulassung, sondern aus dem Wesen des Vertrages selbst.

Durch die Zulassung des Vertragswesens hat die Verfassung Bund und Ländern einen weiten Raum für vertragliche Regelungen belassen, ein Tatbestand, den man ohne Zwang als Vertragsautonomie auffassen und bezeichnen konnte. Diese Vertragsautonomie stand schon immer im Mittelpunkt des wissenschaftlichen Interesses, und zwar unter dem Stichwort „Zulässigkeit der Verträge" und „Grenzen der Zulässigkeit". Hier bemühte man sich um den Nachweis einer „Dispositivnorm", einer „Ermächtigungsgrundlage", einer „Vertragsnorm" oder eines „Geltungsgrundes" sowie um den „Aktionsradius", den diese Ermächtigung verleiht[135]. Wollte man diese hinreichend geklärten Faktoren zum Maßstab für die Grenzen der Verbindlichkeit machen, so kann man nur zu zwei Ergebnissen gelangen, die beide nicht richtig sein können: Entweder ist die Verbindlichkeit des Vertrages mit der Zulassung begründet (d. h. die Verbindlichkeit des zugelassenen Vertrages kann überhaupt nicht „aufgehoben" oder beseitigt werden, auch nicht durch Gesetz) oder aber ein Vertrag ist dort unzulässig und also nicht verbindlich, wo „gesetzliche" (d. h. auch potentiell gesetzliche) Sachbereiche angesprochen sind. Führt sich die zuerst genannte Lösung schon selbst ad absurdum, so läßt sich über die zweite Hypothese schon eher reden. Man könnte sie modifizieren, indem man sagt, die Verfassungsordnung läßt den Vertrag nur solange zu (d. h. der Vertrag ist nur solange verbindlich), als nicht die Materie durch Gesetz geregelt wird (daß die Verfassung einen Vertrag nur beschränkt zulassen kann, ergibt sich a maiore ad minus aus der Tatsache, daß sie seine Zulassung auch ganz

---
[132] *Stern*, a.a.O., S. 130.
[133] Vgl. auch *Grawert*, a.a.O., S. 60: „Die Zulässigkeit eines Vertrages ist kein essentiale des Vertragsbegriffs, sondern seine rechtliche Beurteilung." Die Frage der Zulässigkeit und ihrer Grenzen ist nicht zu verwechseln mit der Frage, ob überhaupt ein Vertrag vorliegt und ob ein Vertrag gewollt ist.
[134] *Stern*, a.a.O., S. 130.
[135] Vgl. dazu *Grawert*, Verwaltungsabkommen, pass.

verweigern kann). Das wäre jedoch ein Zirkelschluß, der das zu Beweisende (nämlich die Aufhebung des Vertrages durch das Gesetz) schon als erwiesen, als Faktum, in die Prämisse hineinlegt (nämlich die Begrenzung der Verbindlichkeit durch das Gesetz).

Daß die These von der absoluten Grenze des Gesetzes logisch nicht zwingend ist, ergibt sich schon aus folgendem: Es gibt „gesetzwidrige" Verträge, die gleichwohl gültig und verbindlich sind. Das sind Staatsverträge, in denen eine gesetzliche Neuregelung vorgesehen ist. Niemand käme auf die Idee, einem solchen Vertrag die Anerkennung zu versagen, diese Verträge stellen bei Staatsverträgen die Regel dar. Erst mit der „Transformation" oder wie man diesen Vorgang auch immer bezeichnen will, wird die Kongruenz von Gesetz und Vertrag wiederhergestellt. War der Vertrag bis zu diesem Zeitpunkt ungültig? Sicherlich nicht! Seine Geltung war noch nicht einmal bedingt, denn nur aufgrund des gültigen Vertrages kommt es überhaupt zur Gesetzesänderung, die die Kongruenz wieder herstellt. Man wird dagegen einwenden können, daß die Situation des „gesetzeswidrigen" Staatsvertrages grundsätzlich anders zu beurteilen ist als die des vertragswidrigen Gesetzes. Das mag richtig sein. Doch bleibt die Erkenntnis, daß die Verbindlichkeit des Vertrages durch das Gesetz nicht logisch zwingend beschränkt ist.

Somit hat sich erwiesen, daß die Grenzen der vertraglichen Verbindlichkeit aus der Zulassung des Vertrages durch die Rechtsordnung nicht zu ermitteln sind[136], auch dann nicht, wenn man diese Zulassung durch weitere Hilfshypothesen modifiziert.

b) Da dies richtig ist, und wenn der Vertrag von der Verfassungsrechtsordnung zugelassen ist, und wenn eine Ausnahmenorm, die die Verbindlichkeit des Vertrages beschränkt, nicht nachgewiesen werden kann, so ergeben sich die Grenzen der Verbindlichkeit nur aus dem Wesen des Vertrages selbst. Sie ergeben sich insbesondere nicht aus dem Gesetz, denn das Gesetz ist der Verfassung untergeordnet. Sie könnten sich zwar ergeben aus dem Verfassungsrechtssatz, der die Geltung des Gesetzes garantiert, dieser Schluß wurde jedoch als nicht zwingend zurückgewiesen. Das heißt natürlich nicht, daß zur Grenzziehung die Verfassung gänzlich beiseite gelassen werden könnte, im Gegenteil: Das Wesen dieses Vertrages ergibt sich nicht nur aus den apriorischen und den allgemeinen Vertragsgrundsätzen, sondern auch und gerade und vor allem aus der Verfassung, da wir es — wie festgestellt wurde — mit einem verfassungsrechtlichen Vertrag zu tun haben. Aber die Verbindlichkeit des durch die Zulassung gültigen und durch keine Ausnahmenorm beseitigten Vertrages besteht als verfassungsrechtliches

---

[136] So auch für verwaltungsrechtliche Verträge: *Buddeberg*, AöR Bd. 8, S. 103 f., der die dahingehende Behauptung *Apelts* (die Wirkung gehe so weit, wie der Umfang des Anwendungsgebietes, a.a.O., S. 50) scharf kritisiert.

Faktum, als Tatbestand der Verfassungsrechtsordnung und als Tatbestandsmerkmal des verfassungsrechtlichen Vertrages. Daraus folgt, daß die Vertragsautonomie nicht sinnvoll ist ohne eine damit verbundene Vertragsgarantie. Mit der objektiven Zulassung des Vertrages ist notwendigerweise die Anerkennung seiner subjektiven Verbindlichkeit und deren Garantie und Effektuierung im konkreten Fall verknüpft. Die Vertragsgarantie ist somit notwendige Komplementärfunktion der Vertragsautonomie. Daß die Zulassung des Vertrages ohne Anerkennung seiner Verbindlichkeit widersinnig wäre, wurde oben ausgeführt. Damit wird die Vertragsautonomie verstärkt und verdichtet zu einer verfassungsrechtlich abgesicherten Vertragsgarantie: Zu einer Garantie nicht des Instituts „Vertrag", sondern zu einer Garantie des zugelassenen Vertrages. Das heißt, in dieser Garantie ist keine institutionelle oder Institutionsgarantie enthalten. Es wäre durchaus denkbar und zulässig, daß die Verfassung solche Verträge verbietet. Da aber festgestellt wurde, daß sie dies nicht tut, kann sie nicht umhin, auch die Verbindlichkeit des Vertrages zu bejahen. Deshalb ist es gerechtfertigt, von einer Vertragsgarantie zu sprechen, nicht im Sinne einer allgemeinen Bestandsgarantie für den Vertrag an sich, einer garantierten Vertragsautonomie, wohl aber im Sinne einer Bestandsgarantie für den konkreten (zugelassenen!) Vertrag. So kann man den oben entworfenen Verfassungsrechtssatz vervollkommnen:

Soweit die Verfassung Bund und Ländern eine Vertragsautonomie zugesteht, insoweit läßt die Verfassung den Vertrag nicht nur gelten, sie anerkennt und garantiert auch die Verbindlichkeit dieses Vertrages im Rahmen ihrer Rechtsordnung.

Immer ist die subjektive Verbindlichkeit des Vertrages dem allgemeinen Vertragsrecht, d. h. dem „Verfassungsvertragsrecht" zu entnehmen, während sich die objektive Geltung des Vertrages aus der allgemeinen objektiven Verfassungsrechtsordnung ergibt. Soweit die Verfassung den Vertrag zuläßt, insoweit ist seine Verbindlichkeit nicht nur per definitionem vorhanden, sondern auch verfassungsrechtlich garantiert.

4. Folgerungen

Die Verfassung ist zwar „Geltungsgrund und Ermächtigungsnorm zum Erlaß von Gesetzen"[137], d. h. sie ist Garant ihrer — der Gesetze — Verbindlichkeit, sie ist aber auch Ermächtigungsnorm für den Abschluß von Verträgen zwischen Bund und Ländern und insofern Geltungsgrund für den Vertrag und Garant seiner Verbindlichkeit. „Vertrag wie Gesetz sind Tatbestände, die eine Verfassung als ‚Rechtsquellen' dele-

---

[137] *Stern*, a.a.O., S. 133.

gieren kann[138]." Bedingt aber der staatsrechtliche Vertrag zwischen Bund und Ländern die verfassungsrechtliche Garantie des Vertrages als Komplementärfunktion zur verfassungsrechtlich gewährten Vertragsautonomie, erscheint somit der Staatsvertrag als verfassungsrechtlich gewährte, abgesicherte und verbürgte Emanation nicht der Regierung, auch nicht des Parlaments, sondern der suprema potestas, der Staatsgewalt an sich, des Staates in Person, so geht es nicht an, die Verbindlichkeit des Vertrages allein durch das Gesetz beseitigen zu wollen, denn auch das Gesetz ist nicht mehr und nicht weniger als Emanation der höchsten Staatsgewalt. Angesichts dessen kann es nur auf einem Mißverständnis beruhen, wenn man den Vorrang des Gesetzes mit der Feststellung begründen will, die „starren" Verfassungen der Neuzeit könnten das Dogma von der „Heiligkeit der Verträge"[139] nicht mehr anerkennen, sondern verlangten eine besondere Legitimation des Vertrages[140], so daß die bindende Kraft des Vertrages allein aufgrund der Vertragsnatur[141] nicht mehr „kritiklos hingenommen werden" könne[142]. Die Verbindlichkeit ist keine Frage der Legitimation (sie ist nur ex origine von ihr abhängig), sondern ein durch die Legitimation anerkanntes und gewährleistetes Tatbestandsmerkmal des Vertrages. Das Dogma von der Heiligkeit des Vertrages wird hier nicht verteidigt. Es wurde jedoch klargestellt, daß es auch kein Dogma von der Heiligkeit des Gesetzes gibt, wie dies ex cathedra von der herrschenden Lehre verkündet wird. Die Verfassung jedenfalls kennt es nicht. Vertrag wie Gesetz sind nach ihrem Wesen und nach ihrer verfassungsrechtlichen Stellung voneinander unabhängige Gestaltungsformen hoheitlicher Tätigkeit. Daß und warum und wann und wie die eine Gestaltungsform der anderen vorgeht, das bedarf eines dritten Rechtssatzes, der dies ausspricht.

II. Vorrang des Vertrages?

Ist somit die Geltung des Vertrages durch die Geltung des Gesetzes nicht ipso iure beschränkt, so drängt sich die Frage auf, ob nicht im Gegenteil die verfassungsrechtliche Konkurrenz von Vertrag und Gesetz dadurch aufgelöst werden kann, daß dem Vertrag ein Vorrang vor dem Gesetz einzuräumen ist. Diese Möglichkeit muß zumindest erwogen werden.

---

[138] *Kelsen*, Hans, Das Problem der Souveränität und die Theorie des Völkerrechts, Beitrag zu einer reinen Rechtslehre, Tübingen 1920, S. 171. Dort allerdings nur für das Verhältnis Gesetz — völkerrechtlicher Vertrag.
[139] *Friauf*, AöR N. F. 49, S. 274.
[140] a.a.O., S. 276.
[141] Was nicht gleichbedeutend ist mit „naturrechtlicher" Bindung. So aber anscheinend *Friauf*, a.a.O.
[142] a.a.O., S. 275.

II. Vorrang des Vertrages?

1. Pacta sunt servanda

a) Verschiedentlich wird versucht, aus Art. 25 GG eine verfassungsrechtliche Verpflichtung zur Erfüllung eingegangener Verträge herzuleiten. Der Satz „pacta sunt servanda" sei eine allgemeine Regel des Völkerrechts und als solche über Art. 25 Satz 1 GG Bestandteil des Bundesrechts. Damit sei die Verpflichtung zur Vertragserfüllung eine zwingende innerstaatliche Rechtspflicht. Auf diesem Wege versucht man nicht nur, die Bestandskraft des völkerrechtlichen Vertrages zu begründen[143], auch zur Lösung bundesstaatlicher Probleme wird Art. 25 des öfteren herangezogen[144]. Diese Konstruktion ist insofern bestechend, als sie das Problem „elegant" lösen könnte. Da die allgemeinen Regeln gem. Art. 25 Satz 2 GG den Gesetzen vorgehen, wäre das vertragswidrige Gesetz unwirksam[145]. Eine solche Lösung verkennt jedoch Wirkung und Bedeutung des Art. 25 GG. Sie ist aus drei verschiedenen Gründen abzulehnen.

Art. 25 GG regelt keine intern-bundesstaatlichen Angelegenheiten. Speziell an den bundesstaatlichen Vertrag hat der Verfassunggeber überhaupt nicht gedacht. Diese Vorschrift inkorporiert nur die allgemeinen Regeln des Völkerrechts in das Bundesrecht und bezieht sich nur auf völkerrechtliche Sachregelungen[146]. Selbst wenn der Satz pacta sunt servanda eine solche Regel des Völkerrechts sein sollte, so kann er in das Grundgesetz doch nur für völkerrechtliche Verträge inkorporiert sein und vermag deshalb über die Geltung und den Rang bundesstaatlicher Verträge nichts auszusagen.

Allenfalls käme hier eine entsprechende Anwendung des Art. 25 in Frage. Die erübrigt sich jedoch deshalb, weil dem Art. 25 kein Vorrang des Vertragsrechtes entnommen werden kann, auch für völkerrechtliche Verträge nicht. Wenn überhaupt für den hier fraglichen Bereich, so bezöge Art. 25 doch nicht das gesamte Vertragsrecht in die Verfassung ein[147]. Er inkorporierte nur die „allgemeinen Regeln", womit sinnvoller-

---

[143] Dort wurde die Konstruktion allerdings entwickelt. Vgl. dazu *Mosler*, Völkerrecht, S. 39 ff. und *Doehring*, Die allgemeinen Regeln, S. 129 ff.

[144] Nach *Monz, Heinz*, Das Verhältnis der Bundesländer untereinander, Göttingen 1964, S. 46 f., sollen die allgemeinen Regeln des Völkerrechts über Art. 25 GG auch für das Verhältnis zwischen den einzelnen Ländern gelten. Speziell für Verträge zwischen Bund und Ländern: *Anschütz* und *v. Mangoldt-Klein* (vgl. oben Fußn. 35 bzw. 37 im 1. Teil). Der Satz "pacta sunt servanda" bindet nach ihrer Meinung allerdings nur das Land, nicht den Bund. Es wurde bereits nachgewiesen, daß die Bindung über Art. 4 WRV bzw. Art. 25 GG für beide Teile gleich sein, und daß nach dieser Auffassung der Vertrag dem Gesetz vorgehen müßte. Vgl. oben im 2. Teil unter B I 2.

[145] Vgl. zur Wirkung des Art. 25 GG und Rang der inkorporierten Normen *Mosler*, Völkerrecht, S. 45: Rang zwischen Verfassung und Gesetz; *Doehring*, a.a.O., S. 173 ff.: Verfassungsrang (S. 183).

[146] So mit Recht *Grawert*, S. 128.

[147] Dazu vgl. (bezüglich völkerrechtlicher Verträge) *Doehring*, Die allgemeinen Regeln, S. 129 ff.

weise die „besonderen Regeln", eben das Vertragsrecht, von dieser Inkorporation ausgeschlossen sind[148].

Selbst wenn man schließlich beide Einwände mißachten wollte, so ließe sich doch aus Art. 25 GG ein Vorrang des Vertrages nicht begründen. Denn es gibt keine Bindungsnorm „pacta sunt servanda", durch die den Parteien die vertragliche Verpflichtung auferlegt wird. Das wurde bereits ausgeführt[149]. Gibt es eine solche Norm aber nicht, dann kann durch sie der Vertrag über Art. 25 GG auch nicht „aufgewertet" werden.

b) Aus dem gleichen Grunde ändert sich das Ergebnis auch dann nicht, wenn man auf die Hilfsbrücke des Art. 25 GG verzichtet und den Satz „pacta sunt servanda" naturrechtlich begründet oder als allgemein gültige Norm auffaßt. Dieser Satz kann nicht mehr sein als eine Umschreibung dessen, was als die apriorische Verbindlichkeit des Vertrages bezeichnet wurde: eine (zudem mißverständliche) Kurzform also zur Kennzeichnung der Tatsache, daß dem Begriff des Vertrages die verpflichtende Wirkung immanent ist. Will man die Geltung dieser Regel anerkennen und mit Sinn erfüllen, so kann dies doch immer nur ein rein deklaratorischer Sinn sein, wenn man sie nicht schon a limine als tautologische Leerformel disqualifizieren will[150]. Die vertragliche Bindung ergibt sich nicht aus jenem Satz, sondern aus dem Vertrag selbst. Die allein entscheidende Frage, wie lange der Vertrag zu halten ist, insbesondere, ob er auch dann noch zu halten ist, wenn der Bund die vertragliche Materie gesetzlich ordnen will, diese Frage kann jener Satz nicht beantworten. So wenig wie der Vertrag sich selbst einen bestimmten Rang zuweisen kann, so wenig kann dies der Grundsatz von der Vertragstreue, der doch nichts anderes ist als ein Synonym für die apriorische Verbindlichkeit des Vertrages.

c) Einen absoluten Vorrang des Vertrages vor dem Gesetz allerdings enthält Art. 67 S. 2 der hessischen Verfassung, und zwar nicht erst über die allgemeinen Regeln des Völkerrechts, sondern positiv für den Staatsvertrag. Nach dieser Vorschrift ist kein Gesetz gültig, das mit einem Staatsvertrag in Widerspruch steht. Für die Entscheidung der hier streitigen Frage kann diese Bestimmung jedoch höchstens indizielle Bedeutung haben. Denn erstens sind auch hier nur völkerrechtliche Staatsverträge angesprochen. Sollten auch Bundesstaatsverträge unter diese Norm fallen[151] oder sollte man im Wege einer extensiven oder auch analogen Anwendung zu diesem Ergebnis kommen, so könnte

---

[148] So *Doehring*, a.a.O., S. 130 ff., S. 137 m. w. N. für völkerrechtliche Verträge.
[149] Vgl. oben im 2. Teil unter C I 1.
[150] Hierzu vgl. oben, a.a.O., insbes. die in Fußn. 105 und 106 belegten Stellen.
[151] So anscheinend *Grawert*, a.a.O., S. 128, Fußn. 36.

dies doch zweitens nur für Staatsverträge des Landes gelten, weil die Landesverfassung nicht geeignet ist, bundesstaatliche Normen auszulegen oder gar aufzuweisen. So kann diese Vorschrift hier nicht als Argument verwertet werden. Immerhin aber zeigt die bislang unangefochtene Existenz dieser Norm (wie auch die verschiedenen Auffassungen zu Art. 25 GG), daß die Priorität des Gesetzes keineswegs so selbstverständlich ist, wie das die Vertreter dieser Lehre glauben oder behaupten.

2. Folgerungen

Somit steht fest, daß auch dem Vertrag kein Vorrang vor dem Gesetz zukommt, jedenfalls nicht aufgrund einer verfassungsrechtlichen „Vorrangautomatik". Daraus ergibt sich, daß das vertragswidrige Gesetz gültig ist, denn es widerspricht nicht der Verfassung. Daraus ergibt sich weiter, daß dieses Gesetz die Vertragsnorm (Vertragsgesetz, Vertragsanordnung) aufhebt (lex-posterior- bzw. superior-Regel). Der Gesetzgeber kann also die Vertragsnorm beseitigen. Auf der anderen Seite wurde festgestellt, daß der Vertrag als solcher, und damit auch die vertragliche Verpflichtung, bestehen bleibt, weil der Vertrag nicht identisch ist mit der Vertragsnorm, und weil auch dem Gesetz kein Vorrang vor dem Vertrag zukommt. Daraus ergibt sich, daß der Gesetzgeber den Vertrag nicht aufheben darf, denn das widerspräche der (noch gültigen) vertraglichen Verpflichtung.

Dieser Widerspruch ist nicht sinnlos. Er macht nur den Dualismus von Gesetz und Vertrag deutlich. In ihm spiegelt sich das wesentliche Ergebnis der bisherigen Untersuchung: die Tatsache nämlich, daß Gesetz und Vertrag in keiner gemeinsamen Rangordnung stehen. Das Rechtsgeschäft „Vertrag" und die objektive Norm „Gesetz" sind nicht hierarchisch aufeinander abgestimmt. Sie sind vielmehr ideell gleichgeordnet und gleichberechtigte Gestaltungsformen staatlicher Tätigkeit. Der Widerspruch zwischen beiden kann nicht durch die Rangordnung der objektiven Rechtsquellen, er muß auf andere Weise gelöst werden.

III. Ergebnis

Als Ergebnis ist sonach festzuhalten: Der These der herrschenden Lehre von der Geltung des Gesetzes gegenüber dem Vertrag war zuzustimmen. Keine Zustimmung kann dagegen die Folgerung finden, die die herrschende Lehre aus dieser These zieht, daß nämlich das Gesetz den Vertrag aufhebt. Vielmehr ist der (zutreffenden) These von der Geltung des Gesetzes die Gegenthese von der Geltung des Vertrages (auch dem Gesetz gegenüber) entgegenzustellen. Aus dieser

Konfrontation ergibt sich der Dualismus von Vertrag und Gesetz. Er führt zu der Erkenntnis, daß in diesem scheinbar sinnlosen Widerspruch ein antithetischer Widerspruch zu sehen ist, ein verfassungsrechtlicher Normenkollisionsfall, der nicht verschleiert und verdeckt werden darf, der auf keinen Fall durch „Nichtanerkennung" gelöst wird, sondern nur durch einen antithetischen Prozeß im Rahmen der Verfassungsrechtsordnung.

Dritter Teil

Die Synthese von Vertrag und Gesetz

Die Auflösung des Widerspruches zwischen Vertrag und Gesetz wird sich nicht aus materiellen Verfassungsprinzipien ergeben können, sondern nur in einem formalen Prozeß zu verwirklichen sein. Materielle Argumente sind lediglich geeignet, das verfassungsrechtliche Urteil zu fällen über Wert oder Unwert einer solchen Lösung. Es ist daher zunächst zu untersuchen, ob die Verfassung ein derartiges Verfahren zuläßt und bereitstellt (A). Erst dann sind die materiellen Auswirkungen dieses Verfahrens zu betrachten. Hier wird sich zeigen, in welcher Weise und inwieweit es eine Bestandskraft des Vertrages gewährleisten kann (B) und welchen Einfluß eine solche Bestandskraft des Vertrages auf den Bestand des Gesetzes hat, d. h., wie sie sich mit der verfassungsrechtlichen Stellung und Bedeutung des Gesetzes vereinbaren läßt (C).

A. Die funktionale Lösung

Da zwischen Gesetz und Vertrag keine „Vorrangautomatik" besteht, ist ein „Funktionsmechanismus" zu suchen, der den Dualismus anerkennt und den Widerspruch auf andere Weise löst. Daß ein solcher Mechanismus bestehen muß, ist evident, denn es unterliegt keinem Zweifel, daß in der monistischen bundesstaatlichen Rechtsordnung die Konfliktslage nicht unentschieden bleiben kann, wie dies zum Beispiel im Völkerrecht denkbar wäre, wo die effektive Machtstellung letztlich eine Entscheidung herbeiführt. Wenn auch Verfassungsprinzipien abstrakt unvereinbar gegeneinander stehen, so erfahren sie doch im konkreten Falle immer eine Auflösung[1].

I. Die abstrakte Evidenz

Wie alle modernen Verfassungen, so ist auch das Grundgesetz nicht so sehr durch materielle Gewährleistungen gekennzeichnet, wenngleich

---

[1] Vgl. oben im 2. Teil die einführende Darstellung unter C I und die dort (Fußn. 96, 97, 98) belegten Stellen.

ihre überragende Bedeutung nicht verkannt werden darf. Sie sind jedoch für einen Rechtsstaat westlicher Prägung von eher deklaratorischer Bedeutung, was sich schon darin zeigt, daß auch überpositive Rechte und Gewährleistungen anerkannt sind, und daß es auch „Verfassungen" gibt, die ohne positiven Niederschlag auskommen. Die moderne Verfassung erhält ihr eigentliches Gewicht durch die Elemente und Institute, die sie konstitutiv begründet. Dies aber sind formelle Verfahrensmechanismen. Sie bereitzustellen und die staatliche Machtausübung nur in diesen Bahnen zuzulassen, ist die eigentliche Aufgabe der Verfassung. Diese Auffassung von einer demokratischen Verfassung kann man sicherlich nicht als rein „formal" bezeichnen, denn die Form ist es, die den materiellen Gehalt vermittelt und bewahrt. Eine Verfassung, die den Staat in den Dienst des Menschen stellt und die Würde des Menschen und seine Grundrechte respektiert, kann nur dann „funktionieren", wenn solche Mechanismen vorhanden und zwingend sind. Eine Verfassung, die solche Mechanismen nicht kennt oder respektiert, wird keine freiheitlich-demokratische Verfassung sein, auch wenn sie die „Grundrechte" in ihrem Text verbürgt. In dieser Formalität liegt die Garantie des Rechtsstaates nicht nur im Verhältnis des Individuums gegenüber dem Staat, sondern auch im Verhältnis der Staatsträger und Staatsorgane zueinander[2].

Mit diesen einleitenden Bemerkungen sollte eines klargestellt werden: Man darf über der Bedeutung materieller Verfassungsprinzipien die Bedeutung formaler Rechtsinstitute und formeller Abwicklungsprozesse nicht vergessen. Gar zu schnell ist ein Problem gelöst, eine Priorität anerkannt mit dem Hinweis auf ein scheinbar durchschlagendes Verfassungsprinzip. Man sollte zuerst prüfen, auf welchem Wege ein Problem gelöst werden kann. Man sollte dann den Weg wählen, der der sachgerechtere ist, der der Natur der Sache am nächsten kommt. Erst dann ist zu prüfen, ob diesem formalen Weg, der der Lösung des anstehenden Problems am ehesten gerecht wird, Hindernisse begegnen, etwa solche materiell-verfassungsrechtlicher Art. Es soll daher ausgegangen werden von dem zu lösenden Problem, der Bestandskraft des Vertrages. Sicherlich gibt die Betonung des Vertragscharakters keine Antwort[3]. Doch nur hier ist der richtige Ansatzpunkt zu finden. Denn dies ist die „Sache", deren Natur entscheidend die Lösung des Problems beeinflussen muß. Dies ist m. E. „sachlicher", als auf den Grundsatz vom Vorrange des Gesetzes zu verweisen.

---

[2] Diese formale Komponente ist nicht im Sinne eines sog. formellen Rechtsstaatsbegriffes („Gesetzesstaat") im Gegensatz zum materiellen Rechtsstaat („Gerechtigkeitsstaat") zu verstehen. Vgl. dazu *Maunz-Dürig* in *Maunz-Dürig*, Komm., Art. 20, Rdnr. 58, 59.

[3] Insofern ist *Grawert*, a.a.O., S. 127 zuzustimmen.

Die Verbindlichkeit des Vertrages ließ sich auf den durch die Rechtsordnung sanktionierten Willen der Vertragspartner zurückführen. Notwendigerweise schließt diese Verbindlichkeit die Befugnis der Parteien aus, durch Änderung dieses Willens eine selbstherrliche Änderung des Vertrages herbeizuführen. Die Rechtsordnung, die die Verbindlichkeit anerkennt oder konstituiert, muß demnach der Änderung dieses Willens Rechnung tragen und feststellen, wann diese Änderung beachtlich ist. Dies ist keine petitio principii, sondern eine Feststellung, die sich aus der Natur der Sache ergibt, denn eine Bindung ad infinitum ist zwar logisch denkbar, aber unserer Rechtsordnung ebenso fremd und zuwider wie die völlige Bindungslosigkeit. Für verfassungsrechtliche Verträge (und um solche handelt es sich hier im weiteren Sinne auch bei Verwaltungsabkommen) ist die Lösung im Verfassungsrecht zu suchen. Im positiven Verfassungsrecht war sie nicht zu finden. Sie muß sich demnach aus dem Verfassungsrecht im weiteren Sinne ergeben. Dieses Verfassungsrecht im weiteren Sinne umfaßt den Inbegriff aller Normen, die die gesamte Rechtsordnung des Staates ausmachen. In diesem Verfassungsrecht hat das Institut des Vertrages eine profunde und ausgefeilte Prägung erfahren. Wenn diese Ausprägung auch keine Schablone ist, die für alle denkbaren Verträge angewendet werden kann, so ist es doch unbestritten, daß der Grundtypus des Vertrages in allen Rechtsbereichen der gleiche ist. Demnach kann diese Rechtsordnung den bundesstaatlichen Vertrag nicht ignorieren. Sie muß alle „vertraglichen" Fragen auch „vertragsgemäß" beantworten. Der vertraglichen Bindung muß auch eine vertragliche Lösung entsprechen. Es wird hiermit kein Ergebnis präjudiziert, denn es geht nicht um das „ob", sondern um das „wie" der Lösung. Dieses „wie" muß sich in den Bahnen bewegen, die das Verfassungsrecht im weiteren Sinne dem Vertrag zugewiesen hat. Es ist deshalb davon auszugehen, daß das Verfassungsrecht auch für bundesstaatliche Verträge eine vertragsgemäße Lösungsmöglichkeit vorsieht und bereitstellt.

Diese Lösungsmöglichkeit muß sich aus einem „allgemeinen Vertragsrecht" ergeben, d. h. aus solchen generellen Grundsätzen, die nicht für einen bestimmten Vertragstyp gelten, sondern für jeden Vertrag schlechthin Geltung beanspruchen. Daß es solche allgemeinen Prinzipien gibt, ist nicht zu bestreiten, ebensowenig wie die Tatsache, daß sie auch für bundesstaatliche Verträge gelten. Wollte man dies ausgerechnet für Verträge zwischen Bund und Ländern leugnen, so spräche man damit diesem Phänomen der Verfassungswirklichkeit jeglichen Vertragscharakter ab. Wenn man diese besonderen bundesstaatlichen Verträge als so extraordinär, als so untypisch ansehen wollte, daß die Grundsätze des allgemeinen Vertragsrechts auf sie keine Anwendung finden können, dann sollte man sie auch nicht als Verträge bezeichnen und Vertragsrecht auch nicht insoweit anwenden, als es keine „Schwierigkeiten" gibt.

II. Die allgemeine Existenz

Die Anwendbarkeit der allgemeinen Grundsätze wird sicherlich niemand bestreiten. Fraglich und problematisch wird es hingegen, wenn man solche Grundsätze im konkreten Fall nachweisen und anwenden will. Hier dürfte es sich empfehlen, diejenigen bestandskraftrelevanten Faktoren, die in allen Vertragsbereichen vorkommen, empirisch zu erfassen und dann zu klären, inwieweit sie Ausdruck eines allgemeingültigen Prinzips sind. Diese Grundsätze können sich aus einer einheitlichen Betrachtung des Zivilrechts, des öffentlichen Rechts und des Völkerrechts ergeben.

1. Zivilrecht

Das Zivilrecht hat einen differenzierten Katalog von Tatbeständen ausgebildet, die die vertragliche Verpflichtung entweder eo ipso beseitigen oder die Lösung von der vertraglichen Verpflichtung ermöglichen. In diesem Zusammenhang interessieren nicht die Grundsätze, die die Bestandskraft im weiteren Sinne, also das Zustandekommen des Vertrages betreffen (Nichtigkeit, Rechtsunwirksamkeit und ähnliche Tatbestände wie z. B. die Anfechtung, der regelmäßig anfängliche Mängel zugrunde liegen). Hierher gehören auch nicht die Tatbestände der Vertragsstörungen (Unmöglichkeit, Verzug, positive Vertragsverletzung, culpa in contrahendo), da sie nur die Rechtsfolgen eines vertragswidrigen Verhaltens oder eines vertragsstörenden Zustandes regeln. In dieser Untersuchung soll nicht geklärt werden, was geschieht, wenn der Vertrag verletzt oder nicht erfüllt wird. Hier soll die Vorfrage dazu, nämlich die Frage beantwortet werden, ob überhaupt eine Vertragsverletzung vorliegt, d. h. ob eine Vertragspflicht oder ein Vertrag, der verletzt sein könnte, noch vorhanden ist. Auf der anderen Seite sind auch die Fälle nicht relevant, die eine „normale" Beseitigung der vertraglichen Verpflichtung bewirken (Erfüllung und deren Surrogate), ebensowenig wie die vertragliche Aufhebung oder die Novation oder sonstige befreiende Faktoren (auflösende Bedingung, Endtermin, Verwirkung, Verjährung). Es bleiben somit als Vergleichsgrundlage und als möglicher Ausdruck eines hier einschlägigen allgemeinen Prinzips die Fälle des Rücktritts, der Kündigung und des Widerrufs, in denen „das Schuldverhältnis" durch einseitigen Gestaltungsakt „erlischt".

Die rechtsgültige Rücktrittserklärung vernichtet das Vertragsverhältnis unmittelbar mit rückwirkender Kraft (ähnlich wie die auflösende Bedingung oder die Anfechtung), bzw. gestaltet der Rücktritt das

II. Die allgemeine Existenz

Vertragsverhältnis um in ein Abwicklungsverhältnis. Der Rücktritt findet sich bei vielen Verpflichtungsverträgen. Neben dem vertraglich vorbehaltenen Rücktritt[4] gibt es auch eine Reihe von gesetzlich normierten Tatbeständen, die der einen Partei ein Rücktrittsrecht gewähren, wenn die Gegenseite ihre vertraglichen Verpflichtungen nicht ordnungsgemäß erfüllt[5].

Bei den sogenannten Dauerschuldverhältnissen erfolgt die Lösung vom Vertrage durch Kündigung. Sie beendet das Schuldverhältnis nur für die Zukunft, wobei es möglich ist, daß einzelne Vertragspflichten bestehen bleiben oder gewisse Abwicklungspflichten neu entstehen[6]. Bei einigen spezifisch persönlich strukturierten Dauerschuldverhältnissen gewährt das Gesetz ein außerordentliches Kündigungsrecht aus wichtigem Grund[7]. „Ob ein ‚wichtiger Grund' vorliegt, kann nur von Fall zu Fall, unter Berücksichtigung der Eigenart des Schuldverhältnisses, des gesamten Verhaltens beider Teile und der ‚Zumutbarkeit' einer Vertragsfortsetzung entschieden werden[8]." Das Kündigungsrecht aus wichtigem Grunde wurde von der Rechtsprechung auch auf solche Fälle ausgedehnt, in denen es nicht vorgesehen und auch nicht vereinbart ist. Es wurde aus § 242 BGB abgeleitet und gilt als zwingendes Recht, zunächst nur für Dauerschuldverhältnisse, dann auch für Schuldverhältnisse anderer Art. Diese Kündigung ist immer dann zulässig, wenn die Durchführung des Vertrages durch außerhalb der Verantwortung des Verpflichteten liegende Umstände erheblich gefährdet und deshalb nicht mehr zumutbar ist[9].

Darüber hinaus kann die Verbindlichkeit eines rechtsgültigen Vertrages beschränkt oder ganz beseitigt werden durch „Anpassung" des Vertrages (u. U. auch durch Rücktritt oder Kündigung) bei „Wegfall der Geschäftsgrundlage". Auch diese Lösungsmöglichkeit ist ein Ausfluß des Grundsatzes von Treu und Glauben[10] und „immanente Grenze"

---

[4] §§ 346 ff. BGB.

[5] Insbes. §§ 325, 326, 327, 361 BGB. Vgl. auch die Wandlungstatbestände §§ 462, 467, 634 BGB, bei denen der Vertrag nicht durch die einseitige Erklärung allein, sondern erst mit der „Vollziehung" der Wandlung aufgehoben wird.

[6] Vgl. §§ 564 ff., 620 ff., 671, 723 BGB.

[7] Vgl. §§ 626, 671, Abs. 2 und 3, 723, Abs. 1, S. 2 und 3 BGB.

[8] *Larenz*, Karl, Lehrbuch des Schuldrechts, Erster Band. Allgemeiner Teil, 9. Aufl., München 1968, S. 25. Bemerkenswert ist in diesem Zusammenhang, daß das Gesetz bei lang dauernden Vertragsverhältnissen eine Kündigungsmöglichkeit zwingend vorschreibt: §§ 567, 624, 724.

[9] So z. B. BGH, NJW 1960, S. 1614.

[10] Zur geschichtlichen Entwicklung dieses Grundsatzes vgl. *Siebert-Knopp* in *Soergel-Siebert*, Bürgerliches Gesetzbuch mit Einführungsgesetz und Nebengesetzen, Band 2, Schuldrecht I (241—610), Stuttgart—Berlin—Köln—Mainz 1967, 10. Aufl., Bem. 374 ff.

des Gebots der Vertragstreue[11]. „Alle Verträge und Rechtsgeschäfte haben eine Geschäftsgrundlage, bei deren Fehlen oder Wegfall ihr unveränderter Vollzug nicht sinnvoll wäre. Fehlen die tatsächlichen oder rechtlichen Voraussetzungen, von denen die Parteien bei Vertragsabschluß ausgegangen sind, entfallen sie oder verändern sie sich später, oder treten von den Parteien erwartete Entwicklungen nicht ein, so kann die Folge sein, daß der Vertrag für die Beziehungen zwischen den Vertragspartnern eine angemessene Ordnung nicht oder nicht mehr bietet[12]." In diesem Falle muß der Vertrag den veränderten Umständen angepaßt werden können. Im äußersten Falle ist auch hier ein außerordentliches Kündigungsrecht gegeben, wenn das Festhalten am Vertrag unzumutbar ist und gegen Treu und Glauben verstieße. Geschäftsgrundlage in diesem Sinne sind die bei Vertragsabschluß zutage getretenen, vom Geschäftsgegner in ihrer Bedeutung erkannten und nicht beanstandeten Vorstellungen oder die gemeinsame Vorstellung beider Teile vom Vorhandensein oder künftigen Eintritt gewisser Umstände, auf denen sich der Geschäftswille aufbaut (diese Umstände sind weder Vertragsinhalt, noch nur Beweggrund)[13].

2. Verwaltungsrecht

Auch der verwaltungsrechtliche Vertrag zwischen Privatperson und Verwaltungsträger bindet beide Teile in der gleichen Weise. Die Verwaltung kann sich nur bei Vorliegen besonderer Beendigungs- und Befreiungsgründe einseitig vom Vertrag lösen. Man folgt hier im wesentlichen den im Zivilrecht entwickelten Grundsätzen[14]. Auch die clausula rebus sic stantibus ist als „Wegfall der Verwaltungsgrundlage" anerkannt[15], wobei hier insbesondere die Möglichkeit gegeben ist, dem öffentlichen Interesse Rechnung zu tragen[16]. Besondere Bedeutung als Vergleichsgrundlage kommt in diesem Rahmen der Änderung des objektiven Rechts zu. Zwar ist dies auf den Bestand des Vertrages nicht ohne Einfluß, doch nicht einmal hier billigt man dem Gesetzgeber das Recht zu, selbstherrlich über den Vertrag zu verfügen. Die nachträgliche Änderung der Gesetzeslage ist an sich auf die bestehenden Verträge

---

[11] *Siebert-Knopp*, a.a.O., Bem. 368.
[12] *Siebert-Knopp*, a.a.O., Bem. 365.
[13] *Sirp* in *Erman*, Walter, Handkommentar zum Bürgerlichen Gesetzbuch, 2. Band, 4. Aufl., Münster 1967, § 242, Anm. III 4 b in Anlehnung und mit Nachweisen aus der Rechtsprechung des RG und BGH.
Auf die im einzelnen sehr umstrittenen tatbestandlichen Voraussetzungen kann hier nicht eingegangen werden. Vgl. dazu die knappe Übersicht bei *Sirp*, a.a.O., III 4 e und g.
[14] Zur Bestandskraft verwaltungsrechtlicher Verträge vgl. neuerdings *Renck*, NJW 1970, S. 737 ff.
[15] Vgl. statt aller *Simons*, Leistungsstörungen, S. 178 ff.
[16] *Forsthoff*, Verwaltungsrecht, S. 270 f.

ohne Einfluß[17]. Man wendet hier die gleichen Grundsätze an, die für den Bestand des Verwaltungsaktes gelten[18]. So wenig wie der (fehlerfreie, begünstigende) Verwaltungsakt bei Änderung der Rechtslage widerrufen werden darf[19], so wenig kann diese Änderung einen gültigen Vertrag aufheben[20]. Nur bei Vorliegen besonderer Voraussetzungen (außerordentliches Kündigungsrecht, „clausula") ist eine Aufhebung oder Abänderung möglich[21], wobei allerdings bei der Abwägung das öffentliche Interesse in höherem Maße in Rechnung zu stellen sein wird, als dies für privatrechtliche Verträge im Hinblick auf das private Interesse angemessen erscheint[22].

3. Staatsrecht

Als Vergleichsgrundlage kommen Verträge zwischen den Ländern und den evangelischen Landeskirchen (Verträge mit dem Hl. Stuhl — Konkordate — gehören dem völkerrechtlichen Bereich an) und Verträge zwischen den einzelnen Ländern in Frage. Auch für diese Verträge werden die allgemeinen Vertragsgrundsätze angewandt, und eine einseitige Lösung vom Vertrage wird nur unter besonderen Voraussetzungen zugelassen. Hier nun ergibt sich zum ersten Mal die Konstellation, daß der Vertrag direkt Gesetzgebungsmaterien betrifft, somit stellt sich auch hier die Frage, ob ein einseitiger (Gesetzgebungs-)Akt des Landes den Vertrag beseitigen kann. Positive Regelungen[23] oder allgemein anerkannte und gefestigte Lehren sind hier nicht vorhanden, so daß nur einzelne Meinungen angeführt werden können.

a) Durch einen Kirchenvertrag begibt sich das Land der Befugnis, die geregelte Materie durch Gesetz oder in sonstiger Weise anders zu ordnen[24]. Auch der Kirchenvertrag wird erst durch die Transformation allgemein gültiges Recht. Der Gesetzgeber kann diese Vertragsnorm im üblichen Rechtsetzungsverfahren ändern, modifizieren oder auf-

---

[17] *Forsthoff*, a.a.O., S. 271.
[18] *Redeker*, Konrad, Die Regelung des öffentlich-rechtlichen Vertrages im Musterentwurf, DÖV 1966, S. 543 ff., S. 547.
[19] So z. B. *Forsthoff*, a.a.O., S. 256.
[20] Vgl. auch *Imboden*, Der verwaltungsrechtliche Vertrag (1958), S. 101 (wohlerworbene Rechte).
[21] *Redeker*, a.a.O., S. 548 unter d. Außerdem *Eckert*, Lutz, Leistungsstörungen in verwaltungsrechtlichen Schuldverhältnissen, DVBl. 1962, S. 11 ff., S. 16 ff. Vgl. auch *Apelt*, Der verwaltungsrechtliche Vertrag (1920), S. 218 ff., *Bullinger*, Vertrag und Verwaltungsakt (1962), S. 237 f.
[22] So *Forsthoff*, Verwaltungsrecht, S. 271.
[23] Abgesehen von Art. 67 der hessischen Verfassung. Dazu vgl. oben 2. Teil, C II 1 c.
[24] *Grundmann*, Siegfried, Das Verhältnis von Staat und Kirche auf der Grundlage des Vertragskirchenrechts, in: Abhandlungen zum Kirchenrecht, Köln und Wien 1969, S. 298 ff., S. 314; erstmals erschienen in: Österreichisches Archiv für Kirchenrecht 13 (1962), S. 281—300.

heben[25]. Welche Bindungswirkung aber der Vertrag selbst für beide Vertragspartner entfaltet und wie diese Bindung in concreto zu realisieren ist, das „bleibt eines der wohl nie endgültig zu lösenden Ewigkeitsprobleme des Staatskirchenrechts"[26]. Nach Huber kann das Land zwar ein vertragswidriges Gesetz oder eine solche Verordnung erlassen, macht sich jedoch vertragsbrüchig[27]. Darüber hinaus hält Hollerbach ein solches Gesetz sogar für nichtig[28], selbst der Verfassungsgesetzgeber sei an den Vertrag gebunden, ihm könne nur ein erleichtertes Kündigungsrecht aus Gründen des Gemeinwohls zugebilligt werden[29]. Demgegenüber hält Quaritsch[30] an der Geltung des Gesetzes fest: kein Kompetenzverlust durch Vertragsschluß[31], also normale Gesetzeskollision (Lex-posterior-Regel)[32], so daß der Kirchenvertrag insoweit unwirksam sei[33].

Eine andere Frage ist, ob der Bund durch Änderung des objektiven Rechts auf den Vertrag (mittelbar) einwirken kann. Da der Bund nicht Vertragspartner ist, muß diese Frage grundsätzlich bejaht werden. Hier gilt Art. 31[34]. Der Bund ist durch den Vertrag nicht gebunden. Er kann jedoch nur das Landesrecht, nicht die vertragliche Beziehung zwischen den Parteien aufheben. Dem Land könnte dadurch die vertragliche Leistung unmöglich werden, wobei die Frage der vertraglichen Haftung hier dahingestellt bleiben muß. Durch ein solches Vorgehen machte sich der Bund allerdings möglicherweise der Verletzung seiner bundesstaatlichen Treuepflicht schuldig[35].

b) Für Verträge zwischen den Ländern geht Hans Schneider von der Gültigkeit des vertragswidrigen Landesgesetzes aus (Parallele zum Völkerrecht)[36]. Damit ist das Schicksal des Vertrages noch nicht entschieden. Jedenfalls ist in dem Erlaß des Gesetzes eine Vertragsverletzung zu erblicken (ein Verstoß gegen zusätzliche, freiwillig über-

---

[25] *Weber*, Hermann, Grundprobleme des Staatskirchenrechts, Jus 67, S. 433 ff., 441 m. w. N.

[26] *Weber*, a.a.O.

[27] *Huber*, Ernst Rudolf, Verträge zwischen Staat und Kirche im Deutschen Reich (Abhandlungen aus dem Staats- und Verwaltungsrecht sowie aus dem Völkerrecht, 44. Heft), Breslau 1930, S. 121 ff. (S. 80 f., S. 108 f., S. 117 ff.).

[28] *Hollerbach*, Alexander, Verträge zwischen Staat und Kirche in der Bundesrepublik Deutschland (Juristische Abhandlungen, Band III), Frankfurt a. M. 1965, S. 148 ff. (S. 160).

[29] a.a.O., S. 165. Vgl. auch S. 170, 277 ff.

[30] Kirchenvertrag, a.a.O., pass.

[31] a.a.O., S. 128 ff., S. 137 oben.

[32] a.a.O., S. 137 f.

[33] a.a.O., S. 138 f., (S. 139 unten).

[34] Vgl. *Hollerbach*, a.a.O., S. 170.

[35] Worauf *Hensel*, HBDStR II, S. 325 zutreffend hinweist.

[36] VVDStRL 19 (1961), S. 1 ff., S. 15 (Leitsatz 3 c, S. 31).

nommene Verpflichtungen, eine „Vertragswidrigkeit")[37, 38]. Eine andere Frage ist auch bei Länderverträgen, ob das Bundesrecht dem Vertragsrecht, d. h. dem Vertragsgesetz vorgeht. Das ist zu bejahen (Art. 31), denn der Bund ist an den Vertrag nicht gebunden. Dadurch wird nicht notwendigerweise der Bestand des Vertrages angegriffen. Eine Umgestaltung der vertraglichen Pflichten wäre auch hier möglich.

4. Völkerrecht

Die Beendigungsgründe eines völkerrechtlichen Vertrages beruhen im wesentlichen auf den gleichen Grundsätzen und sind ähnlich, wenn auch nicht so differenziert ausgestaltet wie die des Zivilrechts[39]. Die Vertragspartner können, von Rücktritt und Kündigung abgesehen, den Vertrag einseitig nur unter den besonderen Voraussetzungen der „clausula rebus sic stantibus" beenden: Wenn sich die dem Vertragsabschluß zugrunde liegenden objektiven Umstände völlig verändert haben und deshalb die Erfüllung des Vertrages dem einen Teil nicht mehr zumutbar ist, dann darf der andere Teil die vertragliche Leistung nicht mehr fordern. Diese Veränderung der objektiven Umstände muß einen solchen Grad erreicht haben, „daß sich das Beharren auf dem Vertrag als eine an Rechtsmißbrauch grenzende Zumutung darstellt"[40].

Die Vertragsrechtskonvention der Vereinten Nationen vom 23. Mai 1969 hat diese Grundsätze in einem klaren und eng begrenzten Tatbestand normiert[41]. Wenn auch die Konvention noch kein geltendes Völkerrecht ist, so entspricht sie doch inhaltlich den schon immer anerkannten Völkerrechtsgrundsätzen, wonach sich die Vertragspartner nur in extremen Ausnahmesituationen einseitig vom Vertrag lösen können. Ansonsten fällt die vertragliche Verpflichtung nur dann nachträglich wieder weg, wenn das Vertragsrecht mit späterem zwingenden Recht in Widerspruch gerät[42]. Dieses spätere ius cogens muß sich aus dem Völkerrecht ergeben und kann nicht durch das innerstaatliche Recht der Vertragspartner geschaffen werden. Es ist unbestritten, daß ein

---

[37] a.a.O., S. 15.

[38] Für das schweizerische Recht soll nach Schaumann der Vertrag dem innerkantonalen Recht vorgehen und zwar auch dem späteren Recht gegenüber. Vertragswidriges Recht ist für die Dauer des Vertrages suspendiert. *Schaumann*, Wilfried, Verträge zwischen Gliedstaaten im Bundesstaat. VVDStRL 19 (1961), S. 86 ff., Leitsatz IV g, S. 128 f.

[39] Vgl. dazu *Menzel*, Eberhard, Völkerrecht. Ein Studienbuch, München und Berlin 1962, S. 268 ff.; Berber I, 454 ff.

[40] Menzel, a.a.O., S. 269.

[41] In Art. 62 der Konvention (Fundamental change of circumstances), abgedruckt in: Zeitschrift für ausländisches öffentliches Recht und Völkerrecht, Band 29, Nr. 4 (1969), S. 711 ff., S. 744 f.

[42] Vgl. Art. 64 der Konvention, a.a.O., S. 745.

vertragswidriges Gesetz die Gültigkeit des völkerrechtlichen Vertrages nicht beeinflussen kann[43].

III. Das potentielle Schema

1. Die Untersuchung hat gezeigt, daß jede Rechtsordnung und jede Teilrechtsordnung, die den Vertrag zur Gestaltung subjektiver Rechtsverhältnisse zuläßt, der Verbindlichkeit des Vertrages dadurch Rechnung trägt, daß sie die einseitige Lösung vom Vertrag nur unter bestimmten Voraussetzungen erlaubt. So soll zunächst davon ausgegangen werden, daß auch beim bundesstaatlichen Vertrag die einseitige Änderung des subjektiven Parteiwillens das Vertragsverhältnis nicht beseitigen kann. Sie mag eine spezielle, vertragliche Verpflichtung umgestalten. Zur Beseitigung des Vertrages führt dies nur unter ganz bestimmten, eng begrenzten Kautelen. Wenn dies im Zivilrecht unbestritten so ist, und sogar im Verwaltungsrecht, in diesem Subordinationsrecht par excellence, wenn dies im Staatsrecht für Verträge der Länder untereinander gilt und nicht weniger für Verträge der Länder mit der Kirche, wenn dies sogar im Völkerrecht, das mit einem Minimum rechtlich verbindlicher Normen auskommen muß, durchweg anerkannt ist, sollte dieses Schema nicht auch für die spezifisch bundesstaatlichen Verträge zwischen Bund und Ländern ein adäquates Mittel zur Lösung der Problematik sein? Es geht ja hier um das Schicksal des Vertrages. Also ist es angebracht, nach vertragsadäquaten Mitteln zu suchen. Dieses vertragsadäquate Mittel glauben wir darin finden zu können, daß die Geltung und die Verbindlichkeit eines Vertrages nicht durch faktisches vertragswidriges Verhalten beseitigt wird, sondern nur durch einen vertragsgestaltenden Akt im Rahmen der Rechtsordnung. Wenn die Vertragspartner auf eine solche Gestaltung verwiesen werden, dann bedeutet dies den Ausschluß jeder anderen Einwirkung; dann heißt dies auch, daß die Rechtsordnung diese Gestaltung zu einem Rechtsinstitut ausbilden und einen Tatbestand zur Verfügung stellen muß, der einwandfrei klärt, welches die Voraussetzungen für das Vorliegen eines solchen Gestaltungsrechtes sind, wie dies Recht auszuüben ist, und welche Rechtsfolgen daran zu knüpfen sind.

Der auslösende Faktor, der den Mechanismus in Gang setzt, ist in dem gestaltenden Akt der Vertragsaufkündigung oder Lossagung von einer speziellen vertraglichen Verpflichtung zu suchen. Nur hierdurch

---

[43] Bestritten ist vielmehr die Frage, ob ein solches Gesetz überhaupt ergehen kann. Mit *Mosler*, Völkerrecht, kann man die herrschende Meinung kurz zusammenfassend sagen, daß das vertragswidrige Gesetz zwar gilt (a.a.O., S. 27), daß die völkerrechtliche Bindung dagegen bestehen bleibt (a.a.O., S. 41).

III. Das potentielle Schema

wird der Vertrag aufgehoben oder die spezielle Verpflichtung beseitigt. Dies kann in einer Vertragsänderung oder -anpassung geschehen oder durch Rücktritt bzw. Kündigung, wie dies Gestaltungsrecht üblicherweise genannt wird. Durch diese Gestaltung wird somit der Weg frei für ein rechtmäßiges „vertragswidriges", d. h. nun nicht mehr vertragswidriges faktisches Verhalten, das unter anderem im Erlaß eines Gesetzes bestehen kann. Der Widerspruch zwischen Vertrag und Gesetz würde dadurch beseitigt. Würde man das „vertragswidrige" Gesetz nur nach einer solchen Vertragsumgestaltung als rechtmäßig anerkennen, so bedeutete das die Bindung des Gesetzgebers an die Voraussetzungen dieses konkreten Gestaltungsrechts. Daß das Gesetz insoweit „rechtswidrig" wäre, bedeutet nur, daß in seinem Erlaß eine Vertragsverletzung zu sehen ist. Daß das Gesetz nicht nichtig wäre, wurde oben dargelegt. Denn dann würde man ja doch einen automatischen Vorrang des Vertrages bejahen. Das heißt, nicht das Gesetz ist rechtswidrig, sondern das Verhalten des Bundes, der es zuläßt, daß ein rechtmäßiges (und nur darum vertragswidriges) Gesetz ergeht. Wäre eine solche, zwar nicht absolute, aber doch relative Bindung des Gesetzgebers verfassungsrechtlich zu vertreten? Wie sähe diese Bindung aus, das heißt, welches sind die Voraussetzungen, bei denen das Gestaltungsrecht gegeben wäre?

2. Der Tatbestand müßte so gefaßt sein, daß er der vertraglichen Bindung und den subjektiven Interessen der Vertragspartner angemessen Rechnung trägt, ohne das objektive, übergeordnete und vom Bund wahrzunehmende Bundesinteresse zu beeinträchtigen.

Betrachtet man diesen Tatbestand sub specie „Bestandskraft", so wäre der „Maximaltatbestand" derjenige der „clausula" oder der „Geschäftsgrundlage", denn der enthält ein Maximum an Bestandskraft. Der Bund könnte nur dann eine Revision des Vertrages, seine „Umgestaltung" verlangen oder im äußersten Falle seine Kündigung aussprechen, wenn die Geschäftsgrundlage entfallen ist, also nur in den Fällen, in denen sich die dem Vertrag zugrunde liegenden Umstände so wesentlich geändert haben, daß die Erfüllung des Vertrages nicht mehr zumutbar ist, das Festhalten am Vertrag vielmehr gegen Treu und Glauben verstieße. Diese Lösung wäre von der Geltung des Gesetzes her gesehen der Minimaltatbestand, denn zumindest in diesen Fällen müßte eine Lösung vom Vertrag zulässig sein, wenn man nicht die reine Willkürschranke als Grenze ansehen will.

Auf der anderen Seite brächte ein Minimum an Bestandskraft und eine absolute Gesetzestreue ein „Minimaltatbestand", der die Kündigung des Vertrages unter den Voraussetzungen zuläßt, unter denen der Bund zum Erlaß eines Gesetzes berechtigt wäre. Eine solche Lösung mag auf den ersten Blick inkonsequent und überflüssig anmuten: Überflüssig, weil sie schließlich zum gleichen Ergebnis kommt wie die herrschende Lehre, daß nämlich der Bund durch den Vertrag in seiner Gesetzgebung nicht beeinträchtigt ist, inkonsequent, weil sich diese Lehre als falsch, zumindest jedoch als vertragswidrig und deshalb suspekt erwiesen hat. Inwiefern sich beide Auffassungen doch unterscheiden, wird noch klarzustellen sein.

Erachtet man sowohl Maximal- als auch Minimaltatbestand als zu extrem, weil sie eine „normale" Lösung vom Vertrag nicht erlauben, sondern entweder die Vertragspartner fast unlösbar an den Vertrag binden und dadurch die Gestaltungsfreiheit des Gesetzgebers einschneidend beschränken, oder aber den Vertrag auf der anderen Seite der Gesetzeshypertrophie des Parlaments ausliefern, will man also beide Extreme vermeiden, so bietet sich als mittlerer Tatbestand die Formel vom „wichtigen Grund" an. Danach könnte der Bund vom Vertrage dann zurücktreten oder den Vertrag kündigen, wenn ein wichtiger Grund vorliegt. Hier käme es darauf an, den unbestimmten Rechtsbegriff des wichtigen Grundes inhaltlich auszufüllen und praktikabel zu machen.

3. In diesem Zusammenhang muß darauf hingewiesen werden, daß die allgemeinen vertraglichen Gestaltungsmittel (also insbesondere die Kündigungsbefugnis) selbstverständlich auch im bundesstaatlichen Vertragswesen immer zur Verfügung stehen. Das entspricht der Natur des Vertrages. Hier geht es nicht darum, ob der Bund den Vertrag aus wichtigem Grunde oder wegen veränderter Umstände kündigen kann. Das dürfte wohl niemand ernstlich bestreiten. Hier geht es allein darum, ob diese tatbestandlichen Voraussetzungen auch dann noch zu verlangen sind, wenn es um den Erlaß eines Gesetzes geht. Das hätte zur Folge, daß dem Bund die „grundlose" Aufkündigung des Vertrages durch das vertragswidrige Gesetz als Vertragsverletzung zuzurechnen wäre. Welche tatbestandlichen Voraussetzungen in Frage kommen, wurde dargelegt. Nunmehr ist zu untersuchen, inwiefern diese Grundsätze auf Bundesstaatsverträge anwendbar sind und wie die Rechtsfolgen und die tatbestandlichen Voraussetzungen ausgestaltet sein müßten. Dann kann geprüft werden, ob dieser Tatbestand einer verfassungsrechtlichen Prüfung standhält und welche Vorteile er im Vergleich zur herrschenden Vorrangautomatik bietet. Dort ist die entscheidende Frage zu beantworten, ob im Erlaß eines Gesetzes nur die Veränderung objektiver Bestandsfaktoren zu sehen ist, der sich die Parteien nolens volens beugen müssen, oder ob diese Entscheidung im konkreten Verhältnis als eine subjektive Willenserklärung und zurechenbare Handlung einer vertraglichen Wertung unterliegt.

B. Die Bestandskraft des Vertrages

Es hat sich gezeigt, daß die Rechtsordnung die Lösung vom Vertrage nur in einem vertragsgemäßen Verfahren zuläßt. Das muß auch für den bundesstaatlichen Vertrag gelten, wenn es gelingt, dieses Verfahren in die spezifisch bundesstaatliche Verfassungsordnung zu integrieren. Daß der Bund (und damit der Bundesgesetzgeber) an den Vertrag gebunden ist, kann nicht bestritten werden, wie im zweiten Teil dieser Untersuchung nachgewiesen wurde. Die entscheidende Frage lautet allein, wie lange der Bund vertraglich gebunden ist und unter welchen Voraussetzungen er sich von dieser Bindung lösen kann.

I. Der Lösungstatbestand

Ausgangsbasis der eigenen Lösung in allen drei Variationen ist die Geltung des Gesetzes gegenüber dem Vertrag und die Geltung des Vertrages gegenüber dem Gesetz. Dieser antithetische Gegensatz wird im Rücktritt vom Vertrag oder in der Kündigung des Vertrages aufgelöst. Die Rechtsfolge dieser Vertragsgestaltung liegt darin, daß die vertragliche Bindung beseitigt wird. Das heißt aber auch, daß nur auf diese Weise die vertragliche Bindung beseitigt werden kann. Das heißt insbesondere, daß der Vertrag durch bloßen Erlaß eines Gesetzes nicht aufgehoben werden kann bzw. so nicht aufgehoben werden darf.

1. Die gesetzliche Lösung

Nun ist es ein „Nonsens", so möchte man sagen, zumindest aber eine Scheinlösung, wenn man die tatbestandlichen Voraussetzungen für diese Vertragsgestaltung (also insbes. die Kündigung) wie in der „Minimallösung" so gestaltet, daß sie genau den Tatbeständen entsprechen, die den Bund (oder auf der anderen Seite das Land) zum Erlaß eines Gesetzes berechtigten. Damit erreicht man doch im Ergebnis nichts anderes, was nicht die herkömmliche Methode auch erreicht hätte, nur auf dem „umständlicheren" Wege über eine Kündigung. Der Einwand ist richtig, was das materielle Ergebnis dieser Lösung anbelangt. Damit erledigen sich aber auch alle materiellen Bedenken, die gegen eine solche Lösung vorgebracht werden könnten. Der scheinbare Mangel dieser Methode erweist sich dadurch zwar nicht gerade als Vorteil (denn welchen Vorteil sollte es bieten, ein gleiches Ergebnis auf einem Umwege zu erzielen), diese Tatsache beweist jedoch, daß diese Lösung im Ergebnis der herkömmlichen zumindest ebenbürtig ist. Sie ist ihr jedoch nicht nur ebenbürtig, sondern überlegen.

Diese Überlegenheit ist nicht im materiellen Ergebnis begründet, sondern im Verfahren, im „modus procedendi":

Der Bund ist (wie auch das Land) durch den Vertrag auch in seiner Gesetzgebung gebunden. Diese Bindung ist keine materielle, sondern eine formale. Will der Bund über die Vertragsmaterie ein diesem Vertrag widersprechendes Gesetz erlassen, so darf er dies nur dann, wenn er zuvor den Vertrag ordnungsgemäß gekündigt hat. Zu dieser Kündigung ist er dann berechtigt, wenn er aufgrund der allgemeinen Kompetenzvorschriften zum Erlaß des Gesetzes berechtigt ist. Es sind also im Rahmen der Kündigung die Voraussetzungen der konkurrierenden, der ausschließlichen und auch der verfassungsändernden Gesetzgebung zu prüfen. Der Erlaß eines Gesetzes ohne Kündigung ist insofern rechtmäßig, als der Bund aufgrund seiner Kompetenz hierzu berechtigt ist. Dieser Gesetzeserlaß ist insofern rechtswidrig, als der Bund sich dadurch vertragsbrüchig macht. Die Gestaltungsfreiheit des Gesetzgebers wird so in materieller Hinsicht in keiner Weise beschränkt. Einzig die Kündigung bringt als „Schaltstation" zwischen Vertrag und „vertragswidrigem" Gesetz ein zusätzliches materielles Erfordernis, das zu einer gewissen formalen Bindung des Gesetzgebers führt. Man könnte vielleicht versucht sein, diese Lösung als eine unnütze und gewollte Neuerung abzutun, indem man den Erlaß des Gesetzes als eine konkludent erklärte Kündigung auffaßt. Dann unterschiede sich diese Vertragsbeendigung im Ergebnis nicht mehr von der der herrschenden Lehre. So geht es jedoch nicht. Denn der Gesetzgeber kann den Vertrag nicht kündigen. Dazu ist nur das vertragschließende Organ berechtigt, das möglicherweise der Zustimmung des Parlaments bedarf. Gerade in dieser Art der Vertragsbeendigung als dem Pendant zum Vertragsabschluß zeigt sich die Vertragsadäquanz dieser Methode. Sie ging im Gegensatz zur herkömmlichen Methode vom Vertragsbegriff aus. Sie bringt eine „vertragliche" Lösung. Sie könnte nur durch den Vorwurf disqualifiziert werden, daß sie zwar vertragsadäquat, aber gesetzes- und rechtswidrig ist. Dies wird ausgeräumt durch die automatische Kopplung des Kündigungstatbestandes an den Tatbestand, der Voraussetzung ist für den Erlaß eines Gesetzes.

Schon die funktionale Minimallösung wäre der herrschenden Vorranglösung vorzuziehen. Sie bringt keine materiellen Änderungen und ist deshalb keinen entsprechenden Anfechtungen ausgesetzt. Sie enthält dagegen ein Plus an Vertragstreue und gewährleistet ein vertragsgemäßes Verfahren. Danach ist der Bund immer an den Vertrag gebunden, auch und gerade in den Fällen, in denen er ein „vertragswidriges" Gesetz zu erlassen beabsichtigt. Im letzteren Falle ist er allerdings nur formell gebunden, da er den Vertrag jederzeit kündigen kann.

2. Die vertragliche Lösung

Obwohl schon die Minimallösung der herrschenden Lehre vorzuziehen wäre, ist sie doch in ihrem materiellen Ergebnis unbefriedigend. Dieser Tatbestand ist zu sehr in den Niederungen der „alltäglichen" Gestaltungs- und Ermessensfreiheit der Staatsgewalt angesiedelt, zu sehr dem politischen Kräftespiel und der Gesetzeshypertrophie ausgeliefert. Der Vertrag soll eben auch eine über das politische Alltagsgeschehen und über die augenblicklichen Regierungs- und Parlamentsverhältnisse hinausgehende Verfestigung und Bindung bewirken. So platt es klingen mag, man kann nicht anders, als mit Liermann zu sagen, irgendeinen Sinn muß der Vertrag doch haben[44]. Wegen ihrer materiellen Vertragsfeindlichkeit ist daher die „gesetzliche" Minimallösung abzulehnen.

Auf dem Boden des „vertraglichen" Verfahrens ließe sich eine extrem hohe Bestandskraft dann erreichen, wenn der Bund nicht nur an die Form der Kündigung gebunden wäre, sondern wenn diese Kündigung nur unter den Voraussetzungen des Maximaltatbestandes zugelassen würde. Das hieße:

Der Bund kann eine Änderung des Vertrages verlangen oder vom Vertrage zurücktreten oder den Vertrag kündigen, wenn sich die dem Vertragsabschluß zugrundeliegenden Umstände völlig verändert haben und ihm deshalb die Erfüllung des Vertrages nicht mehr zumutbar ist, sich vielmehr das Beharren des Landes auf dem Vertrag als eine an Rechtsmißbrauch grenzende Zumutung darstellt.

Wenn man diese Lösung, die in etwa dem Tatbestand der sog. „clausula rebus sic stantibus" entspricht, wenn man sie als den allein zulässigen Tatbestand ansehen wollte, der den Bund zu einer Kündigung des Vertrages berechtigte (letzten Endes ist die Rechtsfolge auch hier die Kündigung, wenn eine Anpassung des Vertrages untunlich oder unzumutbar ist), dann ist der Vertrag nicht nur im Grundsätzlichen — der Idee nach — verbindlich, sondern auch in der Praxis fast immer. Denn es blieben hier nur die ganz exzeptionellen Fälle übrig, die die Partner niemals überhaupt in Erwägung gezogen haben, die also praktisch kaum vorkommen. Es liegt auf der Hand, daß der Gesetzgeber sich sehr enge Fesseln auferlegt bei Abschluß des Vertrages, wenn er wegen einer Lösung allein auf diese Möglichkeit verwiesen wird. Seine normale Gestaltungsbefugnis und Ordnungspflicht könnte der Gesetzgeber unter diesen Auspizien sicherlich nicht mehr wahrnehmen. Es ist daher verständlich, wenn alle Autoren die Geltung des Gesetzes vor dem Vertrag bejahen, bevor sie eine solch kategorische Bindung befürworten. Es bedarf keines besonderen Beweises, daß die alleinige Ver-

---

[44] „Wozu wäre sonst die Vertragsform überhaupt gewählt worden, wenn einfache Gesetzesform dasselbe bedeuten würde?" (Sonderrechte, S. 43).

weisung auf diese Lösungsmöglichkeit die potentiell unbeschränkte Allmacht der Legislative in unverträglichem Maße beschränken würde. Gewisse Beschränkungen des gesetzgeberischen Ermessens und selbst der Kompetenzen wären wohl denkbar. Dies darf jedoch die virtuelle Kompetenz und Allmacht des Gesetzgebers nicht beseitigen. Es muß zumindest die Möglichkeit einer Revision auch unter „normalen" Bedingungen und Umständen bestehen. Das wäre aber in diesem Falle nicht gewährleistet. Das Vertragsrecht würde tatsächlich zu objektivem Verfassungsrecht, die Vertragspartner zum Verfassunggeber. Es ist deshalb davon auszugehen, daß auch die Verträge zwischen Bund und Ländern unter dem Vorbehalt des „Wohls des Ganzen und seiner Gesamtpolitik" stehen[45]. Die Maximallösung ist somit wegen ihrer rigorosen „Unmäßigkeit" dem Gesetz gegenüber untragbar, ihr Maximum an Bestandskraft nicht zu realisieren.

Zwischen der Skylla der gesetzgeberischen Willkür und der Charybdis der gesetzgeberischen Ohnmacht zeigt der „Medialtatbestand" einen gefahrloseren und darum in erster Linie einzuschlagenden Kurs:

Der Bund ist zur Aufhebung des Vertrages (d. h. zum Rücktritt vom Vertrag oder zur Kündigung des Vertrages) berechtigt, wenn ein wichtiger Grund vorliegt.

Diese Lösung bietet nicht nur die Vorteile einer formellen Bestandskraft, sie enthält darüber hinaus ein Plus an Vertragsfreundlichkeit, an materieller Bestandskraft, ohne daß man sie als gesetzesfeindlich und zu rigoros bezeichnen könnte. Sie leugnet auf der einen Seite nicht den verbindlichen Charakter des Vertrages auch und gerade für die Organe der Staatsgewalt, ohne auf der anderen Seite die ordnende Gestaltungstätigkeit dieser Staatsgewalt über Gebühr zu beschränken und zu fesseln. Daher empfiehlt sie sich als die optimale Lösung, wenn es gelingt, den unbestimmten Rechtsbegriff des wichtigen Grundes inhaltlich auszufüllen, seine Grenzen eindeutig festzulegen und seine Anwendung in einem klaren Tatbestand praktikabel zu machen. Ist dies geschehen, so kann und muß eine verfassungseinheitliche Betrachtung das abschließende Urteil über diese Lösung fällen.

3. Der konkrete Tatbestand

a) Bei der Rücktritts- oder Kündigungsbefugnis aus wichtigem Grund handelt es sich keineswegs um die entsprechende Anwendung des zivilrechtlichen Instituts, sondern um die Ableitung eines sachgerechten Tatbestandes aus der Natur der Sache. Er hat mit dem zivilrechtlichen Tatbestand nichts gemein außer dem Namen (der sich als treffende und prägnante Überschrift anbietet) und der Eigenschaft, eine brauch-

---

[45] So *Krüger*, Staatslehre, S. 910 für Verträge zwischen den Ländern.

I. Der Lösungstatbestand

bare Formel zur Lösung des Problems zu liefern. Wann ein wichtiger Grund vorliegt, kann sicherlich (wie auch im Zivilrecht) nur von Fall zu Fall unter Berücksichtigung der Eigenart des Vertragsverhältnisses, des Verhaltens beider Teile und der Zumutbarkeit einer Vertragsfortsetzung entschieden werden. Doch ist mit dieser Feststellung wenig gewonnen. Es liegt auf der Hand, daß der „wichtige Grund" als Rechtsbegriff noch näherer Konkretisierung bedarf, und daß diese sich nicht an dem bürgerlich-rechtlichen (subjektiven) Interessenausgleich orientieren kann, sondern in einer spezifisch bundesstaatsrechtlichen (objektiven) Interessen- und Güterabwägung erfolgen muß.

Zwar beruht auch der Tatbestand der „clausula" im Grunde auf dem Gedanken der Interessen- und Güterabwägung. Die dortigen Erwägungen können hier jedoch nicht gelten. Denn dort ging es um die Abwägung in einem extremen Fall, in dem es eigentlich gar nichts mehr abzuwägen gibt, in dem vielmehr nur eine Entscheidung möglich und sinnvoll ist. Das ist auch der Grund dafür, daß die Berechtigung einer außerordentlichen Lösung vom Vertrage in solchen Fällen von niemandem im Grunde bestritten wird. Hier gilt es jedoch, ein Lösungsrecht aufzuzeigen, das nur insofern „außerordentlich" ist, als es vertraglich nicht vereinbart war, das jedoch insoweit „ordentlich" sein muß, als es immer zur Verfügung steht und nicht erst in extremen Ausnahmesituationen realisierbar ist, vielmehr den üblichen Gestaltungserfordernissen eines bundesstaatlichen Gesamtstaates in seiner Verantwortung für Haupt und Glieder gerecht wird.

Die Interessenabwägung, die hier erforderlich ist, verlangt deshalb einen flexibleren und elastischeren, dabei aber doch bestimmten und sicheren Ausgleich der widerstreitenden Interessen. Der wichtige Grund kann deshalb — im Gegensatz zu den typischen Fällen des Zivilrechts — nicht allein auf diejenigen Fälle beschränkt werden, in denen das Verhalten des Vertragspartners Anlaß zur Lösung vom Vertrage bietet. Freilich kennt auch der bundesstaatliche Vertrag solche subjektiv motivierten Lösungsmöglichkeiten (treuwidriges Verhalten, Unzumutbarkeit u. ä.), doch sind sie unproblematisch. Der besonderen Struktur des bundesstaatlichen Vertrages entsprechend wird ein wichtiger Grund auch dann vorliegen, wenn allein die objektive Interessenlage dies erfordert. Es kommt also hier zu einer gewissen Verbindung des subjektiven Kündigungstatbestandes mit dem objektiven Tatbestand der clausula. Das ist auch durchaus system- und sachgerecht, selbst wenn man bemüht sein sollte, die Parallele zum Zivilrecht nicht gänzlich aus den Augen zu verlieren: Das Zivilrecht dient dem Ausgleich subjektiver „egoistischer" Interessen. Deshalb sind es diese Interessen, die in die Waagschale zu legen und dann (objektiv) zu wägen sind. Auch der Bundesstaatsvertrag ist Ausfluß subjektiver Rechte und dient ihrem Ausgleich. Diese von der Person des Staates her gesehen „subjektiven Interessen" sind aber nichts anderes als die „gemeinen Interessen" des Staates, des Staates nicht als Person, sondern als Gemeinwesen, d. h., die Interessen sind identisch mit dem objektiven Gemeinwohl. Die abzuwägenden Interessen sind also insofern subjektiv, als sie vertraglich motiviert und auszugleichen sind, sie sind dagegen objektiv insofern, als sie dem objektiven Recht, d. h. dem Verfassungsrecht zu entnehmen sind. Die für diese Interessenabwägung maßgeblichen Gesichtspunkte können daher nur aus den besonderen bundesstaatlichen Normen gewonnen werden, da hier der abstrakte Ausgleich des Gesamtinteresses mit dem Partikularinteresse vorgenommen wird.

Einen solchen Ausgleich treffen die Normen des Grundgesetzes in ihrer Gesamtheit. In welchen Fällen das Gesamtinteresse dem Partikularinteresse vorgehen muß, hat die Verfassung darüber hinaus in einer Vorschrift besonders eindeutig geregelt: In Art. 72 II GG, der die Voraussetzungen für die konkurrierende Gesetzgebungszuständigkeit festlegt (Entsprechendes gilt für die Rahmengesetzgebung nach Art. 75 GG). Es liegt nahe, diese Norm als Modell zu nehmen und ihre Grundsätze zur Lösung des vorliegenden Falles nutzbar zu machen. Eine analoge Übertragung führte etwa zu folgendem konkreten Tatbestand: Ein wichtiger Grund zur Aufhebung des Vertrages läge dann vor, wenn der Vertrag zwischen Bund und Land eine wirksame Regelung der fraglichen Angelegenheit nicht mehr gewährleistete (1. Alternative), wenn der Bestand des Vertrages nunmehr die Interessen anderer Länder oder der Gesamtheit beeinträchtigte (2. Alternative), oder wenn die Wahrung der Rechts- oder Wirtschaftseinheit die Aufhebung des Vertrages erforderte (3. Alternative).

Wenn sich dieser Kündigungstatbestand auch an die Regelung des Art. 72 II GG anlehnt, so ist doch ersichtlich, daß beide Tatbestände nicht identisch sind. Die Analogie kann nur soweit gehen, wie die beiden Komplexe vergleichbar sind und die Interessenlage die gleiche ist. Der wesentliche Unterschied besteht zum einen darin, daß der Aufhebungstatbestand nicht statisch vorgegeben ist, sondern daß sich dieser Tatbestand dynamisch entwickelt. Das heißt, es muß sich in den objektiven Momenten nach Vertragsschluß eine Änderung vollziehen, die den Aufhebungstatbestand nunmehr zum Entstehen bringt. Wenn eine solche Veränderung fehlt, so ist ein Aufhebungsgrund nicht gegeben, denn dann wurde der Vertrag auf dieser Grundlage geschlossen. In diesen Fällen kann der Vertrag allenfalls von Anfang an unwirksam sein oder eine Anfechtung des Vertrages in Frage kommen. Der zweite wesentliche Unterschied ist in der Tatsache zu sehen, daß sich nicht die einzelgesetzliche Regelung, sondern nur die vertragliche Regelung zwischen Bund und Land bzw. mehreren Ländern als un-

I. Der Lösungstatbestand

zureichend erweisen muß. Es wird also allein über das Schicksal des Vertrages entschieden. Es braucht demnach die Möglichkeit oder das Recht zum Gesetzeserlaß nicht geprüft zu werden. Schon durch die Beseitigung des Vertrages kann der erstrebte Erfolg erreicht werden. Daß dadurch der Weg für eine „vertragswidrige" Gesetzgebung frei wird, ist nur eine mittelbare Folge der Vertragsaufhebung. Für den Gesetzeserlaß, insbesondere für die Frage, ob der Bund oder das Land zuständig ist, gelten dann die allgemeinen Vorschriften. Wegen der Gleichartigkeit des Kündigungs- mit dem Gesetzestatbestand wird allerdings in der Regel der Bund zum Zuge kommen können.

b) Ist aber, so muß man sich fragen, dieser Aufhebungstatbestand rechtlich haltbar (schon von seiner rechtlichen Konstruktion her, ohne auf einzelne verfassungsrechtliche Bedenken einzugehen), und wenn ja, ist er auch sinnvoll? Im Bereich der vertraglich geregelten Materien der konkurrierenden und der Rahmengesetzgebung bringt er anscheinend nichts Neues, während er die ausschließliche Gesetzgebung sowohl des Bundes wie des Landes zu einer Art konkurrierender Gesetzgebung macht.

Man könnte diesen Lösungstatbestand deshalb als konsequente Folge des Vertragsschlusses bezeichnen, weil sich Bund und Länder durch den Vertragsschluß hinsichtlich der vertraglichen Materie auf das Feld einer konkurrierenden Zuständigkeit begeben, diese Materie durch den Vertrag sozusagen zu einer konkurrierenden Angelegenheit gemacht haben, was zur Folge hätte, daß der Bund (und umgekehrt das Land) seine ihm ursprünglich ausschließlich zustehende Materie nur unter den besonderen Voraussetzungen der konkurrierenden Zuständigkeit wieder an sich ziehen kann. Diese Argumentation hat etwas Bestechendes, wenn man bedenkt, daß ein Vertrag ja nur dann möglich und zulässig ist, wenn beide Partner in irgendeiner Weise für die fragliche Angelegenheit zuständig sind und wenn beide über diese Materie verfügen können. Eine solche Konstruktion wäre systematisch wohl zu begründen, jedoch dogmatisch kaum zu rechtfertigen, denn in diesem Falle verfügten die Vertragspartner nicht nur über die vertragliche Materie, sondern auch über die verfassungsrechtliche Regelung dieser Materie. Sie gerierten sich tatsächlich als Verfassunggeber, was als indiskutabel abzulehnen ist.

Mit einer solchen Auslegung würde man auch Sinn und Bedeutung des Aufhebungstatbestandes mißverstehen. Seine Bedeutung liegt gerade darin, daß er keine Entscheidung über die verfassungsrechtliche Zuständigkeit zur Regelung der entsprechenden Angelegenheit, keine Entscheidung über das Schicksal des Gesetzes trifft, daß er weder eine neue materielle Verfassungsnorm begründet, noch einer bestehenden Norm derogiert. Die Bedeutung dieses Tatbestandes liegt darin, daß er ausschließlich und allein das Schicksal des Vertrages entscheidet, daß er eine Möglichkeit bietet, die Verbindlichkeit des Vertrages zu bestätigen, ohne die Geltung des Gesetzes zu leugnen.

Wird aber, so muß man einwenden, mit dieser Auslegung die unerwünschte Folge einer Verfassungseinwirkung nicht einfach umgangen? Ist nicht die vertragliche Materie doch zu einer konkurrierenden geworden? Zwar nicht durch das Verbot eines Gesetzeserlasses, aber doch auf dem Umweg über das Verbot einer Vertragsaufhebung, wobei die Möglichkeit zur Gesetzgebung durch die damit verbundene Vertragswidrigkeit illusorisch würde? Dieser Einwand ist gewichtig, doch an dieser Stelle fehl am Platze. Daß diese Lösung eine gewisse Verfassungseinwirkung mit sich bringt, liegt in der Natur der Sache. Denn es geht ja darum, ein verfassungsrechtliches Problem zu lösen, das die Verfassung nicht ausdrücklich geregelt hat. Inwieweit diese Verfassungseinwirkung materiell tragbar ist, wird im nächsten Abschnitt zu prüfen sein. Hier wurde nur dargetan, daß formell die Kompetenz des Gesetzgebers weder beseitigt noch beschränkt ist.

c) Aus der Identität des Gesetzes- mit dem Kündigungstatbestand kann demnach die Unzulässigkeit des letzteren nicht gefolgert werden. Ergibt sich daraus aber nicht die Sinnlosigkeit dieses Tatbestandes, da er offenbar doch zum gleichen Ergebnis kommt wie die Lehre, die schlicht und einfach dem Gesetz den Vorrang vor dem Vertrag gibt? Das ist aus folgenden Gründen nicht der Fall:

Erstens liegt der wesentliche Unterschied dieser Form der Vertragsaufhebung im Verfahren, im „modus procedendi". Es gelten hier die gleichen Erwägungen, die zu der mit einer formellen Bestandskraft verbundenen „gesetzlichen" Lösung angestellt wurden, deren großer Vorteil in ihrer Vertragsadäquanz zu sehen war.

Zweitens kommt hinzu, daß diese Lösung eine materielle Bestandskraft des Vertrages bewirkt, ohne die virtuelle Gesetzgebungskompetenz zu beschränken. Selbst wenn dies auf dem Gebiet der konkurrierenden Angelegenheiten nicht der Fall sein sollte, so doch sicherlich im Bereich der ausschließlichen Materien (in dem Verträge durchaus möglich und zulässig sind).

Drittens bringt dieser Tatbestand darüber hinaus auch eine Garantie für den Bestand des Vertrages im Bereich der konkurrierenden Zuständigkeit, die über das hinausgeht, was eine absolut gesetzesfreundliche Auffassung zu erreichen imstande ist. Zwar sind wegen der Analogie zu Art. 72 die Voraussetzungen zur Aufhebung des Vertrages im wesentlichen die gleichen, die auch zum Erlaß eines Gesetzes vorliegen müssen, doch ergibt sich hier (neben der erwähnten Vertragsadäquanz) der große Vorteil einer besseren und gründlicheren Nachprüfbarkeit der gesetzgeberischen Akte. Während die Voraussetzungen und die Berechtigung zum Erlaß des Gesetzes im wesentlichen dem freien und nicht nachprüfbaren Ermessen des Gesetzgebers ausgeliefert sind, ist die Entscheidung über die Berechtigung der Vertragsauflösung in vollem Umfange nachprüfbar. Es wird also — mittelbar — das gesetzgeberische Ermessen juridifiziert, ohne daß es selbst beschränkt oder angetastet würde.

Viertens schließlich erhält dieser Tatbestand ein besonderes und eigenständiges Gewicht dort, wo keine Identität zwischen Vertrags- und Gesetzesmaterie vorliegt, also bei der Aufhebung des Verwaltungsabkommens. Nichts steht im Wege, den Aufhebungstatbestand auch auf Verwaltungsabkommen anzuwenden, so daß auch in diesem Bereich ein rechtssatzmäßig bestimmtes und daher rechtsstaatlich einwandfreies Aufhebungsverfahren zur Verfügung steht. Gerade hier würde dieser Tatbestand seine große praktische Bedeutung erlangen.

4. Ergebnis

Aus diesen Gründen bietet sich dieser Tatbestand als der „optimale" an. Rechtssatzmäßig wäre er etwa folgendermaßen zu formulieren:
Der Bund kann vom Vertrage zurücktreten oder den Vertrag kündigen, wenn ein wichtiger Grund vorliegt. Ein wichtiger Grund liegt dann vor, wenn im Interesse des Gesamtstaates ein Bedürfnis zur Aufhebung des Vertrages besteht, weil

1. die vertragliche Angelegenheit durch den Vertrag mit dem Land (oder mit mehreren Ländern) nicht mehr wirksam geregelt werden kann oder weil
2. die Regelung der vertraglichen Angelegenheit durch den Vertrag nunmehr die Interessen anderer Länder oder der Gesamtheit beeinträchtigt oder weil
3. die Wahrung der Rechts- oder Wirtschaftseinheit, insbesondere die Wahrung der Einheitlichkeit der Lebensverhältnisse über das Gebiet der Vertragspartner hinaus die Aufhebung des Vertrages erfordert.

II. Die Legitimation der Bestandskraft

Hat sich somit erwiesen, daß das gefundene Funktionsschema sachgerecht und formal verfassungsrechtlich brauchbar ist, so muß es sich nunmehr auch in materieller Hinsicht vor der Verfassung verantworten und bewähren. Diese verfassungseinheitliche Auslegung wird sich an einer einheitlichen „Bestandskraftslehre" orientieren müssen. Daß die

Verfassung dem Vertrag zumindest eine formelle Bestandskraft verleiht, hat die Darstellung des zweiten Teils deutlich gemacht. Ob die materielle Bestandskraft, die mit dem oben entwickelten Lösungstatbestand verbunden ist, verfassungsrechtlich tragbar und zulässig ist, das muß nun untersucht werden. Bevor die Auswirkungen dieser Bestandskraft auf das Gesetz, das heißt, bevor die verfassungsrechtliche „Legalität" der Bestandskraft abschließend gewürdigt werden kann, ist zu prüfen, ob und wie sich die Bestandskraft des Vertrages verfassungsrechtlich zu „legitimieren" vermag. Entscheidendes Kriterium für die Beurteilung dieser Frage ist nicht das Gesetz, sondern der Vertrag und das Wesen seiner bindenden Wirkung sowie das Wesen der rechtlichen Beziehungen zwischen Bund und Ländern.

1. Die systematische Logik

Allein die funktionale Lösung kann der Logik des Vertragswesens zwischen Bund und Ländern gerecht werden. Diese Logik liegt in der rechtlichen Bindung des Staates, und so geht es nicht an, den Gesetzgeber als Organ dieses Staates von der Bindung zu dispensieren. Die funktionale Lösung bejaht diese Bindung und stellt zugleich ein Verfahren zur Verfügung, das unangemessene Folgen dieser Bindung ausschaltet. Wer diesen „kategorischen Imperativ" des Vertragswesens leugnet, beseitigt das Vertragswesen aus dem Bundesstaatsrecht. So kommt es, daß in seltsamem Gegensatz zur angeblichen Aufhebungsbefugnis diese Befugnis in concreto nie relevant wird. Weder die Beteiligten, noch die Rechtsprechung, noch die Literatur, niemand hat sich — soweit ersichtlich — je auf diese Befugnis berufen, wenn es um die Entscheidung eines konkreten Falles ging. Immer und ausschließlich ging es um die Frage, ob ein Vertrag, das heißt, eine rechtliche Bindung gegeben war oder nicht[46]. Welchen Sinn sollte es auch haben, wenn die Parteien einen langwierigen Rechtsstreit darüber führen und eine Entscheidung des Verfassungsgerichts über die Frage verlangen, ob einem Vertrag rechtliche Bindungswirkung zukommt, wenn der Vertragspartner diesen Vertrag ohne weiteres wieder beseitigen könnte. Ergeht ein Gesetz, das tatsächlich einem Vertrag widerspricht, so liegt es viel näher, anzunehmen, daß die Partner den Vertrag konkludent aufgehoben oder aber auf die vertraglichen Rechte verzichtet haben.

---

[46] Vgl. *Grawert*, a.a.O., S. 61; außerdem *Friesenhahn*, Ernst, Die Staatsgerichtsbarkeit, HBDStR II (1932), S. 523 ff., S. 542 m. w. N. Aufschlußreich: „Der Konflikt Reich — Thüringen in der Frage der Polizeikostenzuschüsse": *Koellreuther*, Otto, AöR N. F. 20. Bd. (1931), S. 68 ff. und *Häntzschel*, Kurt, ebenda, S. 384 ff. (S. 397 ff., S. 406 ff.). Vgl. dazu das Gutachten des Thüringischen Oberverwaltungsgerichts, wiedergegeben bei *Koellreuther*, a.a.O., S. 77 ff. Bezeichnend auch das oben zitierte Urteil des Staatsgerichtshofes (RGZ, Bd. 115, Anhang S. 1 ff.).

Daß dem so ist, dürfte auch die Auffassung der Praxis sein und ist um so wahrscheinlicher, wenn man die Stellung des Bundesrates beim Gesetzgebungsverfahren bedenkt, der in der Regel bei solchen Gesetzen zustimmend beteiligt sein muß, da es sich regelmäßig um Materien des Bund-Länderverhältnisses handelt.

Auch das Bundesverfassungsgericht bezweifelt nicht, daß rechtlich bindende Vereinbarungen zwischen Bund und Ländern möglich sind:

„Zwar wäre es möglich — auch mit § 14 Abs. 1 des Ersten Wohnungsbaugesetzes vereinbar —, daß die Länder unter sich und mit dem Bund eine rechtlich verbindliche, generelle Vereinbarung treffen, in welcher Weise künftig alle Haushaltsmittel des Bundes, die für Wohnungsbauzwecke der Länder zur Verfügung stehen, verteilt werden ... Der Düsseldorfer Übereinkunft vom 23./24. November 1950 kommt jedoch eine solche Bedeutung nicht zu[47]."

Was aber bedeutet die Möglichkeit einer rechtlichen Bindung? Sie kann doch sinnvollerweise nur besagen, daß nicht der Minister oder die Regierung, sondern daß der Bund als solcher verpflichtet ist, und daß das Land als Land aus dem Vertrag berechtigt sein soll. Wenn der Düsseldorfer Übereinkunft rechtliche Wirkung zugekommen wäre, so hätte das Bundesparlament die Mittel sicher kürzen oder streichen können, es hätte aber nicht ein Land von der Verteilung ausschließen oder vertragswidrig benachteiligen dürfen, auch wenn eine solche Differenzierung noch als durchaus sachgerecht anzusehen gewesen wäre (zu dieser Frage brauchte das Bundesverfassungsgericht keine Stellung zu nehmen).

Ob dem Vertrag rechtliche Bindung zukommt, ist keine Frage der Vertragsaufhebung, sondern eine Frage des ordnungsgemäßen Vertragsschlusses. Daraus folgt, daß das Problem nicht dadurch gelöst wird, daß man dem Gesetzgeber eine Aufhebungsbefugnis zuspricht, sondern daß es darauf ankommt, den Vertrag klar und eindeutig gegen andere Formen der Zusammenarbeit zwischen Bund und Ländern abzugrenzen. Es ist also zu prüfen, ob eine rechtliche Bindung gewollt und möglich ist, oder ob diese „Vereinbarung" nur den Charakter einer politischen Erklärung oder eines Versprechens, eines „gentleman-agreement", hat[48]. Während der Vertrag die Parteien rechtlich bindet und zu einem bestimmten Verhalten verpflichtet, das gerichtlich erzwungen werden kann, ist das Versprechen nicht justiziabel und erzeugt nur eine politisch-moralische Bindung[49]. Kommt diese Prüfung zu dem Ergebnis,

---
[47] BVerfGE 1, 299 ff., Urteil vom 21. 5. 1952, S. 307/8.
[48] Dazu *Giese*, Staatsverträge, S. 66 ff.
[49] *Giese*, a.a.O., S. 68. Dazu vgl. z. B. BVerfGE 4, S. 250 ff., Urteil vom 28. 7. 1955, S. 281: Auch wenn kein bindender Staatsvertrag vorliegt, wird es eine Regierung nicht wagen können, feierliche Versprechungen zu brechen. In der obigen Entscheidung (1, 299 ff.) wertete das Gericht die Vereinbarung als „Arbeitsgrundlage" (S. 309). Vgl. hierzu auch *Grawert*, a.a.O., S. 59 ff.: „Ab-

daß keine unverbindliche Absprache vorliegt, sondern ein Vertrag, dann kann diese „verbindliche Vereinbarung ... nur im allseitigen Einverständnis der Beteiligten geändert werden"[50]. Damit ist eine einseitige Aufhebung ausgeschlossen, wenn kein Grund zur Kündigung des Vertrages vorliegt.

2. Die Vertragsadäquanz

Die einheitliche Betrachtung der Bestandskraft, die sowohl die „initialen", als auch die „finalen" Komponenten der vertraglichen Bindung in Rechnung stellt, diese Lehre zeigt, daß allein die funktionale Lösung sachgerecht ist. Das wird noch deutlicher, wenn man das Verfahren darstellt, in dem sich diese Lösung verwirklicht. Ihr großer Vorteil liegt in der „Vertragsadäquanz", d. h. in dem geordneten und vertragsgemäßen Verfahren, in dem die „Aufhebung" bewirkt und in dem über die Rechtmäßigkeit dieser Aufhebung im Ernstfall entschieden wird.

a) Das Land ist nicht darauf angewiesen, in einer abstrakten oder konkreten Normenkontrolle die Gültigkeit des Gesetzes nachprüfen zu lassen, sondern kann im speziellen Streitverfahren (etwa nach § 93 I 4 GG = § 13 Nr. 8 BVerfGG oder nach §§ 40 ff., 50 I 1 VwGO) das vertragsgemäße oder vertragswidrige Verhalten des Bundes feststellen lassen. Es mag ihm gar nicht so sehr darauf ankommen, das Gesetz zu beseitigen, sondern vielmehr darauf, einen vertraglichen Ausgleich herbeizuführen. Der aber ist gar nicht möglich, wenn allein schon die Tatsache des Gesetzeserlasses den Vertrag beseitigt. Selbst wenn das Gesetz einmal verfassungswidrig sein sollte, so wäre doch bis zur Feststellung dieser Verfassungswidrigkeit der Vertrag als nicht existent anzusehen mit der Folge, daß auch keine vertraglichen Neben- und Gewährleistungsansprüche zuerkannt werden könnten. Auch würde hierdurch die Möglichkeit abgeschnitten, im Wege der einstweiligen Anordnung (§ 32 BVerfGG, § 123 VwGO) eine vorläufige Regelung zu treffen, oder die Streitigkeit in einem Prozeßvergleich beizulegen. All diese prozessualen Verhaltensweisen und Erkenntnismöglichkeiten werden dort verkürzt, wo es nicht um die vertragliche Frage des Kündigungsrechtes, sondern um die objektive Gültigkeit des Gesetzes geht, das vom hier vertretenen Standpunkt aus nur mittelbar und noch nicht einmal inzident geprüft wird.

Schließlich braucht es auch soweit gar nicht zu kommen. Wo schon keine Kündigung vorliegt, kommt es auf das Recht zum Erlaß eines

---

sprache", „politische" Bindung (S. 60). Umstritten ist die Verbindlichkeit von Richtlinien- und Normenverträgen. Dazu *Grawert*, a.a.O., S. 62 ff.

[50] So das Bundesverfassungsgericht in der o. a. Entscheidung (1, 308).

Gesetzes gar nicht an. Die Vertragswidrigkeit ist evident. Dies kann z. B. dann der Fall sein, wenn der Bund sich beim Gesetzeserlaß gar nicht bewußt war, den Vertrag zu verletzen oder in den Fällen, in denen die Partner den Vertrag verschieden auslegen und eine Kündigung für nicht erforderlich halten. Hier kann aus dem Widerspruch zwischen Vertrag und Gesetz und aus dem Fehlen einer Kündigung die objektive Vertragswidrigkeit festgestellt und nach subjektiven Gesichtspunkten der gerechte Ausgleich geschaffen werden. So trifft das Risiko einer gesetzlichen Vertragsbeeinflussung nicht immer nur das Land, wie dies dann der Fall ist, wenn die Angelegenheit schon mit dem Hinweis auf die Kompetenz des Bundes entschieden ist.

Dem läßt sich nicht entgegenhalten, daß diese Gesichtspunkte auch in dem Verfahren berücksichtigt werden können, das durchzuführen ist, wenn man der herrschenden Lehre folgt und die Aufhebungsbefugnis des Bundes durch Gesetz bejaht. Sicherlich kann auch in diesem Falle ein Rechtsstreit über die vertraglichen Rechte und Pflichten angestrengt und durch Urteil entschieden werden (Art. 93 I 4 GG, § 50 I 1, §§ 40 ff. VwGO), und ebenso sicher kann die Gültigkeit des vertragswidrigen Gesetzes positiv durch Inzidentkontrolle und negativ (oder positiv) durch konkrete Normenkontrolle festgestellt werden. Damit aber hat es sein Bewenden. Kommt man zur Gültigkeit des Gesetzes, so ist der Fall entschieden. Wenn man der Auffassung ist, der Bund könne und dürfe den Vertrag durch Gesetz aufheben, so kann man ihm aus dieser Aufhebung keinerlei „Vorwurf" machen.

Das aber ist bei der hier vertretenen Auffassung ohne systematischen Bruch und frei von logischen Widersprüchen möglich: Ist eine Kündigung nicht erfolgt, so kann der Erlaß des Gesetzes dem Bund als Vertragsverletzung zugerechnet werden, ohne daß es auf die Rechtmäßigkeit des Gesetzes ankommt. Ist die Kündigung ausgesprochen, so wird das Gesetz als gültig hingenommen und nur die Berechtigung der Kündigung geprüft. Hier ist die herrschende Lehre am Ende (wenn der Bund den Vertrag gesetzlich aufheben darf, dann kann ihm dies in einem konkreten Streitfall auch nicht als vertragswidriges Verhalten zugerechnet werden), während die hier vertretene Auffassung jetzt erst ihre eigentliche Bedeutung gewinnt: Auch wenn der Vertrag wirksam gekündigt ist, so können doch die Rechtsfolgen dieser Kündigung je nach der Art des Vertrages verschieden ausgestaltet sein. Die vertraglichen Primäransprüche können umgestaltet und vertragliche Sekundärpflichten aktuell werden. Nur in diesem Verfahren, in dem sich die brisante Kompetenzfrage nicht entzünden kann, weil von ihr das Schicksal des Vertrages nicht abhängt, nur hier kann das Verhalten beider Teile angemessen berücksichtigt, können die Lasten gerecht verteilt, und kann insbesondere auch ein mitwirkendes Verschulden angemessen in Rechnung gestellt werden. In diesem Rahmen ist auch Platz für eine Entscheidung nach Treu und Glauben, hier kann der Vertragspartner einen Vertrauensschaden geltend machen, hier kann man ihm auch entgegenhalten, daß er die ihm obliegenden Obhutspflichten verletzt habe. All diese Imponderabilien werden im vertraglichen Verfahren angemessen berücksichtigt, sie fallen dagegen unter den Tisch, wenn man bei der alten „Vorrangautomatik" bleibt.

Die Bedeutung dieser Lösung liegt also darin, daß sie das freie gesetzgeberische Ermessen in gewisser Weise juridifiziert ohne dieses Ermessen zu beschränken oder gar in seinem Wesensgehalt anzutasten. Die Ausübung dieses Ermessens, die Art und Weise in der, und die Motive, aus denen der Gesetzgeber das Ermessen tätigt, die Notwendigkeit hierzu und die Möglichkeit einer anderen Entscheidung, alle diese Gesichtspunkte dürfen bei der Prüfung des Gesetzes nicht zählen, sie können jedoch für die Rechtsfolgen der Kündigung in die Waagschale gelegt werden.

b) Man muß allerdings die Tragweite dieser Lösung in ihrer letzten Konsequenz bedenken: Wird das Recht zur Kündigung verneint, so muß das Bundesverfassungsgericht im Extremfall die Verpflichtung des Bundes aussprechen, dieses vertragswidrige (nicht verfassungswidrige!) Gesetz wieder zu beseitigen. Da es sich hier um einen Extremfall handelt, ist dieser Einwand nicht geeignet, diese Lösung zu disqualifizieren. Man muß an dieser Stelle noch einmal feststellen, daß auch der Gesetzgeber nicht „allmächtig" ist (was sich schon in der Tatsache zeigt, daß es auch unbeachtliche, weil nichtige Gesetze gibt) und daß er sich selbst Bindungen auferlegen kann. Es dürfte aber keinen Fall geben, in dem der Erlaß eines Gesetzes „legitim" ist, ohne daß zugleich auch ein wichtiger Grund zur Kündigung des Vertrages vorliegt, weil das allgemeine Regelungsbedürfnis selbstverständliche Voraussetzung für jedes gesetzgeberische Handeln ist[51].

c) Schließlich bietet die funktionale Lösung den Vorteil der größeren Rechtsklarheit und Rechtssicherheit, nicht nur für die Vertragspartner, sondern auch für Dritte. Sie dient damit zugleich der Rechtsstaatlichkeit. Durch die obligate Kündigung bleibt das Schicksal des Vertrages nie im Ungewissen; sie ermöglicht nicht nur eine eindeutige Entscheidung über den Vertrag, sie läßt den Vertragspartner auch frühzeitig die Ansicht und die Absicht des anderen Teils erkennen, so daß er sich darauf einstellen, möglicherweise über eine Vertragsanpassung mit ihm verhandeln kann. Sie ist aus diesem Grunde auch „fairer" und „über-

---

[51] *Gruson*, Michael, Die Bedürfniskompetenz. Inhalt und Justitiabilität des Art. 72 Abs. 2 des Grundgesetzes, Berlin 1967 (Schriften zum öffentlichen Recht, Bd. 62, zugleich Diss., Berlin), S. 93 (Fußn. 409, 410).

rumpelt" den Partner nicht durch vollendete Tatsachen. Andererseits ist für Nichtkontrahenten immer nur das Gesetz maßgebend, um das Schicksal des Vertrages brauchen sie sich nicht zu kümmern, da die Geltung des einen die Geltung des anderen nicht beeinflußt. Staatsbehörden wie Staatsbürger sind somit nie der Gefahr einer unsicheren Rechtslage ausgesetzt.

In diesem Zusammenhang erweist sich die funktionale Auffassung einmal mehr als die vertragsgemäßere: Nur die Vertragspartner, nicht dagegen Dritte können über den Bestand des Vertrages verfügen. Vertritt man dagegen die Abhängigkeit des Vertrages vom Gesetz, so könnten auch nicht am Vertrag Beteiligte den Vertrag durch das Gesetz im Wege der abstrakten oder konkreten Normenkontrolle zu Fall bringen, ohne daß die Vertragspartner dies verhindern oder auch nur beeinflussen können.

Summa summarum kann man diese Lösung aus den genannten Erwägungen heraus sicherlich als die vertragsadäquatere bezeichnen. Ihr Plus liegt im „modus procedendi", dem des Bundesverfassungsgericht für die Beziehungen zwischen Bund und Ländern eine große Bedeutung beimißt: „Auch das procedere und der Stil der Verhandlungen, die zwischen dem Bund und seinen Gliedern ... im Verfassungsleben erforderlich werden, stehen unter dem Gebot bundesfreundlichen Verhaltens." Dieses Gebot ist nicht nur ein nobile officium, aus ihm ergeben sich konkrete Rechtspflichten[52]. Der Bund, der das Land durch den Vertragsschluß als gleichwertigen Partner anerkennt, muß diese Anerkennung auch bei der Vertragsbeendigung gegen sich gelten lassen. Aus diesem Grunde kann er den Vertrag nur in einem vertragsgestaltenden Akt beenden, indem er das Land auch jetzt noch als Partner respektiert und achtet. Schon daß hierdurch das bloße Odium des Vertragsbruches beseitigt wird, rechtfertigt diese Lösung in genügender Weise. Daß sie den Widerspruch zwischen Vertrag und Gesetz naht- und bruchlos auflöst, qualifiziert sie in rechtslogischer, ja rechtsästhetischer Hinsicht als die sach- und systemgerechte.

3. Die verfassungsrechtliche Stringenz

Die systematische Logik und die Vertragsadäquanz der funktionalen Lösung qualifizieren die vertragliche Bestandskraft jedoch keineswegs nur in rechtslogischer oder gar rechtsästhetischer Hinsicht. Diese Erwägungen haben ihren konkret-verfassungsrechtlichen Niederschlag gefunden und erhalten von dort ihre innere Rechtfertigung.

a) Sowohl das Wesen des Vertrages als auch das besondere Verhältnis zwischen Bund und Ländern sind gekennzeichnet durch eine spezifische

---
[52] BVerfG 12, 205 ff., 254.

Treuepflicht: die Pflicht zur Vertragstreue und die Pflicht zur Bundestreue. Beide sind Derivate des übergeordneten und allumfassenden Grundsatzes von Treu und Glauben, der auch im Verfassungsrecht Geltung beansprucht, beide sind nicht nur Rechtsgrundsätze, sondern Verfassungsprinzipien. Dies ist für den Grundsatz der Bundestreue unbestritten[53] und ergab sich für den Grundsatz von der Vertragstreue aus der apriorischen Verbindlichkeit des Vertrages einerseits, der Vertragsautonomie (Zulassung des Vertrages) andererseits und der aus beiden resultierenden verfassungsrechtlichen Vertragsgarantie.

Die Pflicht zur Vertragstreue verpflichtet den Bund, den Vertrag zu erfüllen und alles zu unterlassen, was die Erfüllung vereiteln könnte, so z. B. den Erlaß eines vertragswidrigen Gesetzes. Dies ist die selbstverständliche Konsequenz des Vertragsschlusses. Dieser Grundsatz der Vertragstreue könnte durch andere Verfassungsprinzipien eingeschränkt oder gar aufgehoben werden, etwa durch den Grundsatz von der Geltung des Gesetzes. Daß dies nicht der Fall ist, wurde nachgewiesen. Das Gegenteil ist richtig. Der Grundsatz von der Vertragstreue erhält im konkreten Fall eine verstärkte und erhöhte verfassungsrechtliche Bedeutung und Geltung durch das bundesstaatliche Treueprinzip. Beide Prinzipien verbinden sich miteinander und werden so zu einem neuen und stärkeren Ganzen, das sich umschreiben läßt als die bundesstaatsvertragliche Treuepflicht. Die Bundestreue für sich ist nie Tatbestands- oder Rechtsfolgenorm, sondern immer nur Hilfstatbestand, der die Art und Weise und die Grenze der Ausübung von Rechten und Pflichten festlegt, nie begründet sie selbständige Rechte oder Pflichten oder auch nur Rechtsverhältnisse. Aus diesem Grunde ist es unzulässig, in ihr den Geltungsgrund des Vertrages zu sehen[54]. Zulässig ist es aber, die Bundestreue zum Maßstab für die Verfassungsbeständigkeit der vertraglichen Treuepflicht zu machen. So wird diese Pflicht verfassungsrechtlich aufgewertet und in den Stand gesetzt, sich gegenüber anderen Verfassungsprinzipien zu behaupten. In der Bundestreue liegt somit zwar nicht der Geltungsgrund des Vertrages, aber sie schützt ihn. Die Bundestreue gebietet dem Bund, bei der Ausübung seiner Rechte und bei der Erfüllung seiner Pflichten das Land als Gliedstaat zu achten und die Interessen des Landes zu wahren, alles zu unterlassen, was die Staatsqualität des Landes beeinträchtigt und die Interessen des Landes schädigt. Diese Pflicht besteht vor, über, mit und nach der vertraglichen Pflicht, den Vertrag zu erfüllen und alles zu

---

[53] Neben *Smend*, Ungeschriebenes Verfassungsrecht, Festgabe für Otto Mayer, S. 254 ff., S. 261 vgl. vor allem *Bayer*, Hermann-Wilfried, Die Bundestreue (Tübinger Rechtswissenschaftliche Abhandlungen, Band 4), Tübingen 1961. Vgl. auch BVerfGE 1, 131, 315 f.; 6, 309 ff., 361 f.; 8, 138 f.; 12, 239, 249 f., 254 f.

[54] Wie dies z. B. *Kölble* tut: DÖV 1960, S. 655.

unterlassen, was diese Erfüllung gefährden könnte. Schließt der Bund einen Vertrag mit dem Land, so zwingt ihn dazu weder eine vertragliche Pflicht noch die Pflicht zur Bundestreue. Beide Pflichten aber verbieten ihm, einen Vertrag zu schließen unter dem Vorbehalt, sich an diesen Vertrag im Ernstfalle nicht gebunden zu fühlen. Ein solcher schon von Anfang an vorhandener Vorbehalt, sich — wenn auch im Wege der Gesetzgebung — einseitig und unter gleichbleibenden Umständen vom Vertrage zu lösen, widerspricht nicht nur dem Wesen des Vertrages, sondern auch dem Wesen der rechtlichen Beziehungen zwischen Bund und Ländern, das mit dem Schlagwort von der „Bundestreue" nur unzureichend umschrieben wird. Ein solches Verhalten wäre in doppelter Weise treuwidrig: Vertragswidrig ist es, einen Vertrag ohne ernstlichen Bindungswillen einzugehen. „Bundeswidrig" ist es, das Land durch den Vertragsschluß scheinbar als gleichberechtigten Partner anzuerkennen und diese Anerkennung dann bei der Vertragsbeendigung zu widerrufen, hier das Land auf seine Stellung als Objekt der Bundesstaatsgewalt zu verweisen. Ein solches Verhalten wäre als ein venire contra factum proprium des Bundes zu werten und zu verurteilen.

b) So wird die Frage einer bundesgesetzlichen Beendigung des bundesstaatlichen Vertrages nicht nur zum Prüfstein dafür, ob eine ernstliche Vertragsbindung von den Parteien gewollt ist, und ob der Bund die Pflicht zum bundesfreundlichen Verhalten nicht lediglich als eine einseitige Pflicht des Landes, sondern auch als eine Pflicht des Bundes zum landesfreundlichen Verhalten begreift. An dieser Stelle entscheidet sich auch, ob man das bundesstaatliche Konzept insgesamt ernst nimmt und achtet, ob man nämlich jene Staatsqualität, die man den Ländern so schnell und so einstimmig zuzusprechen geneigt ist, ob man diese Staatlichkeit auch dann noch anerkennen will, wenn es nicht um ein allgemeines Bekenntnis zum Föderalismus geht, sondern um die Lösung eines konkreten föderalistischen Problems.

„Die Bundesrepublik ist ein Bundesstaat im spezifischen Sinne der allgemeinen Staatslehre[55]." Das heißt, die Bundesrepublik ist ein staatsrechtliches Staatsgefüge, bei dem sowohl die Einzelstaaten als auch der Gesamtstaat Staatlichkeit besitzen[56], bei dem also die Staatsgewalt nicht einheitlich, sondern durch mehrere Staatswesen ausgeübt wird: die Staatsgewalt ist geteilt. Als Glieder des Bundes sind die Länder Staaten mit eigener (wenn auch gegenständlich beschränkter), nicht vom Bund abgeleiteter, sondern von ihm anerkannter staatlicher Hoheitsmacht[57].

---

[55] So z. B. *v. Mangoldt-Klein*, Komm., III 1 zu Art. 20.
[56] Überwiegende Auffassung. Vgl. *v. Mangoldt-Klein*, a.a.O. Auf die sog. Dreigliedrigkeitslehre soll und braucht hier nicht eingegangen zu werden.
[57] So BVerfGE 1, 34.

Sicherlich widerspräche es nicht dieser Staatlichkeit, wenn die Verfassung Verträge zwischen Gesamt- und Gliedstaat verböte. Sie tut es jedoch nicht. (Das jedenfalls ist die allgemein anerkannte Grundlage dieser Untersuchung.) Damit anerkennt die Verfassung die Eigenstaatlichkeit der Länder, denn der Abschluß von Staatsverträgen (und auch das Verwaltungsabkommen ist Staatsvertrag in diesem Sinne) ist nur möglich zwischen Staaten — schon vom Wortsinne her, aber auch aus der inneren Logik heraus, da der Vertrag eine Gleichordnung der Partner erfordert, jedenfalls bezüglich der vertraglichen Materie. Diese ideelle Gleichordnung und die gegenseitige Achtung der Eigenstaatlichkeit wird im Akt des Vertragsschlusses „gegenständlich beschränkt" (nämlich auf die Vertragsmaterie) vollzogen. Die Verfassung brauchte dies nicht zuzulassen. Der Bund brauchte den Vertrag nicht zu schließen. Die Verfassung erlaubt es jedoch. Der Bund paktiert mit dem Land. Wann nun wird diese Gleichordnung aufgehoben? Wann ist das Land nicht mehr Staat, nicht mehr Vertragspartner, sondern nurmehr Selbstverwaltungsorgan, Objekt der Bundesstaatsgewalt? Wenn der Bund den Vertrag einseitig durch Gesetz aufhebt, so beseitigt er dadurch die bei Vertragsschluß vorhandene (bzw. geschaffene) Gleichordnung und mißachtet die Staatlichkeit des Landes, die sich im Vertragsschluß manifestiert. Dem läßt sich nicht entgegenhalten, hier liege eben die Grenze der gleichberechtigten Dispositionsbefugnis, hier gehe die verfassungsrechtliche Kompetenz zur Gesetzgebung vor, da die dem Land als Gliedstaat eingeräumte Rechtsposition nicht die verfassungsrechtliche Stellung des Bundes beeinträchtigen dürfe. Die Verfassung, die solches gestattete, machte das Land zum Objekt des Gesamtstaates auch bezüglich derjenigen Materien, die sie ursprünglich der staatsvertraglichen Disposition freigegeben hatte. Sicher ist der Bund „Herr" über die Länder, über ihre Rechtsstellung wie über ihre einzelnen Rechte, ja sogar über ihre Existenz. Dies ist er jedoch nur virtuell. Solange die Verfassung die „gegenständlich beschränkte" Gleichordnung nicht beseitigt (und das tut sie nicht, solange sie den Vertrag zuläßt), solange kann der Bund seine übergeordnete Kompetenz nicht realisieren. Wenn es schon für das bundesstaatliche Verhältnis zwischen Gesamt- und Gliedstaat allgemein falsch ist, von einem „Unterwerfungsverhältnis" der einzelnen Länder unter den Bund zu sprechen[58], so ist es dies erst recht für die speziell hier fragliche Materie.

Auch der Verfassunggeber kann die vorgegebenen Tatbestände nicht mißachten. Dazu gehört ein Vertrag zwischen Bund und Ländern und die durch ihn eingeräumte Rechtsposition. Der Verfassunggeber mag

---

[58] *Brinkmann* in *Brinkmann,* Karl und Michael *Hackenbroch,* Grundrechts-Kommentar zum Grundgesetz, Bonn 1967 ff. (Stand 1968), Anm. I 1 d β zu Art. 20 gegen *v. Mangoldt-Klein,* Komm. I, S. 591 d.

solches für die Zukunft ausschließen, für die Vergangenheit kann er es nicht ungeschehen machen. Solange das Land als Staat existiert und solange der Bund mit diesem Staat paktiert, solange muß er auch das Land als Vertragspartner und als Staat achten. Will man das unerwünschte Ergebnis verhindern, so nur dadurch, daß man dem Land derartige Positionen erst gar nicht einräumt.

c) Damit wird deutlich, daß die bundesgesetzliche Aufhebung des bundesstaatlichen Vertrages nicht nur ein venire contra factum proprium des Bundes darstellte, sondern daß sich in der verfassungsrechtlichen Sanktion dieser Aufhebung die Widersprüchlichkeit der Verfassung selbst manifestierte. Dies ist m. E. der entscheidende Gesichtspunkt. Eine Verfassungsnorm, die die einseitige Lossagung des Bundes vom Vertrage gestattete, stünde im Widerspruch zu derjenigen Verfassungsnorm, die den Vertrag zuläßt, den Partnern für diese Materie Vertragsautonomie zugesteht und damit diesen Vertrag, und somit notwendigerweise die Verbindlichkeit dieses Vertrages, garantiert. Sie stünde also im Widerspruch zur Verfassung selbst. Daraus ergibt sich, daß eine der beiden Normen nicht gültig sein kann. Beide stützen sich auf ungeschriebenes Verfassungsrecht. So gibt es nur zwei Möglichkeiten: Entweder existiert eine Norm, die den Vertrag anerkennt und garantiert, dann kann es keine Norm geben, die diese Garantie von Anfang an verneint. Oder es gibt eine Verfassungsnorm, die diese Anerkennung von Anfang an versagt, dann kann das Gegenteil nicht wahr sein, daß solche Verträge als Verträge (!) von der Verfassung geduldet und respektiert werden. Spätestens hier wird klar, daß die Aufhebung des Vertrages durch das Gesetz keine Form der Vertragsbeendigung ist, sondern den Ausschluß des Vertragswesens aus dem Bundesstaatsrecht bedeutet. In der Aufhebung des Vertrages durch das Gesetz liegt die verschämte und verspätete Korrektur einer Entscheidung, zu der man nunmehr nicht mehr stehen kann oder will: der Zulassung des Vertrages. So wird jene Verfassungsnorm paralysiert, deren Existenz einstimmig bejaht wurde, und die Grundlage und Ausgangsbasis dieser Untersuchung war: die verfassungsrechtliche Anerkennung eines bundesstaatlichen Vertragswesens. Wollte man sich dem Ergebnis der herrschenden Lehre anschließen, so wäre dies systemgerecht und verfassungskonform nur dann möglich, wenn man das Phänomen, das hier behandelt wird, nicht als Vertrag, sondern als ein aliud betrachtet, das zum politischen Arrangement tendierte und dessen rechtliche Relevanz noch näher zu klären wäre[59]. Dann könnte man beide Normen, die Zulassung dieses „aliud" und seine „Aufhebung" frei von Widersprüchen und verfassungskonform bejahen. Hier soll aber ernst gemacht werden mit jener Norm, die allgemein anerkannt ist und von

---

[59] Dazu vgl. oben im 3. Teil B II 1 (Fußn. 48, 49).

der ausgegangen wurde. Damit wird aber notwendigerweise die Norm eliminiert, die jener Norm widerspricht.

III. Ergebnis

Für die Bestandskraft des Vertrages sprechen gewichtige verfassungsrechtliche Erwägungen. Grundlage und Ausgangsbasis der Kollisionsentscheidung war der Dualismus von Vertrag und Gesetz, der zur Erkenntnis führte, daß abstrakt gesehen kein absoluter Vorrang besteht. Die hier vertretene Lösung gelangt nicht nur zu einer formellen, sondern darüber hinaus auch zu einer materiellen Bestandskraft des Vertrages und damit zu einem relativen Vorrang des Vertrages in konkreten Fällen. Dies widerspricht nicht der Grundlage, von der ausgegangen wurde, erweist sich vielmehr als sinnvoll, systemgerecht und verfassungskonform. Der abstrakte Dualismus von Vertrag und Gesetz kann so differenzierend relativiert und aufgelöst werden. Materiell führt dies zwar zu einem relativen Vorrang, es kann aber abstrakt nicht entschieden werden, ob dieser Vorrang dem Vertrag oder dem Gesetz gebührt. Dies entscheidet sich in jedem einzelnen Fall aufs neue.

Daraus ergibt sich, daß der Widerspruch zwischen Vertrag und Gesetz nicht abstrakt-automatisch aufgelöst wird, sondern daß er nur konkret-funktionell aufgelöst werden kann. Wird dieser Widerspruch nicht aufgelöst, so manifestiert sich darin nicht die Widersprüchlichkeit der (Verfassungs-)Rechtsordnung, sondern allein die Tatsache, daß die Vertragspartner die faktische Macht besitzen, den Vertrag zu brechen. Die Rechtsfolgen dieses Vertragsbruches sind in einer allgemeinen Vertragsstörungslehre zu entwickeln. Das kann hier nicht näher ausgeführt werden, doch wird sich eine solche Lehre an den allgemeinen Vertragsgrundsätzen und an der apriorischen Natur des Vertrages orientieren müssen. Modelle hierfür sind in allen Rechtsbereichen vorhanden, die die vertragliche Gestaltung von Rechtsverhältnissen gestatten. Soviel kann gesagt werden, daß die Rechtsfolge der Vertragsstörung sowohl in der Umgestaltung des Vertragsverhältnisses bestehen kann, als auch in der Begründung gegenseitiger Ersatzansprüche, wie auch schließlich und endlich in der Pflicht zur Beseitigung des vertragswidrigen Gesetzes.

Diese formal absolute, aber materiell nur relative Bestandskraft des Vertrages impliziert notwendigerweise eine entsprechend formal absolute und materiell relative Einwirkung des Vertrages auf das Gesetz. Dadurch wird die verfassungsrechtliche Stellung und Bedeutung des Gesetzes nicht angetastet. Eine einheitliche Lehre von der vertraglichen Bestandskraft integriert Gesetz und Vertrag frei von Widersprüchen und verfassungskonform in die bundesstaatliche Rechtsordnung. Das soll nun abschließend noch näher dargestellt werden.

C. Die Bestandskraft des Vertrages und die Geltung des Gesetzes

Die Argumentation der herrschenden Lehre für den Vorrang des Gesetzes krankt daran, daß sie eine abstrakte Verfassungsnorm in einer angeblich absoluten Geltung erstarren läßt. Da sie eine Relativierung dieser Norm für absolut indiskutabel halten, versäumen es die Vertreter dieser Auffassung, in einer differenzierenden Betrachtung zu untersuchen, welche Auswirkung eine solche Relativierung auf diese Norm haben könnte. Diese Auswirkungen sind so schwerwiegend nicht, wie allgemein befürchtet wird. Der Verfassungsbruch findet nicht statt. Die Geltung des Gesetzes ist garantiert, die Kompetenzen des Gesetzgebers bleiben erhalten, die Beschränkungen, die er hinnehmen muß, halten sich in vertretbaren Grenzen. Es muß hier noch einmal darauf hingewiesen werden, daß es methodisch falsch ist, die Kollisionsentscheidung in einer Prioritätsnorm zu suchen. Vielmehr kommt es darauf an, in einer Güterabwägung festzustellen, welcher Norm im konkreten Fall das höhere Gewicht zukommt[60].

Alle Einwände, die sich als relevant und gewichtig erwiesen haben, lassen sich unter der Überschrift „Geltung des Gesetzes" zusammenfassen. Ihren sachlichen Gehalt kennzeichnen die Schlagworte „Vorrang und Vorbehalt des Gesetzes", „Gewaltenteilungsprinzip", „parlamentarisch-demokratisches Prinzip", „Kompetenz" und „Kompetenz-Kompetenz". Ein derartiger Verfassungsverstoß könnte sich aus der hier vertretenen Auffassung in dreifacher Hinsicht ergeben:

1. Aus dem Erfordernis einer Kündigung überhaupt. Schon eine rein formelle Bestandskraft könnte doch materielle Auswirkungen insofern haben, als das Parlament in seinem Gesetzeserlaß von der Exekutive abhängig ist (I).

2. Aus der erschwerten Kündigungsmöglichkeit unter den besonderen Voraussetzungen des entwickelten Tatbestandes. Selbst wenn Parlament und Regierung einig sind, kann eine Kündigung unzulässig sein. Es liegt auf der Hand, daß diese materielle Bestandskraft des Vertrages auch eine materielle Beschränkung der gesetzgeberischen Freiheit beinhaltet (II).

---

[60] Vgl. oben 2. Teil C I und die dort belegten Nachweise (Fußn. 96—98).

3. Aus der Tatsache, daß auch ein bloßes Verwaltungsabkommen, das nach dieser Auffassung den Bund und damit auch den Gesetzgeber bindet, die gesetzgeberische Freiheit beschränken kann (III).

I. Die formelle Bestandskraft des Vertrages

Der erste Einwand richtet sich gegen die Bestandskraft des Vertrages überhaupt und wäre geeignet, die hier vorgetragene Lösung schon im Ansatz und im Grundsätzlichen zu erschüttern. Das aus der Sachrationalität eruierte Funktionsschema verlangt einen vertragsgestaltenden Akt zur Aufhebung des Vertrages, der als Rücktritt oder Kündigung bezeichnet wurde. Dieses Verfahren der herrschenden Vorrangautomatik vorzuziehen wurde deshalb befürwortet, weil es sich als vertragsadäquat und doch gesetzesneutral erwiesen hat.

1. Die formelle Bindung

Wer aber bewirkt nun diese Gestaltung, wer kann und darf die Kündigung aussprechen? Wenn das Parlament in dieser Frage ausgeschaltet ist, so erheben sich schon gegen dieses formale Erfordernis der Kündigung, gegen diese formelle Bestandskraft des Vertrages, erhebliche Bedenken. Denn die Kompetenz des Gesetzgebers ist im Ergebnis doch beschränkt oder gar eliminiert, wenn die Legislative auf den Eintritt der conditio sine qua non für den Wiedergewinn ihrer Gestaltungsfreiheit, das heißt für eine rechtmäßige Gesetzgebung, keinerlei Einfluß hat. In der Furcht, die unantastbare Kompetenz des Gesetzgebers zu verletzen, hat es die herrschende Auffassung vorgezogen, sich für das Gesetz und gegen den Vertrag zu entscheiden. Die Exekutive durch das Privileg der Kündigungserklärung zum Vormund der Legislative zu machen — diese Angstvorstellung ist sicherlich der eigentliche Grund für die seltsame Übereinstimmung, mit der sich alle Autoren der herrschenden Lehre anschließen. Das erklärt auch die erstaunliche Erscheinung, daß selbst von den Vertretern der Gegenmeinung eine Kündigung oder eine ähnliche Lösung ernsthaft nicht erwogen wird[61]. Ist diese Furcht berechtigt? Stellt sich hier tatsächlich das Problem einer Präklu-

---

[61] *Liermann*, Sonderrechte, vertritt zwar eine materielle Bestandskraft des Vertrages: Das Reich könne den Vertrag „wegen veränderter Verhältnisse" ändern. Aber nur „in der Form der Gesetzgebung", nicht dagegen durch Kündigung (a.a.O., S. 43). Auch *Thoma* sieht für seine Lösung auf dem Boden der „clausula" keine Kündigung vor: Die Entscheidung liege bei der Legislative, bzw. werde sie auf den Staatsgerichtshof übergewälzt (HBDStR I, S. 179). Einzig *Geller-Kleinrahm*, Komm., S. 433, hält es (allerdings nur für Verwaltungsabkommen der Länder) für möglich, im äußersten Falle an eine „außerordentliche Kündigung" in Anwendung des allgemeinen Rechtsgedankens der clausula zu denken.

sion der Legislative durch die Exekutive? Sicherlich muß die Exekutive handeln, d. h. die Kündigung erklären. Sie allein ist das handlungs- und vertretungsberechtigte Organ. Diese Antwort ist jedoch unvollständig, denn die Exekutive kann nur in Übereinstimmung mit dem Parlament handeln. Dies ergibt sich bei Verwaltungsabkommen schon aus dem parlamentarischen Prinzip, bei Staatsverträgen zusätzlich aus der besonderen Gestaltung des vertraglichen Verfahrens.

2. Die Grenzen der Bindung

a) Die vollziehende ist von der gesetzgebenden Gewalt nicht nur generell beauftragt, sondern ihr auch im Einzelfall verantwortlich. Das Parlament kann die Regierung nicht nur ersuchen, eine Kündigung auszusprechen oder von ihr Abstand zu nehmen, es kann eine Weigerung der Regierung auch mit massiven Sanktionen bewehren (im äußersten Falle durch ein Mißtrauensvotum). Man sage nicht, das sei theoretisch möglich, beseitige aber nicht die „verfassungswidrige" Situation. Ein solcher Einwand würde das Wesen des parlamentarischen Prinzips mißverstehen. Die Verfassung ist nicht daraufhin angelegt, kritische Situationen zu verhindern. Vielmehr stellt sie das Verfahren zur Verfügung, in dem solche Situationen bereinigt, Meinungsverschiedenheiten geklärt, „Machtkämpfe" ausgetragen werden. Parlament und Regierung sind auf gegenseitiges Vertrauen angewiesen. Das schließt aber eine Konstellation nicht aus, in der sich beide „feindlich" und unversöhnlich gegenüberstehen, in der eine Sachfrage nur durch Sieg oder Niederlage des einen oder des anderen Teils entschieden werden kann. Im Gegenteil: das parlamentarische Prinzip impliziert geradezu eine derartige Konstellation, hierin zeigt sich sein eigentliches Wesen. Deshalb ist es unzulässig, eine verfassungsrechtliche Frage und speziell die hier anstehende Frage mit dem Hinweis darauf beantworten zu wollen, die Exekutive dürfe die Legislative nicht überspielen oder lahmlegen. Wie so oft und wie auch im Rahmen dieser Untersuchung muß man immer wieder feststellen, daß die Möglichkeit eines rechts- oder verfassungswidrigen Verhaltens immer gegeben ist. Nicht die Zulassung dieser Möglichkeit ist verfassungswidrig, sondern nur das Verhalten selbst. In ungezählten Fällen kann die Exekutive die Legislative desavouieren. Sie kann — um in vergleichbaren Bereichen zu bleiben — einen völkerrechtlichen Vertrag abschließen, der trotz fehlender parlamentarischer Zustimmung Rechtswirkungen entfaltet. Sie kann einen solchen Vertrag gegen den Willen des Parlaments kündigen oder seine Kündigung verweigern. Niemand hält es für verfassungswidrig, daß der Exekutive so die Möglichkeit (!) eingeräumt ist, die Kompetenzen der Legislative zu neutralisieren. Solche Beispiele ließen sich aus allen Bereichen der Verfassung anführen, doch kann dies hier nicht ausgeführt werden. Daß die Verfassung solche „Machtkämpfe" nicht eo ipso verhindert, sondern ihre Austragung vorsieht, beweist auch die Möglichkeit einer Klage zum Bundesverfassungsgericht. Das Gericht muß dann die Beteiligten in ihre verfassungsrechtlichen Schranken verweisen. Wenn die Legislative zur Ausübung der ihr nach wie vor zustehenden Befugnisse der Mitwirkung der Exekutive bedarf, so ist dieser Umstand nicht geeignet, die hier vertretene Lösung zu disqualifizieren. Dies widerspricht nicht dem parlamentarischen Prinzip, ist vielmehr gerade Ausfluß dieses Prinzips, nachdem im Streitfalle die parlamentarischen Machtmittel eine Lösung herbeiführen.

b) Aus einem weiteren Grunde erweist sich das Erfordernis einer Kündigung nicht nur als vertragsgemäß, sondern auch als verfassungskonform. Die Zusammenarbeit von Parlament und Regierung beruht im konkreten Fall nicht nur auf dem parlamentarischen Prinzip. Beim Abschluß von Staatsverträgen ist sie darüber hinaus in einer Weise verfestigt, ja institutionalisiert, daß man mit Recht von einer kombinierten, einer „vertragschließenden Gewalt" sprechen kann[62]. Da das Parlament den Vertrag nicht nur „transformiert" oder „vollzieht", sondern eine echte Zustimmung zum Vertrag erteilen muß, ist der Vertragstatbestand erst dann perfekt und entsteht die vertragliche Verpflichtung erst in dem Moment, in dem dieser Akt des Gesetzesgebers vorliegt. Dieser Zusammenarbeit beim Vertragsschluß entspricht es, wenn Parlament und Regierung auch bei der Vertragsbeendigung aufeinander angewiesen sind. Hierin liegt, wie bereits erwähnt, das richtige Pendant zum Vertragsschluß. Der Bund, der die Mühe des Abschlusses durch die kombinierte Gewalt auf sich genommen hat, muß auch die Last einer Kündigung durch das Zusammenwirken dieser Gewalten tragen. So wird nicht nur ein ordentliches Verfahren gegenüber dem Land gewährleistet, es besteht auch die Garantie dafür, daß keine Gewalt gegen den Willen der anderen das „gemeinsame Werk" zunichte macht[63].

---

[62] Gebräuchlicher Ausdruck bei völkerrechtlichen Verträgen (treaty-making-power), allerdings nicht im Sinne einer vierten Gewalt. So aber *Menzel* („auswärtige Gewalt"), AöR N. F. 79, S. 349.

[63] Aus diesem Grunde ist auch die Zustimmung des Parlaments zur Kündigung zu fordern. Dies wird für bundesstaatliche Verträge soweit ersichtlich nur von *Giese* (Staatsverträge, S. 144) vertreten und für völkerrechtliche Verträge allgemein abgelehnt. Vgl. *Mosler*, Völkerrecht, S. 23 und nunmehr grundsätzlich *Bayer*, Hermann-Wilfried, Die Aufhebung völkerrechtlicher Verträge im deutschen parlamentarischen Regierungssystem. Zugleich ein Beitrag zur Lehre vom Abschluß völkerrechtlicher Verträge nach deutschem Recht, Köln—Berlin 1969 (Beiträge zum ausländischen öffentlichen Recht und Völkerrecht, Heft 48). Habil.-Schrift, Tübingen, S. 180 ff. (S. 252).

3. Ergebnis

Die rein formelle Bestandskraft des Vertrages begegnet keinen durchgreifenden verfassungsrechtlichen Bedenken. Durch das bloße Erfordernis einer Kündigung wird die Position des Parlaments nicht beeinträchtigt. Beim Verwaltungsabkommen ist das Parlament schon gar nicht berufen, auf den Bestand des Vertrages einzuwirken. Die parlamentarische Aufsicht und die parlamentarischen Machtmittel reichen aus, die Rechte des Parlaments zu wahren. Zwar kann die Exekutive das Parlament vor vollendete Tatsachen stellen oder den Willen des Parlaments übersehen. Das kann sie jedoch in allen Bereichen, die ihr zur eigenverantwortlichen Wahrnehmung überlassen sind. Bei Staatsverträgen ist die Abhängigkeit der Legislative von der Regierung noch evidenter. Dies entspricht der verfestigten Zusammenarbeit von Parlament und Regierung beim Vertragsschluß. Auch hier ist die Lösung des Konflikts durch das parlamentarische Prinzip gewährleistet.

II. Die materielle Bestandskraft des Staatsvertrages

Die materielle Bestandskraft des Staatsvertrages wirkt sich auch materiell auf die Geltung des Gesetzes aus. Der gültige Vertrag gebietet dem Bund, alles zu unterlassen, was den Vertragszweck gefährden könnte. Damit verbietet der Vertrag dem Gesetzgeber, ein diesem Vertrag widersprechendes Gesetz zu erlassen. Dieses Verbot tritt nur dann außer Kraft, wenn ein wichtiger Grund zur Kündigung des Vertrages gegeben ist, und wenn der Vertrag wirksam gekündigt worden ist.

1. Die Bindungswirkung des Vertrages

Gleichwohl wird hierdurch die Kompetenz des Gesetzgebers — formell jedenfalls — weder beseitigt, noch beschränkt. Ein diesem Verbot zuwider ergangenes Gesetz ist gültig, denn es widerspricht nicht der Verfassung, sondern lediglich der vertraglichen Verpflichtung, da der automatische Vorrang des Vertrages ebenso abgelehnt wurde wie der des Gesetzes. Das Bundesverfassungsgericht könnte demnach das Gesetz nicht für verfassungswidrig erklären. Kann man sich mit dieser formalen Antwort zufrieden geben? Sicherlich nicht. Zwar ist das Gesetz nicht nichtig, aber das vertragswidrige Verhalten des Bundes kann in einem vertraglichen Streitverfahren festgestellt und mit bestimmten Sanktionen bewehrt werden. Ja es kann die Verpflichtung des Bundes ausgesprochen werden, den vertragswidrigen Zustand zu beseitigen, das heißt, das vertragswidrige Gesetz aufzuheben. Dieser mittelbare Druck bedeutet in der Praxis eine ebensolche Beschränkung des Gesetzgebers wie der tatsächliche Ausschluß von der Gesetzgebung. Kein Parlament könnte es wagen, um den Preis des offenen Vertragsbruches ein Gesetz zu erlassen oder dessen Aufhebung zu verweigern. Die rein formelle Betrachtungsweise wäre in der Tat eine schlichte Umgehung der Tatsache, daß materiell eben doch eine Beschränkung des Gesetzgebers vorliegt.

Mit dieser Feststellung die Verfassungswidrigkeit der hier vertretenen Auffassung begründen zu wollen, wäre jedoch zu einfach. Solches Pauschalurteil ignoriert die verfassungsrechtliche Relevanz des Staatsvertrages. Ist denn eine Bindung des Gesetzgebers vollkommen ausgeschlossen und indiskutabel? Gewisse Beschränkungen der Kompetenz des Gesetzgebers sind der Verfassung durchaus nicht gänzlich unbekannt[64]. Auch das Rechtsetzungsorgan kann sich vertraglich binden und seine Rechtsmacht freiwillig beschränken, da Demokratie und Rechtsstaat nicht nur dort „wirkfähig" sind, „wo die Fähigkeit zu stets neuer freier, d. h. ungebundener Dezision erhalten bleibt", es vielmehr darauf ankommt, „daß der demokratische Gesetzgeber die Aufgabe erfüllt, unter Bindung an die Normen der Verfassung die sachlich gebotene Ordnung herzustellen und zu gewährleisten"[65]. Aus dieser Funktion und Aufgabe des Gesetzgebers, nicht aus seiner „Allmacht", wurde die Geltung des Gesetzes abgeleitet. Wenn eine Bindung des Gesetzgebers diesem die Erfüllung dieser Aufgabe nicht unmöglich macht oder wesentlich erschwert, so ist kein Grund ersichtlich, der eine solche Bindung verbieten sollte. Denn die Allmacht des Gesetzgebers ist nicht Selbstzweck, sie ist deshalb auch nicht unbeschränkt und nicht unantastbar, besteht vielmehr nur aufgrund und im Rahmen der dieser Allmacht zugrundeliegenden Intention. Dieser Intention kann es aber durchaus entsprechen, ja sie kann es verlangen, daß sich der Gesetzgeber eine verpflichtende und bindende Selbstbeschränkung auferlegt. Dies

---

[64] So z. B. v. a. im auswärtigen Bereich. Vgl. *Maunz* in *Maunz-Dürig*, Art. 32, Rdnr. 42 ff. Zur Selbstbindung des Gesetzgebers an den Plan vgl. *Redeker,* Konrad, Staatliche Planung im Rechtsstaat, JZ 68, S. 537 ff., S. 541 f.; zur „bedenklichen" Bindung bei Kirchenverträgen vgl. *Scheven,* Dieter, Urteilsanmerkung (BayVerfGH JZ 68, S. 179), JZ 68, S. 181 f., Fußn. 1.
Mit der Selbstbindung des Gesetzgebers ist ein Problemkreis angesprochen, der gerade in neuester Zeit die wissenschaftliche Diskussion beschäftigt. Vgl. z. B. *Breuer,* Rüdiger, Selbstbindung des Gesetzgebers durch Programm- und Plangesetze? DVBl. 1970, S. 101 ff. und *Püttner,* Günter, Unterschiedlicher Rang der Gesetze? DÖV 1970, S. 322 ff. Während *Breuer* eine Selbstbindung bejaht (a.a.O., S. 105), lehnt *Püttner* eine solche Bindung ab, wenngleich er eine gewisse „relative" Bindung für möglich hält (a.a.O., S. 324).

[65] So mit Recht *Hollerbach,* Verträge, S. 159 und 160 für Verträge mit der Kirche. Abzulehnen ist m. E. allerdings die weitreichende Folgerung, die Hollerbach aus dieser Feststellung zieht, daß sich nämlich hieraus ein absoluter Vorrang des Vertrages ergebe: um des geordneten Verhältnisses zur Kirche willen (S. 160) und weil die Partner bei Vertragsschluß dem Vertrag einen Vorrang „einräumen wollen und können" (S. 159).

tut er zum Beispiel im Staatsvertrag, wenn er nur so ein im gemeinen Interesse erforderliches Ziel erreichen kann. Der Vertragspartner würde diese Leistung nicht erbringen, wenn er gewärtig sein müßte, die Gegenleistung jederzeit wieder zu verlieren. In dieser Sicherheit liegt doch das eigentliche Wesen des Vertrages. Deshalb gibt es Fälle, in denen der Gesetzgeber seiner Aufgabe, ad hoc die perfekte Norm zu liefern, nur dadurch gerecht werden kann, daß er sich gewisse Beschränkungen auferlegt bezüglich der Abänderung dieser Norm.

Hieraus ergibt sich auch, daß dies nur Ausnahmefälle sein können. Nur wenn der Gesetzgeber mit seinen normalen Gestaltungsmitteln nicht zum Ziele kommt, ist ihm dieses Verfahren gestattet. Er kann selbstverständlich nicht seinen gesamten Gestaltungsspielraum solcher Bindung unterwerfen. Aus diesem Grunde lehnt die herrschende Lehre eine Selbstbindung generell ab, um nicht eine zu weitgehende Bindung in Kauf nehmen zu müssen. Dieser positiven Absicht kann man seine Zustimmung nicht versagen und übersieht dabei, daß der Fehler schon darin lag, die gesetzliche Materie den Vertragsparteien anzuvertrauen. Es ist falsch, die Bindungswirkung dadurch umgehen zu wollen, daß man das Parlament von dieser Bindung ausnimmt. Richtig ist es vielmehr, festzustellen, inwieweit die Bindung relevant wird. Ergibt sich, daß die Bindung die Gestaltungs- und Ordnungsaufgabe des Parlaments über Gebühr beschränken würde, so ist dem Vertrag schon von Anfang an die Wirksamkeit abzusprechen.

2. Die Grenzen der vertraglichen Bindung

a) Die vertragschließende Gewalt

Daß der Gesetzgeber sich durch den Vertrag bindet, davon geht die Verfassung selbst aus. Davon geht auch die herrschende Lehre aus, allerdings ohne dies in seiner Konsequenz zu übersehen. Denn gerade wegen der Bindung des Staates, und damit des Parlaments an den Vertrag besteht der Satz des gemeindeutschen Verfassungsrechts, daß die Exekutive zum Abschluß des Vertrages der Zustimmung des Parlaments bedarf. Hier wird die oben[66] getroffene Unterscheidung bedeutsam zwischen der Zustimmung zum Vertrag und der Transformation des Vertrages. Während die Transformation die ordnungsgemäße Normsetzung, die „Allgemeinverbindlichkeit" des gültigen Vertrages gewährleistet, bringt die Zustimmung den Vertrag erst zum Entstehen. Sie, die Zustimmung, ist nicht aus Gründen rechtsstaatlicher „Gesetzlichkeit" geboten. Sie dient allein dem Schutze des Parlaments und der Wahrung seiner Kompetenzen gegenüber der Exekutive. Die Exekutive kann und darf das Parlament nicht vor vollendete Tatsachen stellen.

---

[66] 2. Teil, B I 3 a.

Wenn der Sinn des Zustimmungserfordernisses unbestrittenermaßen darin liegt, das Parlament bereits am Vertragsschluß zu beteiligen, „um einer späteren Bindungswirkung vorzubeugen"[67], so beweist dies, daß die Bindung eintritt, wenn das Parlament dem Vertrag zugestimmt hat. Könnte das Parlament den Vertrag jederzeit wieder aufheben, so wäre seine Zustimmung zum Vertragsschluß gar nicht erforderlich.

Das Parlament kann also nur die Transformation des Vertrages beseitigen, den „Vollzug" aufheben. Nicht beseitigen kann es dagegen die einmal erfolgte Zustimmung zum Vertrag, die den Vertragstatbestand perfektionierte und damit die vertragliche Verpflichtung und Bindung begründete. Besteht aber diese Bindung noch, so ergibt sich daraus, daß die Aufhebung der Vollzugsanordnung (der „Transformation") ein vertragswidriges Verhalten darstellt.

Daraus folgt, daß die Bindung des Parlaments nur dann nicht gegeben ist, wenn diese Zustimmung nicht oder nicht wirksam erteilt worden ist (abgesehen von sonstigen, „allgemeinen" Unwirksamkeitsgründen). Allenfalls wäre es noch denkbar, daß trotz fehlender Zustimmung eine vertragliche Haftung eintreten kann (Veranlassungsprinzip, Rechtsschein, Vertrauensschutz). Mißverständlich ist die für Art. 59 GG gängige Formulierung von der staatsrechtlichen Unwirksamkeit und der völkerrechtlichen Wirksamkeit des Vertrages[68], denn die Wirksamkeit des Vertrages kann nur einheitlich bestimmt werden. Zu dieser Frage wird für völkerrechtliche Verträge überwiegend eine eingeschränkte Vertrauensschutztheorie vertreten[69]. Nach herrschender Auffassung kann man diese Gesichtspunkte jedoch nicht auf bundesstaatliche Verträge übertragen[70], da Bund und Länder als „intrakonstitutionelle Stellen" die Verfassung kennen können und achten müssen[71], so daß ein entsprechender Vertrag unwirksam ist[72].

---

[67] So *Grawert*, a.a.O., S. 43.
[68] z. B. bei *v. Mangoldt-Klein*, Komm., Art. 59, Anm. IV 8.
[69] Vgl. *Menzel* in Bonner Kommentar, Hamburg 1950 ff., 1964 ff., Art. 59, Erl. II 8; *v. Mangoldt-Klein*, a.a.O., *Maunz* in *Maunz-Dürig*, Komm., Art. 59, Rdnr. 28 ff. (Rdnr. 29, 33); *Berber*, Völkerrecht I, S. 435 f.; vgl. auch *Geck*, Wilhelm Karl, Die völkerrechtlichen Wirkungen verfassungswidriger Verträge (Beiträge zum ausländischen öffentlichen Recht und Völkerrecht, Heft 38), Köln und Berlin 1963, S. 77 ff., S. 413 (Anfechtbarkeit). Zur früher herrschenden abweichenden Auffassung (Anschütz, Hatschek) vgl. *Menzel*, a.a.O.
[70] *Schneider*, Hans, DÖV 1957, S. 647/648 für Länderverträge (Gedanke der Bundestreue und der Länderverbundenheit); ebenso VVDStRL 19, 24 f. Dort ausdrücklich auch für den Bund (Art. 28, Abs. 3 GG!). Anderer Auffassung *Maunz* in *Maunz-Dürig*, Komm., Art. 32, Rdnr. 66 (Länderverträge) und Rdnr. 67 unter Ziff. 3 (Bund-Länderverträge) und *Geller-Kleinrahm*, Komm., S. 427 ff. für völkerrechtliche und ausdrücklich auch für Länder- und Bund-Länder-Verträge (S. 428) mit gewichtigen und einleuchtenden Erwägungen.
[71] Mit dieser allgemein formulierten Äußerung *Grawerts* (a.a.O., S. 103) zur Überschreitung der Vertretungsmacht bei Verwaltungsabkommen, a.a.O., S. 101 ff. (Bund) und S. 113 (Land), läßt sich die Auffassung der oben belegten

II. Die materielle Bestandskraft des Staatsvertrages

b) *Vorbehalt und Vorrang der Verfassung*

Aus den gleichen Gründen ist ein solcher Vertrag aber nicht nur dann unwirksam, wenn die parlamentarische Zustimmung fehlt, sondern auch dann, wenn der Inhalt des Vertrages gegen zwingendes Verfassungsrecht verstößt. In diesen Fällen ist die Zustimmung unbeachtlich. Sofern sie in Gesetzesform erging, ist sie gegebenenfalls vom Bundesverfassungsgericht für nichtig zu erklären. Der Vertrag steht einer „vertragswidrigen" Gesetzgebung nicht entgegen.

Aufs neue wird deutlich, daß die herrschende Lehre das Problem an der falschen Stelle zu lösen versucht. Der von ihr beschworenen Gefahr ist dort entgegenzuwirken, wo ihr wirksam begegnet werden kann. Das heißt, es kommt darauf an, festzustellen, wann eine Bindung des Gesetzgebers verfassungsrechtlich zulässig und tragbar ist. Ist sie dies nicht, dann ist der Vertrag nicht zulässig und die Zustimmung unwirksam. Daraus folgt, daß dem Staatsvertrag zwischen Bund und Ländern äußerst enge Grenzen gezogen sind. Da es sich immer um gesetzesbezogene Materien handelt, ist eine Bindung des Gesetzgebers nur in Ausnahmefällen und nur bis zu einer gewissen Intensität verfassungsrechtlich zu verantworten. Darum nur, eben deshalb, weil der Vertrag auch den Gesetzgeber binden würde, sind solche Verträge unzulässig, in denen die Parteien die Kompetenzverteilung des Grundgesetzes quoad substantiam ändern oder umgehen[73]. Aus dem gleichen Grund ist ein Vertrag unwirksam, der die grundsätzliche Gleichberechtigung der Länder beseitigen würde[74]. Alle Verträge, die Verfassungsnormen derogieren oder suspendieren, sind rechtswidrig und unbeachtlich. Solchen Verträgen kann allenfalls die Bedeutung eines politischen Versprechens zukommen[75].

---

herrschenden Lehre zur mangelnden Zustimmung zusammenfassen. Immerhin scheint aber auch Grawert (wenigstens bezüglich der Vertretungsmacht) einer modifizierten Vertrauensschutztheorie zuzuneigen, wenn er hinzufügt, Verfassungsmängel seien den Beteiligten grundsätzlich „offensichtlich" (a.a.O., S. 103 — dort in Anführungszeichen).

[72] BVerfGE 4, 250 ff. (275), (Lippeurteil!); so auch *Giese*, Staatsverträge, S. 113 f. für Länderverträge; für Bund-Länder-Verträge ergibt sich das Problem bei Giese bezüglich des Bundes nicht (vgl. a.a.O., S. 127), da er Verträge über Bundeskompetenzen für unzulässig hält (a.a.O., S. 82 ff.).

[73] Zur unzulässigen Veränderung der Kompetenzordnung durch Bund-Länder-Verträge vgl. die Nachweise bei *Friauf*, AöR 49, 290, Fußn. 172. Dies gilt erst recht für Verwaltungsabkommen. Vgl. dazu *Grawert*, S. 179 ff., S. 182.

Grundlegend zu Zuständigkeitsvereinbarungen im Bundesstaat nunmehr *Hempel, Wieland*, Der demokratische Bundesstaat. Art. 20, Abs. 1 des Grundgesetzes und seine Bedeutung für Zuständigkeitsvereinbarungen zwischen Bund und Ländern, Berlin 1969 (Schriften zum öffentlichen Recht. Band 96, zugleich Diss., Göttingen), pass., insbes. S. 256 ff.

[74] Zur Geltung des Gleichheitssatzes im Bund-Länder-Verhältnis: BVerfGE 1, 52.

[75] Für eine solche „Umdeutung" *Giese*, a.a.O., S. 67.

So bleibt dem Staatsvertrag nur der kleine Bereich, der ihm bereits zu Beginn der Untersuchung zugewiesen wurde[76]: Kompetenzregelungen quoad usum, materielle Regelungen bei sich überschneidenden Kompetenzen oder größeren Sachbereichen. Ein Verstoß gegen gesetzliche Bestimmungen hat dagegen nicht die Unwirksamkeit des Vertrages zur Folge. Das ergibt sich aus dem Wesen des Staatsvertrages, der ja regelmäßig gesetzliche Materien zum Gegenstand hat, die das Parlament ändern kann und darf.

Liegen die Grenzen des Staatsvertrages eindeutig fest, dann läßt sich die Frage beantworten, ob dem Vertrag Bestand gegenüber dem vertragswidrigen Gesetz auch in den Fällen zukommen kann, in denen dieses Gesetz ein verfassungsänderndes Gesetz ist. Da der Vertrag verfassungsrechtliche Fragen nicht regeln kann, kommt es nicht zur Kollision des Vertrages mit dem verfassungsändernden Gesetz. Es handelt sich hier um zwei verschiedene Regelkreise, die sich nicht oder kaum überschneiden. Nur in zwei Fällen kommt es zur Kollision, die folgendermaßen zu lösen ist: Erstens ist es möglich, daß der Staatsvertrag der Ausführung einer Verfassungsnorm dient, die der gesetzlichen Ausführung bedarf. Wird diese Norm geändert, so wird der Vertrag nicht aufgehoben, aber seiner Grundlage beraubt. Der Vertrag ist der veränderten Grundlage anzupassen. Darin liegt kein vertragswidriges Verhalten des Bundes, denn der Vertrag hatte nur den Sinn, diese spezielle Norm auszuführen. Den Bestand dieser Norm konnten die Parteien bindend nicht vereinbaren. Man könnte hier auch von Zweckerreichung sprechen. Zweitens kann das verfassungsändernde Gesetz bewirken, daß der bislang zulässige Vertrag nunmehr unzulässig wird. Dadurch wird die Tatsache des gültigen Vertragsschlusses nicht beseitigt. Auch hier muß der Bund den Vertrag vertragsgemäß beenden und kann einmal eingeräumte Rechtspositionen nicht rückwirkend beseitigen. Es ist allerdings kaum denkbar, daß in solchen Fällen kein wichtiger Grund zur Kündigung vorliegt.

3. Ergebnis

Eine vertragliche Selbstbindung des Gesetzgebers (genauer: eine Bindung des Gesetzgebers durch die vertragschließende Gewalt, d. i. das Parlament und die Regierung) ist nicht grundsätzlich ausgeschlossen. Der Ausnahmesituation einer solchen Bindung ist dadurch Rechnung zu tragen, daß solche Verträge nur in engen Grenzen zugelassen werden. Eine solche auf Ausnahmefälle begrenzte Selbstbindung könnte nur dann unzulässig sein, wenn sie zu einer gegenständlich und zeitlich unbegrenzten Bindung und damit quasi zum Kompetenzverlust führte.

---

[76] 2. Teil, A II 3.

Das ist nicht der Fall. Denn erstens hat das Parlament nach wie vor die Kontrolle über sämtliche Vertragsmaterien und zweitens ermöglicht der oben entwickelte Tatbestand die Lösung vom Vertrage auch in „normalen" Situationen, wenn dazu ein Bedürfnis besteht. Diese Lösung wird auch dem verfassungsändernden Gesetz gerecht. So ist der Gesetzgeber nicht gehindert, die ihm obliegende Aufgabe zu erfüllen. Die materielle Bestandskraft des Vertrages verdichtet nur zur Rechtspflicht, was an sich selbstverständlich sein sollte: Eine Norm nur dann zu ändern, wenn die veränderten Umstände dies erfordern. So kann diese „Selbstbindung" dazu beitragen, der Gesetzeshypertrophie entgegenzuwirken.

Als Ergebnis ist sonach festzuhalten, daß die formelle Bestandskraft des Vertrages, die zu einer formellen Beschränkung des Gesetzes führt, auch materiellen Gehalt erlangen kann. Die darin liegende materielle Bindung des Gesetzgebers hält sich in so engen Grenzen, daß sie verfassungsrechtlich tragbar ist. Dem scheint auch die Praxis dadurch Rechnung zu tragen, daß sie sich des Staatsvertrages kaum bedient. Es besteht allerdings der Verdacht, daß sie dies nur deshalb tut, weil sie sich der Bindung des Staatsvertrages wohl bewußt ist und versucht, auf das vermeintlich weniger verbindliche Verwaltungsabkommen auszuweichen. Das wäre jedoch ein untauglicher Versuch, wie der letzte Abschnitt zeigen wird.

III. Die materielle Bestandskraft des Verwaltungsabkommens

Der erarbeitete Kündigungstatbestand wurde auch im Verhältnis Gesetz - Verwaltungsabkommen zur Anwendung empfohlen. In diesem Punkte dürfte die vorgetragene Lösung wohl am ehesten problematisch und angreifbar sein, hier würde sie aber auch ihre größte praktische Bedeutung erlangen. Mag der Vorstellung einer parlamentarischen Selbstbindung gerade noch beigepflichtet werden können, so scheint es doch undenkbar, den Gesetzgeber oder gar den verfassungsändernden Gesetzgeber an einen Akt der Exekutive zu binden, an dessen Zustandekommen das Parlament überhaupt keinen Anteil, auf dessen Inhalt es daher keinerlei Einfluß hatte. So scheint der Hinweis auf den Vorrang des Gesetzes und auf das Gewaltenteilungsprinzip diese Lösung schon im Grunde und ohne Schwierigkeiten zu disqualifizieren. Das Gewaltenteilungsprinzip (Art. 20 Abs. 2 GG) erweist sich hier jedoch als wenig durchschlagendes Argument. Sicherlich verstieße es gegen dieses Prinzip, wenn die Exekutive die Legislative binden könnte. Ein gleicher Verstoß läge aber auch dann vor, wenn die Legislative einen Akt der Exekutive einfach „aufheben" könnte. Wieder zeigt sich, daß der Hinweis auf abstrakte Verfassungsprinzipien das Problem nicht löst, sondern leugnet.

Immer ist zu prüfen, inwieweit solche Prinzipien im konkreten Fall von Bedeutung sind, inwieweit sie angetastet oder verletzt werden, und in welchem Maße ihre Anwendung sinnvoll und geboten ist. Dies wurde bei der Geltung des Staatsvertrages gegenüber dem Gesetz festgestellt, dies wird sich auch bei der Geltung des Verwaltungsabkommens erweisen müssen.

1. Die Bindungswirkung des Vertrages

a) Der Vorrang des Gesetzes

Ein allgemeiner Vorrang des Gesetzes dergestalt, daß der Gesetzgeber jeden Akt der Exekutive aufheben kann, ein solcher Grundsatz besteht nicht. Er ergibt sich insbesondere nicht aus Art. 20 Abs. 3 Grundgesetz[77]. Aus dem Gesetzmäßigkeitsgrundsatz des Art. 20 Abs. 3 wird allgemein das Prinzip vom Vorbehalt und vom Vorrang des Gesetzes abgeleitet. Dem ist zuzustimmen. Hieraus die Aufhebung des Vertrages zu folgern hieße jedoch, das Wesen dieses Grundsatzes verfälschen, seine Grenzen übersehen.

Die Prärogative des Gesetzgebers bedeutet zunächst nur, „daß überall dort, wo der Gesetzgeber schon gesprochen, oder sich eine Regelung vorbehalten hat", die Regierung nicht entgegen dieser Regelung tätig werden darf[78]. Dieser Grundsatz gibt dem Gesetzgeber also nicht das Recht, eine Maßnahme der Regierung, die in Übereinstimmung mit den gesetzlichen Vorschriften getroffen wurde, einfach „aufzuheben". Man muß allerdings jene „dem Gesetz kraft Verfassungsrecht innewohnende Eigenschaft" in Rechnung stellen, „staatliche Willensäußerungen niedrigeren Ranges rechtlich zu hindern oder zu zerstören"[79]. „Zerstören", damit ist jene Wirkung des Gesetzes angesprochen, die man als den eigentlichen Gesetzesvorrang bezeichnet. Während der Vorbehalt des Gesetzes („hindern")[80] und der Grundsatz von der Gesetzmäßigkeit der Verwaltung die Zulässigkeit des Verwaltungsabkommens beschränken (sie werden nur beim Vertragsschluß relevant und weisen dem Abkommen diejenigen Materien zu, über die die Verwaltung disponieren kann), ist der Grundsatz vom Vorrang des Gesetzes geeignet, Verwaltungshandeln zu „derogieren".

Damit ist aber nicht jede staatliche Willensäußerung, nicht jedes hierdurch begründete Rechtsverhältnis, nicht jede hierdurch eingeräumte

---

[77] a. A. *Grawert*, a.a.O., S. 128 und — unausgesprochen — alle Autoren, die die Aufhebung des Vertrages durch das Gesetz vertreten.
[78] So *Geller-Kleinrahm*, Komm., S. 432 für das nordrhein-westfälische Landesrecht (Art. 66).
[79] BVerfGE 8, 169.
[80] Vgl. auch BVerfGE 2, 307 ff., 313: Eine bestimmte Materie kann nur durch Gesetz geregelt werden. Dazu *Kleiser*, Peter, Der Vorbehalt des Gesetzes nach dem Bonner Grundgesetz, Diss., Heidelberg 1963.

Rechtsposition der freien Dispositionsbefugnis des Gesetzgebers ausgeliefert, denn der Gesetzgeber ist durch den gleichen Art. 20 Abs. 3 GG an die verfassungsmäßige Ordnung gebunden. Der Vorrang des Gesetzes kann sich also nur dort entfalten, wo der Gesetzgeber verfassungsgemäß gestaltend wirken kann. Dies kann er im Bereich der generellen und abstrakten Regelung (von Ausnahmen abgesehen). Gesetzeserlaß und Verwaltungshandeln sind dagegen wesensmäßig verschiedene Erscheinungsformen staatlicher Willensbildung und Machtausübung. Sie sind zwar mittelbar voneinander abhängig, wirken aber (von Ausnahmen abgesehen) nicht unmittelbar aufeinander ein. Auch der Gesetzgeber muß die Akte der Exekutive achten. Normen, nicht nur die eigenen, auch die der Exekutive, kann der Gesetzgeber aufheben. Dies wird umschrieben mit dem Satz „lex superior derogat legi inferiori". Der Gesetzgeber kann aber nicht den Vertrag selbst aufheben und auch nicht die Verwaltungsanordnung, die den Vertrag allgemeinverbindlich macht. Denn dies wäre ein Verwaltungshandeln, das dem Gesetzgeber versagt ist. Auch er ist an die vorgegebenen Tatbestände gebunden und kann die Tatsache des Vertragsschlusses nicht ungeschehen machen. Ein solches Gesetz wäre als ein rückwirkendes „Maßnahmegesetz" nicht nur vertrags-, sondern auch verfassungswidrig (Art. 20 Abs. 2 und 3 GG). Auch hier gilt die Erwägung, daß allein die vertragliche Abwicklung den Vertrag beendet. Kann somit der Gesetzgeber den Vertrag gar nicht beenden, so kommt ein eventueller Vorrang des Gesetzes überhaupt nicht zum Zuge. Es liegt noch nicht einmal eine formelle Beeinträchtigung der gesetzgeberischen Kompetenzen vor.

b) Die Grenzen der legislativen Gewalt

Der Vorrang des Gesetzes könnte demnach höchstens insofern zum Zuge kommen, als das „vertragswidrige" Gesetz diejenigen Normen beseitigt, die Grundlage des Vertrages sind, so daß der Vertrag nunmehr unzulässig würde. Möglich wäre auch, daß das Gesetz diejenigen Normen beseitigt, die durch den Vertrag bzw. zur Erfüllung des Vertrages geschaffen wurden (Verordnungen[81], Verwaltungsvorschriften). Das würde aber nur in die Zukunft wirken und die Tatsache des rechtswirksamen Vertragsschlusses nicht ungeschehen machen. Die Normen, die Voraussetzung für einen gültigen Vertragsschluß waren, kann der Gesetzgeber nicht nachträglich beseitigen. Ein gültiger Vertrag bleibt gültig. Der Gesetzgeber kann also nur die Erfüllung des Vertrages zu vereiteln suchen, indem er (bei Normsetzungsverträgen) widersprechende Normen erläßt, oder indem er (bei normalen Leistungsverträgen) das Erbringen dieser Leistung verbietet (was ihm nur in genereller und

---

[81] Fraglich ist, ob Verwaltungsabkommen über Verordnungsmaterien zulässig sind. Darauf wird noch einzugehen sein. Vgl. unten C III 2 b 2.

abstrakter Form möglich ist). Ein solches Gesetz wäre gültig, insofern der Gesetzesvorrang (formell) gewahrt, darin liegt aber eine Vertragsverletzung, die dem Bund nach den entwickelten Grundsätzen zuzurechnen ist. Insoweit ist der Grundsatz vom Vorrang des Gesetzes materiell (aber nur mittelbar) einzuschränken.

Eine Vertragsverletzung liegt nur dann nicht vor, wenn der Vertrag wirksam umgestaltet worden ist. Es dürfte schließlich auch hier kaum Fälle geben, bei denen ein Bedürfnis zur gesetzlichen Neuregelung besteht, ohne daß zugleich ein wichtiger Grund zur Kündigung des Vertrages oder ein veränderter Umstand im Sinne der „clausula" vorliegt[82]. Ist eine solche Umgestaltung aber nicht gerechtfertigt, so macht sich der Bund vertragsbrüchig, wenn er den Vertrag nicht mehr erfüllen kann oder will. Denn auch Verwaltungsabkommen sind „Staatsverträge", das heißt, sie binden nicht nur die Exekutive, sondern den Staat an sich, das heißt, auch den Gesetzgeber[83] im Gegensatz zu den sogenannten Regierungs- bzw. Organabkommen, die nur die beteiligten Stellen binden[84]. Für die Geltung des Verwaltungsabkommens gelten daher alle Erwägungen, die für die Geltung des Vertrages allgemein angeführt wurden. Die Einschränkungen, die der Gesetzgeber hinnehmen muß, sind gerechtfertigt, wenn und soweit sie seine Kompetenzen nicht über Gebühr beschränken.

c) Die Funktion der exekutiven Gewalt

Es kommt deshalb auch hier darauf an, festzustellen, in welchen Fällen und inwieweit das Verwaltungsabkommen den Staat binden kann. Kommt man zu dem Ergebnis, daß das Abkommen zulässig ist, daß also die Regierung den Staat binden durfte, dann kann sich der Gesetzgeber von dieser Bindung nicht dispensieren. Mit einer solchen Auslegung würde man die Funktion der staatlichen Gewalten und ihr Verhältnis zueinander mißverstehen.

1. Die vollziehende oder Exekutivgewalt ist „aus sich selbst originär, und nicht erst kraft gesetzlicher Delegation, öffentliche Gewalt und eine eigenständige staatliche Funktion, allerdings eine durch das Gesetz bind- und bestimmbare und durch Gesetzesvorbehalte beschränkbare Funktion"[85]. Aus dem Gewaltenteilungsprinzip (Art. 20 Abs. 2 GG)

---

[82] Hierbei ist zu beachten, daß nicht das Gesetz selbst, sondern nur die seinem Erlaß zugrundeliegende veränderte Lage ein solcher Umstand sein kann.

[83] So für Verwaltungsabkommen der Länder *Geller-Kleinrahm*, Komm., S. 432.

[84] Die Abgrenzung ist umstritten und noch näher zu klären. Dazu vgl. unten C III 2 a.

[85] *Böckenförde*, Ernst-Wolfgang, Die Organisationsgewalt im Bereich der Regierung (Schriften zum öffentlichen Recht, Band 18), Berlin 1964, S. 78 ff.,

ergibt sich notwendig auch die Gleichrangigkeit aller Gewalten, allerdings mit einem sachlichen Übergewicht des Gesetzgebers, weil er der ausführenden und rechtsprechenden Gewalt sehr viele „Maße" setzt. Aus der Gleichrangigkeit folgt aber, daß jede Gewalt die Handlungen der anderen zu achten hat, es sei denn, das Gegenteil sei gerechtfertigt[86]. Wenn auch die Exekutive ihren „souveränen Rang" nicht aus der konstitutionellen Monarchie in die parlamentarische Demokratie hinüberretten konnte[87], so muß sich doch der Gesetzgeber das Handeln der Exekutive zurechnen lassen. Das ergibt sich gerade aus der Vorrangstellung des Parlaments. Diese Stellung zeigt sich darin, daß ihm die „Leitungskompetenz" zukommt. Das Parlament gibt der Exekutive „Handlungsermächtigungen"[88]. Handelt die Exekutive nach dieser Ermächtigung, so kann sich das Parlament dem nicht entziehen.

Der Gesetzgeber legt die Grundlage für das Handeln der Exekutive, er gibt die Richtlinien und steckt die Grenzen. Innerhalb dieses Rahmens ist die Verwaltung frei und nur sich selbst verantwortlich. Der Gesetzgeber kann diesen Rahmen für die Zukunft ändern. Wo er dies mit Wirkung für bereits ins Werk gesetzte Sachverhalte tut, ist es gerechtfertigt, ihm gewisse Beschränkungen aufzuerlegen. Denn er greift hier in den Bereich der freien Regierungstätigkeit ein, den er selbst errichtet hat und der bislang unter dem Schutz seiner Autorität stand, der daher auch seinen Interessen und Kompetenzen nicht widersprochen hat. Es wäre widersprüchlich, wenn der Gesetzgeber Verwaltungshandeln, das er für zulässig erklärt und zu dem er ermächtigt hat, nunmehr ignorieren wollte. Der Vorrang des Gesetzes erlaubt der Legislative nicht, in den Bereich der Exekutive nach freiem Ermessen hineinzuregieren.

2. Der Vorrang des Gesetzes ist kein absolutes Prinzip, sondern ein Verfassungsrechtssatz, dessen systematische Bedeutung und teleologische Rechtfertigung gegen andere Verfassungsrechtssätze abgegrenzt werden muß. Diese Grenzen sind dort erreicht, wo es um die verfassungsrechtlich garantierte eigenständige Funktion der vollziehenden Gewalt

---

S. 81. Vgl. auch ders., Jus 68, S. 379, Anm. 15. Anders z. T. *Mallmann*, Walter, Schranken nichthoheitlicher Verwaltung, VVDStRL 19 (1961), S. 165 ff.: Es gibt keine originäre Exekutivgewalt (a.a.O., S. 206, Leitsatz III, 7).

[86] So *Brinkmann*, Komm., Anm. I 5 c β zu Art. 20.

[87] *Jesch*, Dietrich, Gesetz und Verwaltung. Eine Problemstudie zum Wandel des Gesetzmäßigkeitsprinzipes (Tübinger Rechtswissenschaftliche Abhandlungen, Band 2), Tübingen 1961, S. 171.

[88] *Jesch*, a.a.O., S. 172.

Zum Verhältnis von Gesetz und Verwaltung betont auch Scheuner, daß es zum Auftrag der Verwaltung gehört, die vom Gesetz festgelegten Ziele zu verwirklichen. Damit seien die Maßregeln der Vorplanung, der zukunftsgerichteten vorsorglichen Betätigung der Verwaltung gedeckt: *Scheuner*, Ulrich, Das Gesetz als Auftrag der Verwaltung, DÖV 1969, S. 585 ff., S. 592.

geht, die sich nicht im Gesetzesvollzug erschöpft. Gerade bei der vertragschließenden Gewalt ist ein solcher Bereich angesprochen. Insofern ist die Bezeichnung „Verwaltungsabkommen" mißverständlich, weshalb die Bezeichnung „nichtzustimmungsbedürftiger Staatsvertrag" klarer wäre.

Das Grundgesetz kennt zwar keinen „Vorbehalt der Verwaltung", aber durchaus einen „Vorbehalt der Regierung" (Art. 65 GG)[89]. Die vertragschließende Gewalt, die der Exekutive im hier fraglichen Bereich eingeräumt ist, ist nicht so sehr Ausfluß der administrativen, sondern viel eher Ausfluß der gubernativen Komponente der exekutiven Gewalt[90], wobei man sich darüber im klaren sein muß, daß beide Bereiche nicht eindeutig voneinander zu trennen sind. Jedenfalls ergibt sich aber aus dem Vorbehalt der Regierung auch für die „Verwaltung" ein Bereich, in dem sie gegen Einwirkungen des Gesetzgebers abgeschirmt ist[91]. „Verwaltung" in diesem Sinne erschöpft sich eben nicht im reinen Gesetzesvollzug. So gibt es nicht nur auf der fiskalischen Administrativseite[92], sondern auch im gubernativen Regierungsbereich Räume, in denen die Tätigkeit der Verwaltung durch das Gesetz weder notwendig determiniert wird, noch hinreichend determiniert werden kann. Die Exekutivgewalt ist begrifflich keine Einheit, sondern besteht in der Zusammenfassung heterogener Kompetenzen[93]. Die „Staatsleitung" steht nicht nur dem Parlament, sondern auch der Regierung zu, und zwar beiden „gewissermaßen zur gesamten Hand"[94]. Während es das Vorrecht der Legislative ist, frei gestaltend das ordnende Recht zu setzen, ist es das Vorrecht der Exekutive, im Rahmen dieser Ordnung frei gestaltend tätig zu sein. Indem die Exekutive die Norm durch die Tat verwirklicht, bindet sie gleichzeitig den Gesetzgeber insoweit an seine Norm.

---

[89] *Herzog*, Roman, Gesetzgeber und Verwaltung, VVDStRL 24 (1966), S. 183 ff., S. 207, Leitsatz 5.

[90] Während die reinen Organabkommen zur Administrative gehören.

[91] *Herzog*, a.a.O. Zu den vielfachen Einwirkungsmöglichkeiten der Verwaltung auf den Gesetzgeber vgl. *Herzog*, a.a.O., S. 197 ff. Vgl. hierzu auch *Vogel*, Klaus, Gesetzgeber und Verwaltung, VVDStRL 24 (1966), S. 125 ff.

[92] Dazu *Zeidler*, Karl, Schranken nichthoheitlicher Verwaltung, VVDStRL 19 (1961), S. 208 ff. Er stellt den Grundsatz der „Verfassungsmäßigkeit der Verwaltung" in den Vordergrund, da der Gesetzmäßigkeitsgrundsatz kein absolutes Prinzip sei (S. 241, Leitsatz VI). Vgl. dazu auch *Mallmann*, VVDStRL 19, S. 165 ff. und *Scheuner*, DÖV 1969, S. 585 ff., der neuerlich darauf hinweist, daß sich Verwaltung nicht im reinen Gesetzesvollzug erschöpft (S. 387, 388).

[93] *Leisner*, Walter, Regierung als Macht kombinierten Ermessens. Zur Theorie der Exekutivgewalt, JZ 68, S. 727 ff. (728/729).

[94] *Friesenhahn*, Parlament und Regierung im modernen Staat, VVDStRL 16 (1958), S. 9 ff., S. 37 f. Zum „Bereich der Regierung" vgl. *Scheuner*, Ulrich, Der Bereich der Regierung, Rechtsprobleme in Staat und Kirche, Festschrift für Rudolf Smend, Göttingen 1952, S. 253 ff. und *Kassimatis*, Georg, Der Bereich der Regierung, Berlin 1967, Schriften zum öffentlichen Recht, Bd. 66, zugleich Diss., München.

III. Die materielle Bestandskraft des Verwaltungsabkommens

3. Schließlich und endlich darf nicht übersehen werden, daß der Grundsatz vom Vorrang des Gesetzes seiner geschichtlichen Entwicklung und seinem inneren Wesen nach dem Schutze des Individuums dient. Die Stoßrichtung dieser Vorschrift geht vom Bürger aus gegen den Staat, und es geht deshalb nicht an, mit ihrer Hilfe verfassungsrechtliche Streitigkeiten der Staatsorgane untereinander entscheiden zu wollen, noch dazu in solchen Fällen, wo es nicht um die Rechte dieser Staatsorgane geht, sondern um die Rechte des Staates selbst im Verhältnis zu einem anderen Staat, und sei es auch nur ein Gliedstaat. Dies hat Scheurer für den umgekehrten Fall nachgewiesen: keine Bindung der Bundesexekutive an das Landesgesetz, weil Art. 20 Abs. 3 nicht das Bund-Länder-Verhältnis, sondern das Verhältnis Staat-Bürger betreffe[95]. Auch Bullinger betont, daß die Verwaltungsträger wohl innerhalb des Staates unter der gemeinsamen Verfassungs- und Rechtsordnung stünden, und daß es hier sinnwidrig wäre, ihre Verträge als gesetzeskräftig anzusehen. Etwas anderes könne allerdings in einer „übergreifenden Verfassungsordnung" gelten, zum Beispiel für das Verhältnis der Gliedstaaten eines Bundesstaates zum Zentralstaat oder für das Verhältnis der Gliedstaaten untereinander. Hier könnten Vertragsgrundsätze des Völkerrechts (mit gebotener Rücksicht) entsprechend angewendet werden[96].

Dieser Rückgriff auf völkerrechtliche Grundsätze ist jedoch gar nicht erforderlich. Schon die Natur der Sache und ihre verfassungsrechtliche Regelung hat deutlich gemacht, daß der vertraglichen Bindung nur eine vertragliche Lösung entsprechen kann. Es ist zulässig, den Gesetzgeber an die Tatbestände zu binden, die unter seinem Schutz und mit seiner Billigung entstanden sind. Dies ist keine Bindung durch das Handeln der Exekutive (sie aktualisiert nur diese Bindung), sondern eine Bindung an die Gesetzeslage, wie sie zur Zeit des Vertragsschlusses bestand. Eine solche Bindung ist dem Verfassungsrecht durchaus kein unbekanntes Phänomen. Es erscheint nicht nur beim verwandten völkerrechtlichen Verwaltungsabkommen, sondern überall dort, wo dem einzelnen durch hoheitliches Handeln Rechtspositionen eingeräumt worden sind. Solche „wohlerworbenen Rechte" erweisen sich als durchaus gesetzesbeständig. Sollte nicht auch ein Bundesland gegenüber dem Bund solche Rechtspositionen erwerben können? Daß die hierdurch bewirkte Bindung nicht zur Fessel wird, dafür sorgt die Beschränkung des Abkommens auf Verwaltungsmaterien und der Kündigungstatbe-

---

[95] *Scheurer*, Hans, Unterwerfung der Bundesverwaltung unter Landesrecht? Diss., Heidelberg 1965, S. 84. Dagegen *Grawert*, a.a.O., S. 129, Fußn. 41: Art. 20 Abs. 3 enthalte nicht nur den Gesetzmäßigkeitsgrundsatz, sondern auch den Vorrang des Gesetzes. Das ist richtig, doch auch dieser Grundsatz findet seine teleologische Rechtfertigung in jener individual-rechtlichen Komponente.
[96] *Bullinger*, Vertrag, S. 252 f.

130 3. Teil, C. Bestandskraft des Vertrages und Geltung des Gesetzes

stand, der eine Lösung vom Vertrage ermöglicht, sofern ein wichtiger Grund vorliegt. Die Interessen des Gesetzgebers an einer Beendigung des Vertrages sind so ausreichend gewahrt. Auch hier zeigt sich, daß die materielle Bestandskraft des Vertrages die Geltung des Gesetzes wohl abstrakt und formal, praktisch und materiell aber kaum beschränkt.

2. Die Grenzen der vertraglichen Bindung

So wird hier wiederum und zum letzten Male deutlich, daß auch beim Verwaltungsabkommen die übermäßige Bindung schon von vornherein verhindert werden muß. Die Gefahr einer unzulässigen Kompetenzbeschränkung wird allein dadurch wirksam gebannt, daß die Voraussetzungen zum Abschluß des Vertrages klar umrissen und eng begrenzt werden. So läßt sich die vertragliche Bindung aufrechterhalten, ohne die Prärogative des Gesetzgebers verfassungswidrig zu beschneiden. Auch hier kommt die einheitliche Bestandskraftslehre zu dem Ergebnis, daß die Bestandskraft des gültigen Vertrages tragbar und verfassungskonform ist, wenn die Bestandskraft im stadium nascendi entsprechend limitiert wird. Beim Verwaltungsabkommen sind die Interessen des Gesetzgebers wie beim Staatsvertrag bereits vor Vertragsschluß umfassend und ausreichend zu berücksichtigen.

Die vertragschließende Gewalt ist hier zwar keine „kombinierte", gleichwohl kann der Gesetzgeber aufgrund des parlamentarischen Prinzips schon auf das Tätigwerden der Regierung und auf ihre rein politische Ermessensentscheidung Einfluß nehmen. Daß diese Möglichkeit nicht unterzubewerten ist, wurde bereits oben ausgeführt[97]. Darüber hinaus sind die Grenzen der vertraglichen Bindung auch hier schon von Rechts wegen festgelegt, da die vertragschließende Gewalt nur innerhalb der ihr durch Verfassung und Gesetz zugewiesenen Schranken agieren kann.

a) Die vertragschließende Gewalt

Das Verwaltungsabkommen bindet den Bund nur dann, wenn der Vertrag wirksam geschlossen wurde. Dazu gehört insbesondere, daß der Bund ordnungsgemäß vertreten war[98]. Ein Verstoß gegen verfassungsrechtliche Kompetenznormen macht den Vertretungsakt verfassungswidrig (Art. 20 Abs. 3 GG), was nach Grawert[99] auch die Gültigkeit des Abkommens „beeinträchtigt". Es ergibt sich hier eine ähnliche Problematik wie beim Fehlen der parlamentarischen Zustimmung. Ist

---

[97] 3. Teil, C I 2 a.
[98] Zur Überschreitung der Vertretungsmacht durch die handelnden Organe vgl. *Grawert*, a.a.O., S. 101 ff. und S. 113.
[99] Verwaltungsabkommen, S. 103 f.

III. Die materielle Bestandskraft des Verwaltungsabkommens

aber das Verwaltungsabkommen wirksam abgeschlossen für die Bundesrepublik Deutschland, „vertreten" durch die Bundesregierung (bzw. den Kanzler oder Minister)[100] und für das Land ..., vertreten durch die Landesregierung (bzw. den Ministerpräsidenten oder Minister)[101], so entsteht damit die rechtliche Bindung für den Staat als solchen, das heißt für den Bund und für das Land und für ihre Organe und damit auch für das Parlament.

Anders ist es nur dann, wenn ein Verwaltungsabkommen in diesem Sinne gar nicht vorliegt. Es gibt Verwaltungsverträge, die nur die Regierung oder das handelnde Organ verpflichten. Solche Verträge werden als „Regierungsabkommen" oder „Organverträge" bezeichnet. Sie wollen und können den Staat als solchen nicht verpflichten. Die Zulässigkeit von Organverträgen ergibt sich aus der (Teil-)Rechtsfähigkeit von Organen oder Behörden[102]. Daß es Regierungs- bzw. Organverträge gibt, verleitet manche Autoren zu der Annahme, alle Verwaltungsabkommen seien solche „Regierungsabkommen"[103]. Diese Ansicht ist jedoch abzulehnen. Verwaltungsabkommen sind „Staatsverträge", Verträge des Staates, das heißt im Bundesstaat: Verträge des Gesamtstaates mit einem oder mehreren Gliedstaaten[104]. Wenn bei

---

[100] Diese Praxis hat sich herausgebildet. Ob dadurch die Vertretungsbefugnis des Bundespräsidenten ausgeschlossen ist bzw. ob sich in dieser Praxis der verfassungsrechtliche Ausschluß des Bundespräsidenten manifestiert (so *Grawert*, a.a.O., S. 92 ff., S. 94: der Präsident sei kein innerstaatliches Vertretungsorgan; a. A. *Maunz* in *Maunz-Dürig*, Komm., Art. 59, Rdnr. 3 unter Ziff. 4), kann hier dahingestellt bleiben. Jedenfalls ändert dies nichts an der Person des Vertragspartners: des Bundes.

[101] Zur unterschiedlichen und widersprüchlichen Praxis bei den Vertretungs- und Unterzeichnungsformeln für Verwaltungsabkommen vgl. *Grawert*, a.a.O., S. 98 ff.

[102] Vgl. hierzu *Grawert*, a.a.O., S. 68 ff., nach dem die Vertragsfähigkeit staatlicher Gliederungseinheiten nur dann anzunehmen ist, wenn eine besondere Zuweisung nachgewiesen werden kann (S. 80). Beispiele solcher Verträge bei *Friauf*, AöR N. F. 49, 297 ff.

[103] So z. B. *Schweiger* in *Nawiasky*, Komm., a.a.O., Art. 72, Rdnr. 10: ... Verwaltungsabkommen — die ... überhaupt nicht zu den Verträgen ‚der Länder' zählen, da sie von deren Regierungen abgeschlossen werden — ..."

[104] Herrschende Auffassung. Vgl. sowohl für Bund-Länder- als auch für völkerrechtliche Abkommen die Nachweise bei *Grawert*, a.a.O., S. 71, Fußn. 24. So auch für Länderabkommen *Schneider*, Hans, in VVDStRL 19, S. 9. Seine Definition, das Abkommen erfasse nicht die Gesamtheit der Herrschaftsfunktionen, sondern nur den Bereich der Verwaltung, widerspricht dem nicht, denn: „Verwaltungsabkommen berechtigen und verpflichten auch die beteiligten Länder" (allerdings nur, soweit die Zuständigkeit der Exekutive reicht). Dem ist zuzustimmen, denn bei richtiger Auslegung besagt das nichts anderes, als daß die Überschreitung der Vertretungsmacht den Vertrag (zumindest) mangelhaft werden läßt. So dürfte man wohl auch die Ausführungen *Schneiders* in DÖV 1957, S. 646 zur Unterscheidung Staatsvertrag — Verwaltungsabkommen verstehen: „Denn eine vertragliche Bindung kann sinnvollerweise nur eingehen, wer die Befugnis (die rechtliche Möglichkeit) besitzt, das Versprochene zu erfüllen" (a.a.O., linke Spalte unten). Allerdings rechnet Schneider hier auch noch die „Organverträge" zu den Verwaltungsabkommen (a.a.O., linke Spalte Mitte).

solchen Verwaltungsabkommen nicht der Staat, sondern eines seiner Organe oder Organteile (Regierung, Minister, Behörden) als vertragschließende Subjekte bezeichnet sind, so bedeutet dies in der Regel nur die Angabe des Vertretungsorgans. Vertragspartner bleibt der Bund bzw. das Land auch ohne ausdrückliche Benennung[105] als vollrechtsfähiges (End-)Zurechnungssubjekt aller Rechtshandlungen der Staatsorgane und Behörden[106]. Liegt dagegen ein reiner „Organvertrag" vor, dann kann und will dieser Vertrag weder den Staat als solchen, noch das Parlament binden. Ergeht in diesem Falle ein vertragswidriges Gesetz, so kann dies dem Bund nicht als vertragswidriges Verhalten zugerechnet werden. Auch dem handelnden Organ nicht, da ihm die Erfüllung des Vertrages unmöglich wird, ohne daß er dies hätte verhindern können, ohne daß er dies folglich zu vertreten hat.

Die mangelnde Differenzierung zwischen Verwaltungsabkommen und Organverträgen ist sicherlich mit ein Grund dafür, daß die Bindung des Staates und damit des Gesetzgebers an das Verwaltungsabkommen allgemein abgelehnt wird. Dabei wird übersehen, daß es gerade die Bindung des Staates ist, die das „klassische" Verwaltungsabkommen auszeichnet.

b) Der Vorbehalt des Gesetzes und die Gesetzmäßigkeit der Verwaltung

Die Bestandskraft des Vertrages, die die Bindung des Staates bewirkt, erweist sich als durchaus „gesetzestreu". Bei der Eingehung der Verbindlichkeit wird die „Legalität" der Bestandskraft durch den Gesetzesvorbehalt und durch den Grundsatz von der Gesetzmäßigkeit der Verwaltung gewährleistet.

1. Das bedeutet auf einen kurzen Nenner gebracht: alle Verwaltungsabkommen, die der Verfassung oder dem Gesetz widersprechen, sind unzulässig. Das heißt, sie sind verfassungswidrig und daher unwirksam. Bei der Prüfung im einzelnen ergeben sich zahlreiche Zweifelsfragen. Hierauf kann nicht eingegangen werden. Es darf auf die erschöpfende und überzeugende Darstellung bei Grawert hingewiesen werden[107].

---

[105] *Grawert*, a.a.O., S. 71 f. gegen *Obermayer*, Klaus, Artikel „Verwaltungsabkommen", in Evangelisches Staatslexikon, Stuttgart—Berlin 1966, Sp. 2397 f., der das Verwaltungsabkommen fälschlicherweise mit Vereinbarungen zwischen Regierungs- oder Verwaltungsorganen gleichsetzt.

[106] *Grawert*, a.a.O., S. 72, S. 78.

[107] Passim, besonders §§ 12 ff. (S. 164 ff.). Danach sind verfassungs- (S. 164 ff.) und gesetzeseinwirkende (S. 169 ff.) Abkommen unzulässig. Möglich sind nur gesetzesdurchführende und ermessensbeschränkende Abkommen (S. 172, 175). Unzulässig sind ferner (konstitutive) Vereinbarungen über Verwaltungs- (S. 177 ff.) und Gesetzgebungszuständigkeiten (S. 198 ff.). Unzulässig ist die Bildung von Mischverwaltungen und die Begründung von Ingerenzrechten (S. 208 ff.). Möglich sind nur vereinbarte Verwaltungsvor-

III. Die materielle Bestandskraft des Verwaltungsabkommens

All diese Erwägungen finden ihren Niederschlag in der Definition des Verwaltungsabkommens und seiner Abgrenzung zum Staatsvertrag. Diese Abgrenzung kann nur formal erfolgen, sie hat jedoch den materiellen Sinn, den Vorbehalt des Gesetzes und die Gesetzmäßigkeit der Verwaltung zu gewährleisten. Gerade weil auch das Verwaltungsabkommen den Staat bindet, ist die Abgrenzung wichtig. Immer dann, wenn sich ein Vertrag auf Gegenstände der Gesetzgebung „bezieht", ist die Kompetenz des Gesetzgebers angesprochen und der Gefahr einer Präjudizierung ausgesetzt.

Bezieht sich ein Vertrag auf Gegenstände der Gesetzgebung, so bedarf dieser Vertrag der Zustimmung des Gesetzgebers, denn es liegt in diesen Fällen ein Staatsvertrag im engeren Sinne und kein Verwaltungsabkommen vor. Auf Gegenstände der Gesetzgebung bezieht sich ein Vertrag immer dann, wenn für die Erfüllung der vertraglichen Verpflichtung ein förmliches Gesetz, das heißt, wenn „im konkreten Fall ein Vollzugsakt unter Mitwirkung der gesetzgebenden Körperschaften erforderlich ist"[108], oder wenn er (der Vertrag) Rechte und Pflichten für inländische Rechtssubjekte bestimmt, und zwar von der Art, „wie sie nach deutschem Verfassungsrecht nur in der Form eines formellen ... Gesetzes geregelt werden dürften"[109]. Dieses Abstellen auf die Gesetzgebungskompetenz im Gegensatz zur Verwaltungskompetenz ist der wesentliche Kern dieser Abgrenzung. Wollte man den bloßen „Bezug" genügen lassen („Verträge ..., welche sich auf Gegenstände der ... Gesetzgebung beziehen"), so gäbe es nur Staatsverträge, da letztlich jede Verwaltungstätigkeit gesetzes„bezogen" ist.

Daraus folgt negativ, daß Verwaltungsabkommen alle den Staat bindenden Verträge zwischen Bund und Ländern sind, denen keine Staatsvertragseigenschaft zukommt, Verträge über Gegenstände also, „für die keine gesetzgeberischen Akte erforderlich" sind, die folglich „mit den Mitteln des Verwaltungsrechts ohne Gesetz bearbeitet werden können"[110]. Für diese Verwaltungsabkommen gelten dann

---

schriften und Richtlinien (S. 219 ff., 222). Unzulässig ist die Beteiligungsverwaltung (S. 232 ff.), möglich dagegen eine bloße Gemeinschaftsorganisation (S. 237), sofern sie keine „echte" Gemeinschaftseinrichtung ist (S. 239 ff., 269 ff.).

[108] BVerfGE 1, 372 ff., 388. Vollzugsakt, das heißt „Transformation", nicht etwa „Zustimmung", denn sonst wäre diese Aussage eine Tautologie. Auch hier zeigt sich wieder, daß scharf zwischen der rechtsgeschäftlichen Zustimmung und der diese Zustimmung bedingenden Normsetzung zu unterscheiden ist.

[109] *Maunz* in *Maunz-Dürig*, Komm., Art. 59, Rdnr. 17; ähnlich *Menzel* in Bonner Kommentar, Art. 59, Erl. II 6.

[110] *Maunz* in *Maunz-Dürig*, Komm., Art. 59 Rdnr. 37. Nach der Definition von Hans *Schneider*, VVDStRL 19 (1961), S. 1 ff., binden Staatsverträge das Land in der Gesamtheit seiner herrschaftlichen Funktionen (Leitsatz 2 a, a.a.O., S. 31), während Verwaltungsabkommen das Land nur für den Bereich

die Vorschriften über die Verwaltung entsprechend, wie dies Art. 59 Abs. 2 S. 2 GG für völkerrechtliche Abkommen besonders anordnet. Das heißt allgemein ausgedrückt: Verwaltungsabkommen sind in die Zuständigkeit der kompetenten Verwaltungsinstanzen verwiesen[111]. Oder: Wer Verwaltungsvorschriften erlassen darf, darf in seinem Bereich auch Abkommen über den Inhalt seiner Verwaltungsvorschriften treffen, denn die Vertragsgewalt beruht auf der Organisations- und Verwaltungshoheit[112]. Das heißt, er darf zum Inhalt eines Abkommens all das machen, was er im Verwaltungswege regeln darf[113], denn worüber die Verwaltung zu disponieren imstande ist, darüber darf sie auch Verträge abschließen[114].

2. Wenn man diese Grundsätze konsequent anwendet, so ergibt sich daraus, daß wohl die sogenannten Finanzierungsabkommen, nicht aber die sogenannten Verordnungsabkommen „Staatsverträge" sind.

„Finanzierungsabkommen" sind solche Verträge, die den Etat über das laufende Haushaltsjahr hinaus binden sollen, oder das Haushaltsrecht in sonstiger Weise berühren (z. B. durch besonders hohe Kostenverpflichtungen)[115]. Aus dem Grundsatz der Veranlagungspflicht[116], und aus der Tatsache, daß der Haushaltsplan (nur) durch das Haushaltsgesetz „festgestellt" werden kann (Art. 110 Abs. 2 S. 1 GG), ergibt sich, daß ein solcher Vertrag, wenn er überplanmäßige oder fortlaufende Ausgaben vorsieht, nur durch förmliches Gesetz erfüllt werden kann[117]. Er ist somit Staatsvertrag und bedarf der Zustimmung der gesetzgebenden Körperschaften[118]. Dieses Zustimmungserfordernis „über-

---

seiner Exekutive binden (Leitsatz 2 b, a.a.O.); vgl. im einzelnen, a.a.O., S. 8 ff. (insbes. S. 9). Damit ist nicht gesagt, daß die Exekutive den Staat nicht als solchen bindet, sondern nur, daß die Exekutive ihre „Vertretungsmacht" nicht überschreiten kann. Auch *Grawert* stellt auf die Erfüllung innerhalb der (allerdings nur materiellen) Verwaltungskompetenzen ab (a.a.O., S. 52).

[111] *Nawiasky*, Hans, Die Grundgedanken des Grundgesetzes für die Bundesrepublik Deutschland. Systematische Darstellung und kritische Würdigung. Stuttgart—Köln 1950, S. 107.

[112] *Schneider*, DÖV 1957, 644 ff., S. 646 unter II und VVDStRL 19, S. 10.

[113] *Schneider*, DÖV 1957, S. 647 unter III 2.

[114] *Grawert*, a.a.O., S. 47.

[115] So *Grawert*, a.a.O., S. 37 f. für das Landesrecht mit zahlreichen Nachweisen. Die gleiche Problematik ergibt sich jedoch auch auf der Bundesseite. Gerade diese Abkommen sind an Zahl und Bedeutung sehr gewichtig.

[116] Vgl. *Vialon*, Friedrich Karl, Haushaltsrecht, Haushaltspraxis, Kommentar zur Haushaltsordnung (RHO) und zu den Finanzbestimmungen des Bonner Grundgesetzes, 2. Aufl., Berlin—Frankfurt a. M. 1959, GG-Art. 110, Erl. 3 (S. 200). Vgl. auch *Maunz* in *Maunz-Dürig*, Komm., Art. 110, Rdnr. 16.

[117] Der festgestellte Haushaltsplan ist Gesetz im formellen Sinne. Ob er daneben auch materielles Gesetz ist, kann hier dahingestellt bleiben. Vgl. dazu *Maunz*, a.a.O., Rdnr. 9.

[118] So auch die herrschende Auffassung. Vgl. die Nachweise bei *Grawert*, a.a.O., S. 57 f.

III. Die materielle Bestandskraft des Verwaltungsabkommens

deckt" die bloße Ordnungsvorschrift des Haushaltsrechts (§ 45 b RHO)[119], wonach solche Verträge erst dann endgültig abgeschlossen werden dürfen, nachdem der Haushaltsplan diese Mittel erstmalig bewilligt oder die Genehmigung zum Vertragsschluß erteilt hat.

„Verordnungsabkommen" sind Verträge über solche Materien, die die Verwaltung im Wege der Verordnung regeln darf. Wenn der Gesetzgeber die Exekutive zum Erlaß einer Rechtsverordnung ermächtigt, so kann die Verwaltung über die betreffende Materie — im Rahmen der Ermächtigung — disponieren, und zwar mit den ihr zur Verfügung stehenden Mitteln, zum Beispiel dem des Abkommens. Das wird von einigen Autoren abgelehnt[120], weil hierdurch materielles Recht geschaffen werde. Dies sei „Gesetzgebung" (im materiellen Sinne) und deshalb nur Gegenstand des Staatsvertrages. Richtig ist, daß durch das Abkommen der Staat als solcher verpflichtet wird, und daß sich der Gesetzgeber einer (zumindest politischen) Zwangslage gegenüber sieht, wenn er den Verordnungs- und Vertragsgegenstand wieder an sich ziehen und anders regeln will. Dagegen ist zu sagen, daß diese Verpflichtung zwar durch den Vertrag begründet wird[121], daß sie aber begründet wird im Rahmen der gesetzlichen Ermächtigung und somit zurückzuführen auf und gedeckt durch den Willen des Gesetzgebers. Richtig ist weiterhin, daß die Ermächtigung zur Rechtsverordnung nicht regelmäßig auch eine Vertragsabschlußermächtigung enthält[122]. Es darf jedoch bezweifelt werden, ob diese Verordnungsermächtigung die Vertragskompetenz regelmäßig ausschließen will (denn so herum muß die Frage gestellt werden). Mit der Ermächtigung wird die Verwaltung in den Stand gesetzt, eine generelle abstrakte Regelung nach ihrem Sachverstand anzuordnen und mit ihren Mitteln durchzuführen. Ein solches Mittel ist das des Vertrages, und es ist nicht einzusehen, warum man hier die Transformationskompetenz von der Abschlußkompetenz trennen will. Zwar steht beim Staatsvertrag die Rechtsetzungskompetenz nicht im Einklang mit der Vertragsabschlußkompetenz. Dies liegt jedoch nur an der besonderen Ausgestaltung des Vertragsschlusses durch die „kombinierte Gewalt". Daraus ergibt sich aber keineswegs, daß dies auch beim Verwaltungsabkommen so sein muß. Im Gegenteil, gerade

---

[119] *Vialon*, a.a.O., § 45 b RHO, Erl. 3 (S. 673). Aus diesem Grunde hat auch die neue Bundeshaushaltsordnung vom 19. 8. 1969 an der Problematik nichts geändert, obwohl sie die ausdrückliche Regelung des alten § 45 b beseitigt hat (der neue § 38 enthält nur noch einen allgemeinen Vorbehalt für längerfristige „Maßnahmen"), denn der Charakter des Finanzierungsabkommens als „Staatsvertrag" ergibt sich bereits aus dem übergeordneten verfassungsrechtlichen Veranlagungsprinzip.

[120] Zu Art. 59 GG: *v. Mangoldt-Klein*, Komm., Art. 59, Anm. IV 2 c; für Bund-Länder-Verträge, *Grawert*, a.a.O., S. 53 ff. (S. 57) m. w. N.

[121] *Grawert*, a.a.O., S. 55.

[122] a.a.O., S. 57.

weil das Verordnungsabkommen ein Verwaltungsabkommen ist, fällt die Abschlußkompetenz ausnahmsweise mit der (übertragenen) Rechtsetzungsbefugnis zusammen.

Die Unterscheidung förmliche Gesetzgebung - Verwaltung ist also auch für den bundesstaatlichen Vertrag das entscheidende Kriterium dafür, ob ein Staatsvertrag oder ein Verwaltungsabkommen vorliegt[123]. Der Gegensatz materielle Gesetzgebung - materielle Verwaltung ist in diesem Zusammenhang ohne Belang[124]. So ist das Verordnungsabkommen also dem Verwaltungsabkommen zuzurechnen, und es besteht kein Anlaß, die obige Begriffsbestimmung zu modifizieren. Anders ist die Sachlage nur dann, wenn die Verordnung, zu deren Erlaß ermächtigt wird, ihrerseits der Zustimmung oder Mitwirkung des Parlaments bedarf. Dann ist auch der Vertrag von dieser Zustimmung abhängig[125].

c) Die Erweiterung des Gesetzesvorbehaltes

Diese Begriffsbestimmung hat den Vorteil, klare und eindeutige Ergebnisse zu liefern. Nur eine solch formale Abgrenzung ist in der Lage, die Vertragskompetenz der allgemeinen Sachkompetenz zu entnehmen. Es mag sein, daß es wünschenswert wäre, manche „Verwaltungsabkommen" der Verwaltung zu entziehen und der Verantwortung des Gesetzgebers zu übergeben. Dazu bietet sich jedoch besser eine teleologische Auslegung an, die sich dem System des Grundgesetzes in Art. 59 zwanglos anpaßt, indem sie den formal zu bestimmenden gesetzes- und verwaltungsbezogenen Verträgen eine Gruppe von materiell zu bestimmenden Verträgen („politische" Verträge) gegenüberstellt, die ansonsten einer der beiden anderen Gruppen zuzuschlagen wären. Diese Auslegung bringt ein materielles Moment in die ansonsten formale Abgrenzung hinein und trägt somit gewichtigen materiellen Gründen für die Annahme eines (zustimmungsbedürftigen) Staats-

---

[123] Herrschende Auffassung für den völkerrechtlichen Vertrag BVerfGE 1, 372 ff., 388, 390; *Maunz* in *Maunz-Dürig*, Komm., Art. 59, Rdnr. 17; *Menzel* in Bonner Kommentar, Art. 59, Erl. II 6. Vgl. auch *Bachsmann, H.*, Über die staatsrechtliche Ermächtigung zum Abschluß zwischenstaatlicher Vereinbarungen, DVBl. 1956, S. 747 ff. (748 ff.). Für Länderverträge, *Schneider*, Hans, VVDStRL 19, S. 9 f.

[124] Anders aber *Grawert*, a.a.O., S. 52 in der Definition des Verwaltungsabkommens. Er bestimmt das Abkommen einerseits positiv nach der materiellen Verwaltungskompetenz und andererseits negativ nach der von der Legislative unabhängigen Erfüllungsmöglichkeit. Gerade beim Verordnungsabkommen zeigt sich, daß das Verwaltungsabkommen entweder nur das eine oder nur das andere sein kann: entweder erfaßt es die formelle Verwaltungskompetenz (d. h. alle der Verwaltung zugewiesenen Tätigkeiten), dann auch die materielle Gesetzgebung durch die Verwaltung, oder aber erfaßt es die materielle Verwaltungskompetenz, dann ist ihr der Bereich der materiellen Gesetzgebung verwehrt, obwohl die Verwaltung ein entsprechendes Abkommen „ohne erfüllungsbezogene Tätigkeit der Legislative" erfüllen könnte.

[125] Vgl. BVerfGE 1, 372 ff. (390).

III. Die materielle Bestandskraft des Verwaltungsabkommens

vertrages angemessen Rechnung. Eine solche Erweiterung des Gesetzesvorbehaltes ist jedenfalls dem Versuch vorzuziehen, die eindeutige und klare und deshalb auch der Rechtssicherheit und Rechtsklarheit dienende formale Unterscheidung in gesetzes- und verwaltungsbetroffene Angelegenheiten durch zusätzliche materielle Merkmale zu verwirren. Nur so ist es auch möglich, nicht nur bedeutsame Verordnungsabkommen, sondern auch eine ganze Reihe anderer Verträge der Zustimmung des Parlaments zu unterwerfen. Hierher gehörten dann all diejenigen Materien, die zwar in den Bereich der „gesetzesfreien" Verwaltung fallen, aber doch in der Sache überragende Bedeutung besitzen.

Daß es zwischen Bund und Ländern Staatsverträge qua „politische Beziehungen" gibt, wird in der Literatur kaum erwogen. Einzig Maunz spricht von Bund- und Länder-Verträgen, „die in den Bereich der Regierungstätigkeit fallen und daher der politischen Entscheidung" der Regierung unterliegen (und somit nicht Gegenstand eines Verwaltungsabkommens sein können)[126]. Ausdrücklich verwahrt sich Maunz dagegen, in diesen „Staatsverträgen (im Bereich der Regierung)"[127] eine entsprechende Anwendung des Art. 59 Abs. 2 GG zu sehen[128]. Auf der anderen Seite lehnt als einziger Grawert solche politischen Verträge zwischen Bund und Ländern ausdrücklich ab[129], obwohl er[130] einräumt, daß die Verfassungen des Bundes und der Länder eine solche Auslegung nicht ausschließen.

Wenn für Verträge zwischen Bund und Ländern die Regelung des Art. 59 Abs. 2 als sachgerecht und entsprechend anwendbar angesehen wird, so kann das „Politische" als Abgrenzungskriterium nur dann ausscheiden, wenn es solche politischen Beziehungen zwischen Bund und Ländern nicht gibt. Wenn es aber solche Beziehungen gibt, so trifft auch hier der Sinn des Art. 59 Abs. 2 zu, den Bereich derjenigen Verträge möglichst weit zu ziehen, die der Zustimmung oder Mitwirkung der gesetzgebenden Körperschaften unterliegen[131], auch dann, so muß man ergänzen, wenn der Vertragsgegenstand keine „gesetzliche" Materie ist, denn nicht nur bei völkerrechtlichen, sondern auch bei staatsrechtlichen Verträgen muß das Parlament bereits am Vertragsschluß beteiligt werden, „um einer späteren Bindungswirkung vorzubeugen"[132]. Nach der Definition des Politischen durch das Bundesverfassungsgericht gibt es aber, so meint man, politische Verträge im Bund-Länder-

---

[126] In *Maunz-Dürig*, Art. 83, Rdnr. 50 (a, aa).
[127] a.a.O., a, cc.
[128] a.a.O., Fußn. 3.
[129] Verwaltungsabkommen, S. 43, S. 46.
[130] a.a.O., S. 51 f.
[131] *Menzel* im Bonner Kommentar, Art. 59, Erl. II 5.
[132] So zutreffend *Grawert*, a.a.O., S. 43.

Verhältnis nicht[133], denn „ein Staatsvertrag regelt nicht politische Beziehungen, ... wenn er sich nur ganz allgemein mit öffentlichen Angelegenheiten, dem Gemeinwohl oder den Staatsgeschäften befaßt. Hinzu kommen muß vielmehr, daß er wesentlich und unmittelbar die Existenz des Staates, seine territoriale Integrität, seine Unabhängigkeit, seine Stellung oder sein Gewicht unter den Staaten oder die Ordnung der Staatengemeinschaft betrifft"[134].

Sicherlich ist der Begriff des „Politischen Vertrages" nur im Hinblick auf völkerrechtliche Verträge konzipiert[135] und so in Art. 59 GG eingegangen. So wird er dementsprechend auch in der Literatur[136] und in der Rechtsprechung[137] ausgelegt. Es gibt jedoch nicht nur außenpolitische, sondern auch innenpolitische Beziehungen: eine „Innenpolitik", die über das hinausgeht, was man mit „innerer Verwaltung" umschreiben kann, eine Innenpolitik, die weder dem Gesetzeserlaß noch dem Gesetzesvollzug zuzuordnen ist, sondern dem Bereich der Rgierungstätigkeit, d. h. aber, dem Bereich der politischen Entscheidung. Eine solche „gesetzesfreie" und doch „hochpolitische" innere Staatstätigkeit ist keinem anderen Staatswesen eigentlicher verbunden als dem Bundesstaat, handelt es sich doch nach der Rechtsprechung des Bundesverfassungsgerichts auch hier um Staaten: um „Staaten mit eigener — wenn auch gegenständlich beschränkter — nicht vom Bund abgeleiteter, sondern von ihm anerkannter staatlicher Hoheitsmacht"[138]. So könnte man die Definition des Politischen durch das Bundesverfassungsgericht als eine beispielhafte Beschreibung dessen ansehen, was die immer neu in Frage und zur Aufgabe gestellten Beziehungen dieser Staaten untereinander und zum Gesamtstaat ausmacht: Die Existenz dieser Staaten, ihre territoriale Integrität, ihre Unabhängigkeit, ihre Stellung und ihr Gewicht in der Gemeinschaft und die Ordnung dieser Gemeinschaft.

Daß sich der Begriff des Politischen einer bundesstaatlichen Ordnung wohl zu verbinden vermag, brauchte eigentlich nicht besonders hervorgehoben zu werden, hat man doch auch versucht, diesen Begriff zur Definition des Staatsvertrages zwischen Gliedstaaten im Bundesstaate fruchtbar zu machen[139]. Es dürfte in der Praxis durchaus Verträge

---
[133] *Grawert*, a.a.O.
[134] BVerfGE 1, 372 ff., Leitsatz 1 (S. 372), vgl. auch S. 381 (zum Deutsch-Französischen Wirtschaftsabkommen).
[135] Zur Entstehungsgeschichte vgl. *Menzel* in Bonner Kommentar, Art. 59, Erl. I.
[136] Vgl. *v. Mangoldt-Klein*, Komm., Art. 59, Anm. IV 2 b.
[137] Vgl. das o. a. Urteil des Bundesverfassungsgerichts und seine Begründung (insbes. S. 381).
[138] BVerfGE 1, 14 ff. (S. 34, vgl. auch Leitsatz 31, S. 18), Neugliederungsurteil.
[139] Vgl. die Aussprache auf der Staatsrechtslehrertagung 1960 in Köln, VVDStRL 19 (1961), S. 131 ff. Positiv: *Scheuner*, S. 135 f.; *Ehmke*, S. 140 f.; ablehnend Hans *Schneider*, S. 136; *Ule*, S. 142.

III. Die materielle Bestandskraft des Verwaltungsabkommens

zwischen Bund und Ländern geben, die man als „politische" zu bezeichnen geneigt sein könnte[140]. Wissenschaft, Forschung, Lehre, Hochschulangelegenheiten und ihre finanzielle Basis sind staatsrechtlich gesehen sicherlich Verwaltungsmaterien und als solche a-„politisch". Daß der Bund aber diese Materie finanziell an sich zieht, daraus einen „Rechtstitel" zur sachlichen Regelung herleitet und diesen Titel mit Dotationsauflagen und Richtlinien ausschöpft, das dürfte man, wenn nicht als verfassungswidrig[141], so doch als „hochpolitisch" bezeichnen können. Eine solche Hochschul„politik" kann die Stellung und das Gewicht der einzelnen Länder wie des Bundes, ja die gesamte Ordnung des Bundes beeinflussen und verändern.

Solche Verträge müssen daher der Zustimmung des Parlaments unterworfen werden. So kann es also auch im Bund-Länder-Verhältnis „politische" Staatsverträge geben, die allerdings durchweg ein apokryphes Dasein als „Verwaltungsabkommen" führen, wenn sie nicht schon deshalb Staatsverträge sind, weil sie sich auf Gegenstände der Gesetzgebung beziehen.

Will man jedoch die mit dem Begriff des „Politischen" verbundene Freund-Feind-Relation und das besondere Verhältnis des Politischen zur „Macht" aus den bundesstaatlichen Beziehungen eliminieren, so brauchte doch auf jene materiell zu bestimmende Kategorie von Staatsverträgen nicht verzichtet zu werden, wenn man in einer teleologischen Auslegung den Begriff der „politischen Beziehungen" durch einen analogen Begriff ersetzte. Hier bietet sich die vom Bundesverfassungsgericht entwickelte Formel an. Danach wären solche Verträge zwischen Bund und Ländern „Staatsverträge" und daher der Zustimmung des Parlaments unterworfen, die die Stellung und das Gewicht der Gliedstaaten in der Gemeinschaft und die Ordnung dieser Gemeinschaft betreffen[142].

3. Ergebnis

Auch die materielle Bestandskraft des Verwaltungsabkommens hat sich als nicht nur systemgerechte, sondern auch verfassungskonforme Lösung erwiesen. Die einheitliche Lehre von der Bestandskraft, die sich nicht nur auf die Beendigung des Vertrages beschränkt, sondern die damit korrelierenden Wirksamkeitsvoraussetzungen betrachtet, diese Lehre zeigt, daß die Geltung des Vertrages gegenüber dem Gesetz

---

[140] Ablehnend für Länderverträge Hans *Schneider*, VVDStRL 19, S. 136; *Geller-Kleinrahm*, Komm., S. 409.
[141] Hierzu vgl. oben, Ziff. 1 der Einleitung; zur nachträglichen verfassungsrechtlichen Sanktion dieser Praxis s. Fußn. 7, 8, 9 ebenda.
[142] In den meisten, doch nicht in allen Fällen wird bei solchen Verträgen sowieso der Gesetzes- bzw. Verfassungsvorbehalt zum Zuge kommen.

und auch gegenüber dem verfassungsändernden Gesetz weder den Geltungsanspruch des Gesetzes beseitigt, noch die Kompetenz des Gesetzgebers über Gebühr beschränkt. Dies wird gewährleistet durch die strengen Voraussetzungen, denen der Abschluß des Vertrages unterliegt und durch den Kündigungstatbestand des wichtigen Grundes.

Deshalb ist es nicht nur unnötig, sondern unzulässig, die verfassungsrechtlich garantierte Verbindlichkeit des Vertrages der unumschränkten Allmacht des Gesetzgebers zu opfern. Die Lehre von der Bestandskraft des Vertrages, wie sie hier entwickelt wurde, ist nicht nur vertragsgemäß, sondern auch gesetzestreu. Sie läßt sich der Verfassung frei von Widersprüchen einordnen und ist deshalb der herrschenden Lehre vorzuziehen.

Schluß

1. Zusammenfassung

Nicht nur die Geltung des Gesetzes, auch die Geltung des Vertrages ist verfassungsrechtlich garantiert. Wie das Gesetz die allgemeine Verbindlichkeit seines Inhaltes für Staat und Individuum impliziert, so impliziert der Vertrag die Verbindlichkeit seines Inhaltes für die Vertragspartner. Der Vertrag zwischen Bund und Ländern bindet per definitionem beide Partner in der gleichen Weise. Soweit die Verfassung den Parteien Vertragsautonomie zugesteht und einen Vertrag zuläßt, soweit garantiert sie auch die Verbindlichkeit dieses Vertrages.

Widersprechen sich Vertrag und Gesetz, so streiten für die Geltung des Gesetzes und für die Geltung des Vertrages zwei Verfassungsprinzipien, die abstrakt miteinander in Widerspruch stehen. Dies ist ein Phänomen, das der Verfassung nicht fremd, sondern wesensgemäß immanent ist. Es geht daher nicht an, diesen Widerspruch zu leugnen. Vielmehr ist dieser Widerspruch zu erkennen und aufzulösen. Es war daher die Wechselwirkung zwischen beiden Prinzipien zu untersuchen und festzustellen, inwieweit ein gegenseitiger Einfluß konkret wirksam wird und inwieweit dieser Einfluß verfassungsrechtlich tragbar ist. Abzulehnen war aus diesem Grunde die „Vorrangautomatik" der herrschenden Lehre, die sich nur auf das abstrakte Prinzip von der Geltung des Gesetzes beruft. Schon formal konnte sie die Aufhebung des Vertrages durch das Gesetz nicht nachweisen. Ihren materiellen Argumenten für die Geltung des Gesetzes konnte mit ebenso materiellen Argumenten für die Geltung des Vertrages begegnet werden. Aus dem gleichen Grunde konnte man auch dem Vertrag keinen Vorrang vor dem Gesetz zuerkennen. Man mußte daher einen „sachrationalen Funktionsmechanismus" finden, der das eine Verfassungsprinzip nicht durch das andere „auszustechen" versucht, sondern die grundsätzliche Geltung beider Prinzipien anerkennt und klärt, inwieweit beide eine Einschränkung hinnehmen können und müssen.

Diese funktionale Beziehung wurde in folgendem gefunden: Nicht durch faktisches vertragswidriges Verhalten (zum Beispiel durch Erlaß eines vertragswidrigen Gesetzes), sondern nur durch einen vertragsgestaltenden Akt kann der Vertrag aufgehoben, das heißt die vertragliche Verpflichtung beseitigt werden. Dieser Akt vollzieht sich im Rücktritt vom Vertrage, durch Kündigung oder Umgestaltung des Vertrages.

So wird der Weg frei für eine nun nicht mehr „vertragswidrige" Gesetzgebung und der Widerspruch zwischen Vertrag und Gesetz aufgelöst. Dies bedeutet im Ergebnis einen formalen Vorrang des Vertrages, der die Geltung des Gesetzes nicht beeinträchtigt. Inwieweit dieser Vorrang auch materiellen Gehalt gewinnt, hängt von der entscheidenden Frage ab, wie der Aufhebungstatbestand konkret zu fassen, das heißt, unter welchen Voraussetzungen eine Aufhebung zulässig ist.

Eine absolute Gesetzestreue wurde durch den Minimaltatbestand gewährleistet (die Aufhebung des Vertrages ist unter den Voraussetzungen zulässig, unter denen auch ein Gesetzeserlaß zulässig wäre). Obwohl er dem Vertrage keine materielle Bestandskraft zuspricht, wäre schon er der herrschenden Lehre wegen des vertragsadäquaten Verfahrens vorzuziehen. Er wurde hier jedoch wegen seiner materiellen Vertragsfeindlichkeit abgelehnt.

Eine absolute Vertragstreue brachte der Maximaltatbestand („clausula rebus sic stantibus"). Wegen seiner materiellen Gesetzesfeindlichkeit war er jedoch gleichfalls abzulehnen.

Eine relative Vertragstreue verbunden mit einer relativen Gesetzestreue zeichnet den Medialtatbestand aus. Danach ist die Aufhebung des Vertrages dann zulässig, wenn ein wichtiger Grund vorliegt. Ein solcher Grund ist dann gegeben, wenn eine Interessen- und Güterabwägung in Anlehnung an Art. 72 Abs. 2 GG zu dem Ergebnis kommt, daß die Aufhebung des Vertrages erforderlich ist, weil das Partikularinteresse dem Gesamtinteresse weichen muß. Dieser Tatbestand achtet nicht nur die Geltung des Vertrages, sondern auch die Geltung des Gesetzes. Materiell kann er im konkreten Fall sowohl zu einem (relativen) Vorrang des Gesetzes als auch zu einem (relativen) Vorrang des Vertrages führen. Dies bedeutet in bestimmten Fällen eine Beeinträchtigung der gesetzgeberischen Freiheit. Sie erwiesen sich als nicht so schwerwiegend, daß deshalb die Geltung des Vertrages generell geopfert werden müßte. Aus diesem Grund empfahl sich dieser Tatbestand als der optimale.

2. Würdigung

Optimal — mit diesem Epitheton soll dieser Tatbestand nicht als der schlechthin perfekte angepriesen werden. Einen solchen gibt es nicht. Es soll damit nur zum Ausdruck kommen, daß dieser Tatbestand unter den gegebenen Umständen der zu lösenden Aufgabe am ehesten gerecht wird. Er geht aus vom verfassungsrechtlich zugelassenen Vertragswesen zwischen Bund und Ländern. Er versucht, dieses Phänomen der Verfassungswirklichkeit, das die positive Verfassung nicht kennt, in die Verfassungsordnung zu integrieren. Dabei wird das föderalistische

Prinzip nicht „durchgepaukt", es wird hier nur ernst gemacht mit jener Verfassungsentscheidung auch in dem Fall, in dem sie sich nicht in einem Lippenbekenntnis zum Föderalismus erschöpft, sondern zur Beschränkung der Bundesstaatsgewalt führt.

Wollte man das nicht zulassen, dann müßte man so ehrlich sein, die Länder tatsächlich als bloßes Objekt der Bundesstaatsgewalt aufzufassen und sie als reine Selbstverwaltungskörper qualifizieren. In dieser Staatlichkeit der Länder mag man eine unerwünschte Tendenz in Richtung auf einen Staatenbund erblicken. Darin spiegelt sich nur die Tatsache, daß der Bundesstaat als Staatsgebilde zwischen Einheitsstaat und Staatenbund angesiedelt ist. Diese Verfassungskonzeption zu ändern ist ein politisches, kein rechtliches Problem[1]. Lehnte man gleichwohl den hier unternommenen Versuch einer vertragsgemäßen Lösung schon im Grunde ab, dann bliebe nur eine Alternative: das Vertragswesen, den „Vertragshandel" zwischen Bund und Ländern ganz aus der Verfassung zu verdammen. Ein Drittes gibt es nicht, wenn man nicht Zuflucht nehmen will zu jener unehrlichen Konzeption der herrschenden Lehre, die den Ländern anstandslos zu geben bereit ist, was sie ihnen sogleich und ohne Anstand wieder nimmt. Die Verfassung kann solches nicht gestatten, ohne sich selbst zu desavouieren. Hier dokumentierte sich der Substitutionscharakter der herrschenden Lehre, die die Notwendigkeit einer klaren Entscheidung im Anfangsstadium verdrängt und durch eine ebenso unklare Endentscheidung kaschiert. Dann wäre es schon besser, wenn man dieses Phänomen gar nicht als Vertrag bezeichnete und als Vertrag auch nicht insoweit behandelte, als es opportun erscheint. Dann wäre in ihm ein aliud zu sehen, ein „irregulare aliquod", das man vielleicht als politisches Arrangement bezeichnen könnte und dessen Produkt ein „normaler" Akt der gesetzgebenden oder der vollziehenden Gewalt ist, der sich von den anderen Akten dieser Gewalten nur dadurch unterscheidet, daß das Motiv zu seiner Emanation die Mitwirkung und der Druck einer besonderen Art „Lobby" gewesen ist, derjenigen nämlich des Landes bzw. des Bundes.

Wenn man aber ernst macht mit dem Vertragswesen, dann muß man die Bindung des Staates und damit auch die Bindung des Parlaments

---

[1] In diesem Zusammenhang darf abschließend noch auf ein bemerkenswertes Phänomen hingewiesen werden. Die vertragliche Kooperation von Bund und Ländern ist zwar Ausdruck ihrer Eigenstaatlichkeit, zugleich aber unitarisierendes Element im Bundesstaate: „Kooperation wirkt unitarisierend". So *Hesse*, Konrad, Aspekte des kooperativen Föderalismus in der Bundesrepublik, in: Festschrift für Gebhard Müller, Tübingen 1970, S. 141 ff., S. 145. Der „unitarische" und der „kooperative" Bundesstaat schließen sich nicht gegenseitig aus, sondern verbinden sich zu einem neuen Verständnis des Bundesstaates auf der Grundlage der Einigung, Verständigung und Zusammenarbeit (so *Hesse*, a.a.O., S. 159 f.). Vielleicht liegt gerade in diesem Moment die Zukunftschance des Föderalismus.

bejahen. Dann gilt es, eine vertragliche Lösung zu suchen, die diese Bindung wieder beseitigt. So läßt sich sicher darüber streiten, ob dieser oder jener Lösung der Vorzug zu geben und ob der hier vorgeschlagene Lösungstatbestand brauchbar ist. Niemand wird dann aber darüber streiten, daß Verträge gehalten werden müssen.

Literaturverzeichnis

Achterberg, Norbert: Antinomien verfassunggestaltender Grundentscheidungen, Der Staat 1969, S. 159 ff.

Anschütz, Gerhard: Das System der rechtlichen Beziehungen zwischen Reich und Ländern, HBDStR I, S. 295 ff.

— Die Verfassung des Deutschen Reiches vom 11. August 1919, 14. Aufl., Berlin 1933

Apelt, Willibalt: Der verwaltungsrechtliche Vertrag, Leipzig 1920 (Neudruck Aalen, 1964)

Bachsmann, H.: Über die staatsrechtliche Ermächtigung zum Abschluß zwischenstaatlicher Vereinbarungen, DVBl. 1956, S. 747 ff.

Bayer, Hermann-Wilfried: Die Bundestreue (Tübinger Rechtswissenschaftliche Abhandlungen, Band 4), Tübingen 1961

— Die Aufhebung völkerrechtlicher Verträge im deutschen parlamentarischen Regierungssystem. Zugleich ein Beitrag zur Lehre vom Abschluß völkerrechtlicher Verträge nach deutschem Recht (Beiträge zum ausländischen öffentlichen Recht und Völkerrecht, Heft 48), Köln—Berlin 1969

Beer, Manfred: Staatsverträge und Verwaltungsabkommen im heutigen deutschen Staatsrecht, Diss., München 1960

Berber, Friedrich: Lehrbuch des Völkerrechts, Erster Band: Allgemeines Friedensrecht, München—Berlin 1960

Bernhardt, Rudolf: Der Abschluß völkerrechtlicher Verträge im Bundesstaat. Eine Untersuchung zum deutschen und ausländischen Bundesstaatsrecht (Beiträge zum ausländischen öffentlichen Recht und Völkerrecht, Heft 32), Köln—Berlin 1957

Böckenförde, Ernst-Wolfgang: Die Organisationsgewalt im Bereich der Regierung (Schriften zum öffentlichen Recht, Band 18), Berlin 1964

— Der Honnef-Fall, Klausurbesprechung, Jus 1968, S. 375 ff.

Boehmer, Gerhard: Der völkerrechtliche Vertrag im deutschen Recht (Beiträge zum ausländischen öffentlichen Recht und Völkerrecht, Heft 43), Köln—Berlin 1965 (zugleich Diss., Heidelberg)

Bonner Kommentar: Kommentar zum Bonner Grundgesetz (Abraham u. a.), Hamburg 1950 ff., 1964 ff.

Breuer, Rüdiger: Selbstbindung des Gesetzgebers durch Programm- und Plangesetze? DVBl. 1970, S. 101 ff.

Brinkmann, Karl und Michael *Hackenbroch:* Grundrechts-Kommentar zum Grundgesetz, Bonn 1967 ff. (Stand 1968)

Buddeberg, Theodor: Rechtssoziologie des öffentlich-rechtlichen Vertrages, AöR N.F., 8. Bd., S. 85 ff.

Bullinger, Martin: Vertrag und Verwaltungsakt, Zu den Handlungsformen und Handlungsprinzipien der öffentlichen Verwaltung nach deutschem und englischen Recht (respublica Band 9), Stuttgart 1962

Dahm, Georg: Völkerrecht, Band I, Stuttgart 1958
— Deutsches Recht, 2. Aufl., Stuttgart 1963

Doehring, Karl: Die allgemeinen Regeln des völkerrechtlichen Fremdenrechts und das deutsche Verfassungsrecht (Beiträge zum ausländischen öffentlichen Recht und Völkerrecht, Heft 39), Köln und Berlin 1963

Eckert, Lutz: Leistungsstörungen in verwaltungsrechtlichen Schuldverhältnissen, DVBl. 1962, S. 11 ff.

Ehmke: Diskussionsbeitrag, VVDStRL 19 (1961), S. 140 f.

Erman, Walter: Handkommentar zum Bürgerlichen Gesetzbuch, 2. Band, 4. Aufl., Münster 1967

Ficker, Hans G.: Vertragliche Beziehungen zwischen Gesamtstaat und Einzelstaat im Deutschen Reich (Abhandlungen aus dem Staats- und Verwaltungsrecht mit Einschluß des Kolonialrechts und des Völkerrechts, 38. Heft), Breslau 1926

Flume, Werner: Allgemeiner Teil des bürgerlichen Rechts, 2. Band, Das Rechtsgeschäft, Berlin—Heidelberg—New York 1965

Forsthoff, Ernst: Lehrbuch des Verwaltungsrechts, Erster Band, Allgemeiner Teil, 9. Aufl., München und Berlin 1966

Friauf, Karl Heinrich: Zur Problematik des verfassungsrechtlichen Vertrages, AöR N.F. 49 (1963), S. 257 ff.

Friesenhahn, Ernst: Die Staatsgerichtsbarkeit, HBDStR II (1932), S. 523 ff.
— Parlament und Regierung im modernen Staat, VVDStRL 16 (1958), S. 9 ff.

Geck, Wilhelm Karl: Die völkerrechtlichen Wirkungen verfassungswidriger Verträge (Beiträge zum ausländischen öffentlichen Recht und Völkerrecht Heft 38), Köln und Berlin 1963

Geller-Kleinrahm: Die Verfassung des Landes Nordrhein- Westfalen, Kommentar, fortgeführt von Kurt Kleinrahm und Hans Joachim Fleck, 2. Aufl., Göttingen 1963

Giese, Friedrich: Die Vertretung Preußens im Verwaltungsrat der Deutschen Reichsbahn-Gesellschaft, DJZ 1926, Sp. 1452 ff.
— Die Rundfunkkompetenz in der Bundesrepublik, DÖV 1953, S. 587 ff.

Giese, Heinz-Ewald: Staatsverträge und Verwaltungsabkommen der deutschen Bundesländer untereinander sowie zwischen Bund und Ländern, Diss., Bonn 1961

Goroncy, Robert: Der Mitwirkungsbereich des Bundes bei den Gemeinschaftsaufgaben nach Art. 91 a und 91 b des Grundgesetzes, DÖV 1970, S. 109 ff.
— Das Zusammenwirken von Bund und Ländern bei den Gemeinschaftsaufgaben nach Artikel 91 b des Grundgesetzes. Zugleich ein Beitrag zu Art. 91 a GG, DVBl. 1970, S. 310 ff.

Grawert, Rolf: Verwaltungsabkommen zwischen Bund und Ländern in der Bundesrepublik Deutschland. Eine kritische Untersuchung der gegenwärtigen Staatspraxis mit einer Zusammenstellung der zwischen Bund und Ländern abgeschlossenen Abkommen (Schriften zum Öffentlichen Recht, Band 57), Berlin 1967 (zugleich Diss., Heidelberg)
— Finanzreform und Bundesstaatsreform, Der Staat 1968, S. 63 ff.

Grellert, Volkert: Verwaltungsabkommen Bund/Länder über die Förderung der Sonderforschungsbereiche, WissR Bd. 3, Heft 1 (1970), S. 56 ff.

Groß, Rolf: Kooperativer Föderalismus und Grundgesetz, DVBl. 1969, S. 93 ff., S. 125 ff.

Grundmann, Siegfried: Das Verhältnis von Staat und Kirche auf der Grundlage des Vertragskirchenrechts, in: Abhandlungen zum Kirchenrecht, Köln und Wien 1969, S. 298 ff.

Gruson, Michael: Die Bedürfniskompetenz. Inhalt und Justitiabilität des Art. 72 Abs. 2 des Grundgesetzes (Schriften zum öffentlichen Recht, Bd. 62), Berlin 1967 (zugleich Diss., Berlin)

Haenel, Albert: Die vertragsmäßigen Elemente der Deutschen Reichsverfassung (Studien zum Deutschen Staatsrechte. Erste Studie), Leipzig 1873
— Deutsches Staatsrecht, Erster Band, Die Grundlagen des deutschen Staates und die Reichsgewalt, Leipzig 1892

Haentzschel, Kurt: Der Konflikt Reich — Thüringen in der Frage der Polizeikostenzuschüsse, AöR, N.F. 20. Bd. (1931), S. 384 ff.

Hatschek, Julius: Deutsches und Preußisches Staatsrecht, I. Band, Berlin 1922

Heiden, Gertrud: Öffentlich-rechtliche Verträge zwischen Bund und Ländern in der Bundesrepublik Deutschland, Diss., Köln 1969

Heller, Hermann: Die Souveränität. Ein Beitrag zur Theorie des Staats- und Völkerrechts (Beiträge zum ausländischen öffentlichen Recht und Völkerrecht, Heft 4), Berlin—Leipzig 1927

Hempel, Wieland: Der demokratische Bundesstaat. Art. 20 Absatz 1 des Grundgesetzes und seine Bedeutung für Zuständigkeitsvereinbarungen zwischen Bund und Ländern (Schriften zum öffentlichen Recht, Band 96), Berlin 1969 (zugleich Diss., Göttingen)

Hensel, Albert: Die Rangordnung der Rechtsquellen insbesondere das Verhältnis von Reichs- und Landesgesetzgebung, HBDStR II, S. 313 ff.

Herzog, Roman: Gesetzgeber und Verwaltung, VVDStRL 24 (1966), S. 183 ff.

Hesse, Konrad: Aspekte des kooperativen Föderalismus in der Bundesrepublik, in: Festschrift für Gebhard Müller, Tübingen 1970, S. 141 ff.

Hollerbach, Alexander: Verträge zwischen Staat und Kirche in der Bundesrepublik Deutschland (Juristische Abhandlungen, Band III), Frankfurt a. M 1965

Huber, Ernst Rudolf: Verträge zwischen Staat und Kirche im Deutschen Reich (Abhandlungen aus dem Staats- und Verwaltungsrecht sowie aus dem Völkerrecht, 44. Heft), Breslau 1930

Husserl, Gerhart: Rechtskraft und Rechtsgeltung, Eine rechtsdogmatische Untersuchung. Erster Band: Genesis und Grenzen der Rechtsgeltung, Berlin 1925

Imboden, Max: Der verwaltungsrechtliche Vertrag (Basler Studien zur Rechtswissenschaft, Heft 48), Basel 1958

Jellinek, Walter: Revolution und Reichsverfassung. Bericht über die Zeit vom 9. Nov. 1918 bis zum 31. Dezember 1919, JöR IX (1920), S. 1 ff.

Jesch, Dietrich: Gesetz und Verwaltung. Eine Problemstudie zum Wandel des Gesetzmäßigkeitsprinzipes (Tübinger Rechtswissenschaftliche Abhandlungen, Band 2), Tübingen 1961

Kassimatis, Georg: Der Bereich der Regierung (Schriften zum öffentlichen Recht, Band 66), Berlin 1967 (zugleich Diss. München)

Kelsen, Hans: Das Problem der Souveränität und die Theorie des Völkerrechts, Beitrag zu einer reinen Rechtslehre, Tübingen 1920

— Reichsgesetz und Landesgesetz nach österreichischer Verfassung, AöR, Bd. 32 (1914), S. 202 ff.

— Reine Rechtslehre, Einleitung in die rechtswissenschaftliche Problematik, 2. Aufl. Leipzig—Wien 1960

Kleiser, Peter: Der Vorbehalt des Gesetzes nach dem Bonner Grundgesetz, Diss. Heidelberg 1963

Knöpfle, Franz: Verwaltungsabkommen zwischen Bund und Ländern, Der Staat 1969, S. 79 ff.

Kölble, Josef: Verwaltungsabkommen zwischen Bund und Ländern, DÖV 1960, S. 650 ff.

Koellreuther, Otto: Der Konflikt Reich — Thüringen in der Frage der Polizeikostenzuschüsse, AöR N.F. 20. Bd. (1931), S. 68 ff.

Kommission für die Finanzreform: Gutachten über die Finanzreform in der Bundesrepublik Deutschland, 2. Aufl., Stuttgart—Köln—Berlin—Mainz 1966 (Troeger-Gutachten)

Krüger, Herbert: Völkerrecht im Bundesstaat, in: Um Recht und Gerechtigkeit, Festgabe für Erich Kaufmann, Stuttgart und Köln 1950, S. 239 ff.

— Allgemeine Staatslehre, Stuttgart 1964

Kunz, Josef L.: Die Staatenverbindungen, HBVöR 2. Band, 4. Abteilung, Stuttgart 1929

Kunze, Renate: Kooperativer Föderalismus in der Bundesrepublik. Zur Staatspraxis der Koordinierung von Bund und Ländern, Stuttgart 1968 (zugl. Phil. Diss., Hamburg 1967)

Laband, Paul: Das Staatsrecht des Deutschen Reiches, 5. Aufl., Erster Band, Tübingen 1911

— Der Begriff der Sonderrechte nach Deutschem Reichsrecht. Annalen des Deutschen Reichs, 1874, Sp. 1487 ff.

Larenz, Karl: Lehrbuch des Schuldrechts, Erster Band. Allgemeiner Teil, 9. Aufl., München 1968

Leibholz, Gerhard: Die Gleichheit vor dem Gesetz. Eine Studie auf rechtsvergleichender und rechtsphilosophischer Grundlage (Öffentlich-rechtliche Abhandlungen, 6. Heft), Berlin 1925

Leisner, Walter: Regierung als Macht kombinierten Ermessens. Zur Theorie der Exekutivgehalt, JZ 1968, S. 727 ff.

Liermann, Hans: Begriff und Wesen der Sonderrechte des einzelnen Landes im neuen Reichsstaatsrecht, in: Die Reichsgerichtspraxis im Deutschen Rechtsleben. Festgabe der juristischen Fakultäten zum 50jährigen Bestehen des Reichsgerichts in 6 Bänden, hrsg. von Otto Schreiber, Erster Band: Öffentliches Recht, Berlin und Leipzig 1929, S. 33 ff.

Maiwald, Joachim W.: Zum Wesen des „verfassungsrechtlichen Vertrages", dargestellt am Beispiel der zwischenparteilichen Koalitionsvereinbarung, Diss., München 1963

Mallmann, Walter: Schranken nichthoheitlicher Verwaltung, VVDStRL 19 (1961), S. 165 ff.

Mangoldt, Hermann v. und Friedrich *Klein:* Das Bonner Grundgesetz, Kommentar, 2. Aufl., Berlin—Frankfurt a. M., Band I 1957, Band II 1964, Band III (1. Lieferung) 1969

Maschke, Hermann: Die Rangordnung der Rechtsquellen, Berlin 1932

Maunz, Theodor: Die Abgrenzung des Kulturbereichs zwischen dem Bund und den Ländern, in: Festschrift für Gebhard Müller, Tübingen 1970, S. 257 ff.

Maunz, Theodor, Günter *Dürig* und Roman *Herzog:* Grundgesetz, Kommentar, Band I, II, München—Berlin 1958 ff.

Mayer, Otto: Zur Lehre vom öffentlichrechtlichen Vertrage, AöR 3 (1888), S. 3 ff.

Menzel, Eberhard: Die auswärtige Gewalt der Bundesrepublik in der Deutung des Bundesverfassungsgerichts, AöR, N.F. 40 Bd. (1953/54), S. 326 ff.

— Völkerrecht. Ein Studienbuch, München und Berlin 1962

Monz, Heinz: Das Verhältnis der Bundesländer untereinander, Göttingen 1964

Mosler, Hermann: Das Völkerrecht in der Praxis der deutschen Gerichte (Juristische Studiengesellschaft Karlsruhe, Schriftenreihe Heft 32/33), Karlsruhe 1957

— Die völkerrechtliche Wirkung bundesstaatlicher Verfassungen. Eine Untersuchung zum Völkerrecht und zum vergleichenden Verfassungsrecht, in Festschrift für Richard Thoma, Tübingen 1950, S. 129 ff.

Nawiasky, Hans: Die Grundgedanken des Grundgesetzes für die Bundesrepublik Deutschland. Systematische Darstellung und kritische Würdigung. Stuttgart—Köln 1950

— Allgemeine Rechtslehre als System der rechtlichen Grundbegriffe, 2. Aufl., Einsiedeln—Zürich—Köln 1948

Nawiasky — *Leusser* — *Schweiger* — *Zacher:* Die Verfassung des Freistaates Bayern, Kommentar, 2. Aufl. (1. und 2. Grundlieferung), München 1967

Obermayer, Klaus: Artikel „Verwaltungsabkommen", in Evangelisches Staatslexikon, Stuttgart—Berlin 1966, Sp. 2397 f.

Patzig, Werner: Soll und Haben der Finanzreform, DVBl. 1969, S. 429 ff.

Proebst, Max: Der Abschluß völkerrechtlicher Verträge durch das Deutsche Reich und dessen Einzelstaaten, Annalen des Deutschen Reichs 1882, S. 241 ff.

Proebst, Max: Der Abschluß völkerrechtlicher Verträge durch das Deutsche Reich und dessen Einzelstaaten, Annalen des Deutschen Reichs 1882, S. 241 ff.

Püttner, Günter: Unterschiedlicher Rang der Gesetze? DÖV 1970, S. 322 ff.

Quaritsch, Helmut: Das parlamentslose Parlamentsgesetz, Rang und Geltung der Rechtssätze im demokratischen Staat, untersucht am hamburgischen Planungsrecht (Hamburger öffentlich-rechtliche Nebenstunden, Band 5) 2. Aufl. 1961

Quaritsch, Helmut: Kirchenvertrag und Staatsgesetz — Zum Problem der Einwirkung nachträglicher Verfassungs- und Gesetzesänderungen auf die von Staat und evangelischen Kirchen geschlossenen Verträge, in: Hamburger Festschrift für Friedrich Schack zu seinem 80. Geburtstag, hrsg. von Hans Peter Ipsen, Berlin und Frankfurt a. M. 1966, S. 125 ff.

Redeker, Konrad: Die Regelung des öffentlich-rechtlichen Vertrages im Musterentwurf, DÖV 1966, S. 543 ff.

— Staatliche Planung im Rechtsstaat, JZ 1968, S. 537 ff.

Renck, Ludwig: Bestandskraft verwaltungsrechtlicher Verträge? NJW 1970, S. 737 ff.

Reudink, Otto: Das Recht der deutschen Länder zum Abschluß von Staatsverträgen, Diss., Heidelberg 1954

Rudolf, Walter: Bund und Länder im aktuellen deutschen Verfassungsrecht, Bad Homburg v. d. H.—Berlin—Zürich 1968

Salzwedel, Jürgen: Die Grenzen der Zulässigkeit des öffentlich-rechtlichen Vertrages (Neue Kölner Rechtswissenschaftliche Abhandlungen, Heft 11), Berlin 1958

Sarwey, O. v.: Das Staatsrecht des Königreichs Württemberg, Zweiter Band. Tübingen 1883

Sasse, Christoph: Koalitionsvereinbarung und Grundgesetz, JZ 1961, S. 719 ff.

Schaumann, Wilfried: Verträge zwischen Gliedstaaten im Bundesstaat, VVDStRL 19 (1961), S. 86 ff.

Scheuner, Ulrich: Der Bereich der Regierung, Rechtsprobleme in Staat und Kirche, Festschrift für Rudolf Smend, Göttingen 1952, S. 253 ff.

— Diskussionsbeitrag, VVDStRL 19 (1961), S. 135 f.

— Das Gesetz als Auftrag der Verwaltung, DÖV 1969, S. 585 ff.

Scheurer, Hans: Unterwerfung der Bundesverwaltung unter Landesrecht? Diss., Heidelberg 1965

Scheven, Dieter: Urteilsanmerkung (BayVerfGH JZ 68, S. 179), JZ 1968, S. 181 f.

Schmitt, Carl: Verfassungslehre, 3. Aufl., (unveränderter Neudruck) Berlin 1957

Schneider, Hans: Staatsverträge und Verwaltungsabkommen zwischen deutschen Bundesländern, DÖV 1957, S. 644 ff.

— Verträge zwischen Gliedstaaten im Bundesstaat, VVDStRL 19 (1961), S. 1 ff.

— Diskussionsbeitrag, VVDStRL 19 (1961), S. 136.

Schröcker: Das vertragswidrige Gesetz, DVBl. 1958, S. 369 ff., S. 410 ff.

Simons, Lothar: Leistungsstörungen verwaltungsrechtlicher Schuldverhältnisse (Schriften zum öffentlichen Recht, Band 45) Berlin 1967 (zugleich Diss., Münster)

Smend, Rudolf: Ungeschriebenes Verfassungsrecht im monarchischen Bundesstaat, in: Festgabe für Otto Mayer, Tübingen 1916, S. 245 ff.

Soergel-Siebert: Bürgerliches Gesetzbuch mit Einführungsgesetz und Nebengesetzen, Band 2, Schuldrecht I (241—610), 10. Aufl., Stuttgart—Berlin—Köln—Mainz 1967

Stammler, Rudolf: Theorie der Rechtswissenschaft, Halle 1911

Stern, Klaus: Zur Grundlegung einer Lehre des öffentlich-rechtlichen Vertrages, VA 49 (1958), S. 106 ff.

Tiemann, Burkhard: Die neuen Gemeinschaftsaufgaben (Art. 91 a, b GG) im System des Grundgesetzes, DÖV 1970, S. 161 ff.

Thoma, Richard: Das Reich als Bundesstaat, HBDStR I, S. 169 ff.

— Die Funktionen der Staatsgewalt, Grundbegriffe und Grundsätze, HBDStR II, S. 108 ff.

Triepel, Heinrich: Völkerrecht und Landesrecht, Leipzig 1899

— Der Föderalismus und die Revision der Weimarer Reichsverfassung, Zeitschrift für Politik 14 (1925), S. 193 ff.

— Die Kompetenzen des Bundesstaats und die geschriebene Verfassung, in: Staatsrechtliche Abhandlungen, Festgabe für Paul Laband, Band II, Tübingen 1908, S. 247 ff.

Ule, Carl Hermann: Anmerkung zu BGHZ 29, 187 ff., JZ 1959, S. 501 ff.

Ule: Diskussionsbeitrag, VVDStRL 19 (1961), S. 142

Verdross, Alfred: Die Verfassung der Völkerrechtsgemeinschaft, Wien—Berlin 1926

— Völkerrecht, 5. Aufl., Wien 1964

Vialon, Friedrich Karl: Haushaltsrecht, Haushaltspraxis, Kommentar zur Haushaltsordnung (RHO) und zu den Finanzbestimmungen des Bonner Grundgesetzes, 2. Aufl., Berlin—Frankfurt a. M. 1959

Vogel, Klaus: Gesetzgeber und Verwaltung, VVDStRL 24 (1966), S. 125 ff.

Weber, Hermann: Grundprobleme des Staatskirchenrechts, Jus 1967, S. 433 ff.

Wertenbruch: Anmerkung zu BGHZ 29, 187 ff., DÖV 1959, S. 506 f.

Zeidler, Karl: Schranken nichthoheitlicher Verwaltung, VVDStRL 19 (1961). S. 208 ff.

Printed by Libri Plureos GmbH
in Hamburg, Germany